Kooperatives Lernen

Theorie und Praxis in Schule, Hochschule und Erwachsenenbildung

5. unveränderte Auflage

Von

Klaus Konrad und Silke Traub

Schneider Verlag Hohengehren GmbH

Umschlaggestaltung: Wolfgang H. Ariwald, BDG, 59519 Möhnesee

Gedruckt auf umweltfreundlichem Papier (chlor- und säurefrei hergestellt).

Bibliografische Information der Deutschen Nationalbibliothek

Die Deutsche Nationalbibliothek verzeichnet diese Publikation in der Deutschen Nationalbibliografie; detaillierte bibliografische Daten sind im Internet über ›http://dnb.d-nb.de‹ abrufbar.

ISBN 978-3-8340-0374-4

Schneider Verlag Hohengehren, Wilhelmstr. 13, 73666 Baltmannsweiler

Homepage: www.paedagogik.de

Printed in Germany – Druck: Djurcic, Schorndorf

Inhaltsverzeichnis

1. Einführung

1.1. Warum schreiben wir dieses Buch?

Kooperative Lernformen finden in den letzten Jahrzehnten in unterschiedlichen theoretischen und methodisch-didaktischen Ansätzen große Beachtung. Bereits Vygotsky (1978) weist auf die Notwendigkeit hin, Lernen im sozialen Kontext stattfinden zu lassen und genau diese Forderung soll durch kooperative Lernformen verwirklicht werden. Auf die Bedeutung des Miteinanders für das Lernen haben auch David Johnson und Roger Johnson (1985) aufmerksam gemacht: „Die Motivation zu lernen ist von Natur aus auf Zwischenmenschlichkeit angelegt. Es ist die Interaktion mit anderen Menschen durch die Personen unterschiedlichen Alters und unterschiedlicher Herkunft das Lernen als eine wertvolle Erfahrung zu bewerten lernen, Freude am Prozess des Lernens gewinnen, sich stolz fühlen, wenn sie Wissen erwerben und ihre Fertigkeiten entwickeln. Angesichts der zwischenmenschlichen Beziehungen, die im Klassenzimmer möglich sind, können Gleichaltrige die Lernmotivation äußerst positiv beeinflussen."

Trotz dieser offensichtlichen Vorteile sind kooperative Lernformen in der Praxis wenig verbreitet. Dies gilt vor allem für den Bereich der Schule (Dann, Diegritz & Rosenbusch, 1999). Trotz wachsendem theoretischen und empirischen Interesse an kooperativen Phänomenen stößt Kooperation im Schulunterricht nach wie vor auf Skepsis und Ablehnung bei den Lehrenden. Tatsächliche oder befürchtete Probleme hinsichtlich Klassenführung und Disziplin, mangelnder Lernerfolge und Kritik seitens Kollegen oder Eltern sind die am häufigsten genannten Gründe hierfür (Huber, 1985). Wir wollen solche Einschätzungen keineswegs ignorieren. Doch vermuten wir die eigentlichen Ursachen für die erkennbare Skepsis darin, dass die Bedingungen für kooperatives Lernen in der Praxis nicht oder nur mangelhaft gegeben sind. Viele Anläufe zur Einführung kooperativer Lernformen sind damit schon von Anfang an zum Scheitern verurteilt.

Wechselseitig kommunizieren, aktiv zusammenarbeiten, um gemeinsame Ziele zu verwirklichen und Verantwortung für den individuellen wie auch für den gemeinsamen Lernprozess übernehmen (Johnson & Johnson, 1992; Slavin, 1989), all das ist keineswegs selbstverständlich. Die dafür benötigten Anregungen und Hilfestellungen sollen in der vorliegenden Abhandlung näher betrachtet werden. Das Buch will erfolgreiche Partner- und Gruppenarbeit unterstützen. Es richtet sich an Lehrer, Dozenten und Erwachsenenbildner und solche, die es werden wollen. Sein Ziel ist es, das Arbeiten in Teams und Gruppen, in Klassen und Kursen effektiv zu gestalten.

Untrennbar damit verknüpft ist die Frage nach dem Handwerkszeug, d.h. den Arbeitstechniken, aber auch nach notwendigen Bedingungen für die erfolgreiche Arbeit mit neuen Methoden des Unterrichtens. Wie können Lehrende kooperatives Lernen wirksam unterstützen? Welches Wissen, welche Fertigkeiten benötigen Experten der pädagogischen Praxis um kooperative Lernprozesse in ihrem Unterricht sinnvoll und produktiv zu organisieren? In welcher Weise lässt sich selbstgesteuertes Lernen in Gruppen realisieren?

Gerade die letzt genannte Frage wird uns mit unterschiedlicher Akzentuierung an verschiedenen Stellen beschäftigen. Zweifellos gehören Lernerzentriertheit und selbstgesteuertes Lernen zu den zentralen Themen der aktuellen pädagogisch-psychologischen Theorie und Praxis. Wir gehen davon aus, dass Lernerzentrierung und kooperatives Lernen Lehrern und Dozenten gleich welcher Institutionen zusätzliche Freiheitsgrade und Handlungsmöglichkeiten an die Hand geben; zugleich konfrontieren sie pädagogische Experten mit neuen Anforderungen und Verantwortungsbereichen.

Selbstgesteuerte Lernprozesse, die gleichzeitig effektiv sind, erfordern neben organisatorischen Kompetenzen auch Planungs- und Regulationsfähigkeiten sowie inhalts- und anforderungsadäquate Informationsverarbeitungsstrategien. Diese Kompetenzen können bei den wenigsten Lernenden einfach vorausgesetzt werden; zumeist sind Hilfen und Anregungen erforderlich, z. B. durch gezielte Beratungs- und Trainingsangebote. Das daraus resultierende Lehr-Lernmanagement unterscheidet sich grundlegend von Anforderungen, in denen Lehrerinnen und Lehrer ihre Aufgabe lediglich darin sehen, extern vorgegebene Pläne und Richtlinien zu erfüllen.

Solche praktischen Überlegungen werden in unserem Buch mit theoretischen Grundlagen und empirischen Erkenntnissen verzahnt. Zusammen mit der Bearbeitung der hier empfohlenen Aufgaben und Projekte soll diese Verzahnung dazu beitragen, kooperatives Lernen erfolgreich zu gestalten.

1.2. Wie ist das Buch organisiert?

Abgesehen vom einleitenden Kapitel ist das vorliegende Buch so aufgebaut, dass einzelne Kapitel in beliebiger Reihenfolge gelesen werden können. Der modulare Ansatz soll es dem Leser[1] ermöglichen, seine eigenen Schwerpunkte zu setzen. Dazu gehört auch, dass Kapitel übersprungen oder ausgelassen werden können, wenn sie sich nicht an seinen unmittelbaren Interessen orientieren.

Weil das Buch davon handelt, wie man Lernen mit und durch kooperatives Lernen effektiv gestalten kann, sind die wesentlichen Ausführungen methodologischer Art. Es geht um Fragestellungen wie Gruppenaufgaben, Gruppenziele, Gruppeneinteilung, Gruppenzusammensetzung oder Gruppengröße. Praktische Maßnahmen und Entscheidungen leuchten allerdings nur vor dem Hintergrund theoretischer und empirischer Erkenntnisse ein. Aus diesem Grund befasst sich das zweite Kapitel mit theoretischen Ansätzen, die Lernen als kontex-

[1] Wenn im Folgenden ausschließlich die männliche Form gewählt wird, so dient das lediglich dazu, den Text flüssig zu halten. Frauen sind dabei immer mitgemeint.

tualisiertes und situiertes Geschehen begreifen. Behandelt werden theoretische Positionen, die für das kooperative Lernen grundlegend sind. Kapitel 3 geht auf mythische Vorstellungen und Probleme ein, die den praktischen Umgang mit kooperativen Lernformen seit langem bestimmen. Bereits hier wird der Versuch unternommen, ungerechtfertigte oder verkürzte Einschätzungen zu relativieren. In Kapitel 4 zeigen wir Wege und Gestaltungshilfen der Kooperation auf. Genannt werden die grundlegenden Voraussetzungen und Rahmenbedingungen für eine erfolgreiche Lernerkooperation. Zahlreiche praktische Beispiele und Projektskizzen befassen sich mit der erfolgreichen Durchführung von kooperativem Lernen. Kapitel 5 beschreibt mögliche Wege, wie kooperatives Lernen in den Unterricht eingeführt werden kann und wie dabei auftretende Schwierigkeiten überwunden werden können. Kapitel 6 richtet das besondere Augenmerk auf kooperative Lernprogramme, die sich in der Vergangenheit als erfolgreich erwiesen haben. Kapitel 7 untersucht und beschreibt Evaluationsmöglichkeiten kooperativen Lernens. Kapitel 8 schließlich fasst die wesentlichen Überlegungen zusammen und beantwortet Fragen, die in der Praxis häufig auftreten.

1.3. Welche praktischen Impulse enthält dieses Buch?

Der Leser wird in jedem Kapitel auf eine Bandbreite von Materialien und Impulsen treffen. Dazu zählen theoretische Beiträge, Unterrichtsbeispiele, praktische Hilfestellungen, Aufgaben und komplexere Projekte.

- Unterrichtsbeispiele: Eine Vielzahl von Beispielen und Protokollen befassen sich mit der Realisierung und Anwendung der zuvor angesprochenen Fragestellungen im Unterricht. Die Überlegungen werden ergänzt durch Auszüge aus Tagebüchern, Aufzeichnungen und Protokollen des lauten Denkens.

- Hilfestellungen: Aufgeführt werden zahlreiche praktische Hilfestellungen, die sich auf Fragen und Anforderungen der Unterrichtsorganisation beziehen. Dargestellt sind Beobachtungsschemata, Unterrichtspläne, Fragebogen und Übersichtstabellen.

- Aufgaben: In jedem Kapitel findet der Leser eine Reihe von Fragen und Aufgaben zur Reflexion. Damit soll es dem Leser leichter fallen, die behandelten Inhalte zu überdenken und auf seine konkrete Unterrichtssituation zu beziehen.

- Projekte: Am Ende eines jeden Kapitels befinden sich Projekte, die ausführlicher und komplexer sind als die Aufgaben. Sie wurden konzipiert, um die Anwendung kooperativer Lernformen zu fördern. Der Leser erhält die Möglichkeit, einige der präsentierten Vorstellungen praktisch umzusetzen und zwar durch Beobachtung, Aufzeichnung und Analyse von Unterrichtsaufgaben und kompletten Unterrichtseinheiten.

1.4. Schlüsselfragen dieses Buches

Wer ein Buch liest, verfolgt damit bestimmte Interessen und sucht nach Antworten. Um diese Interessen bewusst zu machen, wollen wir den Leser im Anschluss an diese Einführung dazu anregen, über seine eigenen Kernfragen zum kooperativen Lernen nachzudenken und die Gedanken schriftlich festzuhalten.

Aufgabe:

1. Ziel: über Fragen und Probleme im Umfeld des kooperativen Lernens nachdenken.
2. Vorgehen: Schreiben Sie die Fragen auf, die Sie in den folgenden Kapiteln gerne beantwortet hätten.

Tabelle 1.1: Fragen zum kooperativen Lernen

Aufgabenbereich	**Fragen**
Vorbereitung der Gruppenarbeit	
Einteilung der Gruppen	
Zeiteinteilung	
Größe der Gruppen	
Zusammensetzung der Gruppen	
Methoden der Kooperation (Puzzle, Rallye usw.)	
Aufgaben/Funktionen des Lehrers	
Aufgaben/Funktionen der Schüler/ der Studierenden	
Nutzung von Hilfsmitteln	
Motivation	
Disziplin	
Darstellung der Gruppenergebnisse	
Betreuung/Überprüfung der Gruppenprozesse und Ergebnisse	

2. Theoretische Grundlagen

In diesem Abschnitt wird den folgenden Fragen nachgegangen:

1. Was wird unter kooperativem Lernen verstanden?
2. In welchem Kontext stehen Ansätze des kooperativen Lernens?
3. Welche Besonderheiten zeichnen konstruktivistische Ansätze aus?
4. Wie wird das kooperative Lernen bewertet?
5. Wie kann das kooperative Lernen zum effektiven Lernerfolg geführt werden?

2.1. Was ist kooperatives Lernen?

Kooperatives Lernen basiert auf der Überlegung, dass Lernen ein natürliches soziales Geschehen darstellt, in dem die Teilnehmer miteinander kommunizieren und sich gegenseitig anregen (Gerlach, 1994, S. 8). Aus theoretischer Sicht lässt sich dieser Grundgedanke weiter entfalten:

- Lernen ist ein aktiver, konstruktiver Prozess, in dessen Verlauf Lernende neue Informationen mit vorhandenem Wissen verknüpfen, um neue Ideen und Sinnzusammenhänge zu konstruieren.
- Lernen ereignet sich in Kontexten, die den Einzelnen dazu anregen, mit anderen zu kooperieren, um Probleme zu identifizieren und anspruchsvolle Problemlösefertigkeiten zu erwerben.
- Lernende unterscheiden sich in vielerlei Hinsicht. Breit gefächerte Erfahrungen und Perspektiven werden in die Kooperation eingebracht und bereichern das Lernen.
- Lernen ist ein soziales und kommunikatives Geschehen. Austausch und Diskussion können das Verstehen und die Reflexion des jeweiligen Lerngegenstands optimieren.
- Lernen schließt affektive Dimensionen und das subjektive Erleben mit ein. Kooperative Aktivitäten umfassen damit sowohl soziale als auch emotionale Herausforderungen.

Ausgehend von diesen Überlegungen bezeichnet kooperatives Lernen eine Interaktionsform, bei der die beteiligten Personen gemeinsam und in wechselseitigem Austausch Kenntnisse und Fertigkeiten erwerben. Im Idealfall sind alle Gruppenmitglieder gleichberechtigt am Lerngeschehen beteiligt und tragen gemeinsam Verantwortung. Da „kooperatives Lernen“ – so verstanden – stets auch kollaborative Momente beinhaltet, werden die Begriffe „kooperatives Lernen“ „kollaboratives Lernen“ und „Gruppenlernen“ in diesem Buch synomym verwendet (Cohen, 1994; Jaques, 1984, S. 1).

Trotz unterschiedlicher theoretischer Akzentuierungen und praktischer Schwerpunktsetzungen besteht Einigkeit hinsichtlich der zentralen Merkmale kooperativen Lernens (Johnson, Johnson & Smith, 1991; Felder, Mohr, Dietz & Baker Ward,1994; Felder, Felder, Mauney, Hamrin & Dietz, 1994; Jaques, 1984, S. 1):

- Positive Wechselbeziehungen: Die Gruppenmitglieder sind angehalten, zusammenzuwirken, um das gesetzte Ziel zu erreichen. Erledigt ein Mitglied seine Teilaufgabe unzureichend, bekommt jeder die negativen Konsequenzen zu spüren. Ein weiterer Punkt kommt hinzu: Gruppenmitglieder lernen durch ihr häufiges Interagieren, Situationen aus der Perspektive anderer zu sehen (Slavin, 1995). In diesem Sinne kann kooperatives Lernen die Verantwortlichkeit des einzelnen Gruppenmitglieds für Lernpartner und Lernmaterialen fördern. Eine erfolgreiche Zusammenarbeit stellt sich vor allem dann ein, wenn in jeder kooperativen Lernsitzung gemeinsame Ziele vorherrschen, die von allen akzeptiert werden.
- Individuelle Verantwortlichkeit: Alle Lernenden sind dafür verantwortlich, ihre Teilaufgabe zu erledigen; sie tragen Sorge für alle zu lernenden Inhalte und Teilgebiete und streben danach, diese zu beherrschen.
- Hilfreiche Face-to-face Interaktion: Obgleich einzelne Aufgabenbereiche ausdifferenziert und individuell erledigt werden, müssen andere durch das Zusammenwirken aller Gruppenmitglieder erarbeitet werden. Dabei ist nur dann mit einem Erfolg zu rechnen, wenn die einzelnen Teilnehmer sich gegenseitig Feedback geben, Begründungen und Schlussfolgerungen anregen und – und das ist vermutlich der wichtigste Punkt – sich gegenseitig anleiten und ermutigen (Jaques, 1984, S. 1f.).
- Feedback: Lernen in Gruppen zeichnet sich durch das Geben und Nehmen von Informationen aus. Austausch und Feedback geben dem Einzelnen Gelegenheit, sein konzeptuelles Verständnis zu korrigieren und durch die Klärung von Meinungsverschiedenheiten zu neuen Einsichten zu gelangen. Des weiteren kann das Individuum sich selbst und die eigenen Lernmethoden und -techniken besser verstehen („metakognitives Wissen“) und dadurch effektivere Lerntechniken bzw. -strategien entwickeln. Schließlich werden durch die Interaktion in kleinen Gruppen kognitive Prozesse angeregt. Im Gesprächsverlauf können sich die Teilnehmer ihr persönliches Vorverständnis bewusst machen, „Missverständnisse“ aufspüren und diese ausräumen (Slavin, 1995, S. 302f.).
- Angemessene Nutzung kooperativer Fertigkeiten: Lernende werden in ihren kooperativen Kompetenzen unterstützt. Dazu gehören ein angemessenes Führungsverhalten, Vertrauensbildung, Strategien der Entscheidungsfindung und Fertigkeiten des Konfliktmanagements.
- Reflexion der Gruppenprozesse: Gruppenmitglieder setzen sich gemeinsame Ziele, überprüfen regelmäßig die Gruppenaktivitäten, identifizieren Ver-

änderungen und Entwicklungen und entwerfen Strategien, um zukünftig effektiver zusammenarbeiten zu können.

Nach dem aktuellen Kenntnisstand gelingt kooperatives Lernen vor allem dann, wenn nicht nur die Lernergebnisse, sondern auch Lernprozesse und Lernverhalten Beachtung finden. Erfolgreiche Arbeitsgruppen vergegenwärtigen sich, welche Verhaltensweisen hilfreich und störend sind und welche Aktivitäten beibehalten oder geändert werden müssen. Solche Aktivitäten

- sichern den Fortbestand der Gruppe
- unterstützen soziales Lernen
- sorgen für Rückmeldungen zum eigenen Verhalten
- fördern die Entwicklung sozialer Fertigkeiten.

Nimmt man diese Kriterien ernst, so kann kooperatives Lernen nicht ohne weiteres mit dem Zusammenarbeiten in Gruppen gleich gesetzt werden. Lernen kann nur in dem Maße als kooperativ bezeichnet werden, als die aufgeführten Kriterien erfüllt sind.

In der skizzierten Form kann kooperatives Lernen innerhalb und außerhalb des (institutionalisierten) Unterrichts stattfinden. Übungen im regulären Unterricht können jederzeit durchgeführt werden und von unterschiedlicher Dauer sein: Eine kooperative Lernepisode kann nur wenige Sekunden oder mehrere Wochen oder Monate anhalten.

Aktivitäten außerhalb des Unterrichts beinhalten:

- die Durchführung von Experimenten
- die Planung, Realisierung und Bewertung von Projekten
- die Durchführung empirischer Studien
- das Anfertigen schriftlicher Berichte
- die Vorbereitung von Präsentationen für Lerngruppen.

Zahllose Forschungsarbeiten bestätigen die Effektivität kooperativer Lernformen für die unterschiedlichsten Bildungsanliegen (Johnson et al., 1991). Verglichen mit traditionellen Unterrichtsformen (z. B. direkte Instruktion, Einzelarbeit, konkurrierende Bewertung) zeigen kooperativ Lernende (Felder & Brent, 1994)

- bessere Unterrichtsleistungen
- eine höhere Ausdauer im Unterricht
- bessere kognitive Leistungen (schlussfolgerndes und kritisches Denken)
- tieferes Verstehen
- mehr auf die Aufgabe bezogenes und weniger störendes Verhalten
- geringere Niveaus an Angst und Stress
- ausgeprägtere intrinsische Lern- und Leistungs-Motivation
- höhere Fähigkeit eine Situation aus der Perspektive anderer zu beobachten
- ein höheres Maß an positiven und unterstützenden Beziehungen
- positivere Einstellungen und mehr Selbstachtung.

2.2. Kooperatives Lernen im Vergleich mit individuellem Lernen

Nach dieser ersten Eingrenzung wollen wir in den folgenden Abschnitten das Verhalten und die kognitiven Prozesse der Mitglieder einer kooperativen Lerngruppe näher betrachten, um so zu verdeutlichen, was das Typische an dieser Lernart ist. Kooperatives Lernen erklärt sich hauptsächlich durch den Vergleich mit individuellem Lernen. Was das tatsächliche Verhalten anbelangt, ist also zu fragen: Welche Prozesse treten in kooperativen Situationen deutlich stärker auf bzw. sind sogar spezifisch für kooperatives Lernen? Im Hinblick auf die Lernleistung schließt sich eine weitere Frage an: Welche dieser Prozesse führen tatsächlich zu einem größeren Lernzuwachs als dies in einer individuellen Lernsituation möglich wäre?

Die wesentlichen leistungsförderlichen Prozesse des kooperativen Lernens sollen nun vorgestellt werden. Mit den sich jeweils anschließenden „kritischen Fragen“ wollen wir den Leser zum Weiter-Denken anregen.

2.2.1. Individuelle Verantwortung

Eines der Hauptziele kooperativer Lerngruppen besteht darin, den einzelnen zu stärken und ihm zu seinem Recht zu verhelfen (siehe Abschnitt 2.1.). Von der Zusammenarbeit soll nicht nur die Gruppe insgesamt, sondern auch der einzelne Teilnehmer profitieren. Darum ist auch der Einzelne aufgerufen, Verantwortung für die gemeinsame Arbeit zu übernehmen.

Kritische Fragen:

- Kann die richtige Balance zwischen individueller und sozialer Verantwortlichkeit erst nach einem langen Lernprozess erwartet werden?
- Was geschieht, wenn einzelne Gruppenmitglieder nicht bereit sind, Verantwortung zu übernehmen?
- Wie kann eine Gruppe die eigenen Lernprozesse und das eigene Lernverhalten zum Thema machen?
- Welche Schritte und Methoden sind dabei zu beachten?

2.2.2. Kognitive Konflikte

Treffen mehrere Personen in einer Lerngruppe aufeinander, stehen sich in der Regel mehrere Standpunkte, Perspektiven und Aussagen gegenüber. Soziales Verhalten, im Sinne von sich über etwas austauschen, führt so notwendigerweise zu Meinungsverschiedenheiten oder kognitiven Konflikten: Der eigenen Sicht stehen eine oder mehrere andere gegenüber. Sicherlich ist jedes Individuum für sich in der Lage mehrere Perspektiven gleichzeitig zu schaffen und dadurch innere Konflikte zu erzeugen, jedoch geschieht dies durch kooperatives Austauschen viel schneller und nachhaltiger. Das Individuum wird unmittelbar mit konträren Ansichten konfrontiert.

Anhänger der an Piaget (siehe Abschnitt 6.1.) angelehnten Sichtweise argumentieren, dass die Existenz kognitiver Konflikte zu einer Auseinandersetzung mit konträren Perspektiven geradezu aufruft und sich in Lerngewinnen äußert (Dillenbourg et al, 1996). In dieser Perspektive können im Austausch verschiedene Perspektiven vereinigt werden, weil mehrere gleichberechtigte Merkmale eines Themas gesehen werden und so eine „höhere" bzw. abstraktere Sicht dieses spezifischen Themas entsteht.

Kritische Fragen

- Müssen es Konflikte, also widersprüchliche Aussagen sein, die Lernen effektiv machen?
- Ist es ausreichend, dass diese Konflikte existieren, unabhängig davon, ob sie tatsächlich gelöst werden?
- Lassen sich kognitive Konflikte einfach von sozialen Konflikten trennen bzw. treten sie unabhängig voneinander auf?

2.2.3. Lösen kognitiver Konflikte

Nastasi und Clements (1992) folgen der Ansicht, dass kognitive Konflikte ein typisches Merkmal kooperativer Situationen sind. Sie legen jedoch größeren Wert auf die Lösung dieser Konflikte. Es leuchtet unmittelbar ein, dass kognitive Konflikte in einer Gruppe einfacher gelöst werden können als alleine. Die Gruppenmitglieder stehen sich als Ressourcen zur Verfügung und können sich fortlaufend gegenseitig anregen. Durch das Austauschen von Gedanken, Fragen und Problemen können Aussagen abstrahiert, besser verglichen und im Idealfall auf einem höheren Niveau zusammengefasst werden.

Die Autoren (Nastasi & Clements, 1992) fanden in Untersuchungen, dass das Lösen dieser Konflikte auf einer kognitiven Ebene, also nicht durch soziale Prozesse, wie einfaches Zustimmen oder Verwerfen von Gedanken, zum Lernerfolg führt. Die Gruppenmitglieder können so zu einer besseren und tieferen Repräsentation des Problems gelangen und schließlich bessere Leistungen aufweisen.

Kritische Fragen

- Mit welchen Einschränkungen bei der Lösung kognitiver Konflikte ist in sehr harmonischen Gruppensituationen zu rechnen?
- Nehmen wir an, es treten keine Konflikte auf; es stehen sich keine gegensätzlichen Ansätze gegenüber. Einige der Lernenden verfügen noch überhaupt nicht über Standpunkte zu einem bestimmten Thema. Würde eine kooperative Situation dann individuellem Lernen unterlegen sein?

2.2.4. Internalisation kognitiver Prozesse

Wie bereits in Abschnitt 2.1. angedeutet, werden im Verlauf der Internalisierung soziale Prozesse (nach Vygotsky innerhalb der Zone der proximalen Entwicklung) umgewandelt und dadurch in ihrer Struktur und Funktion verändert und stellen schließlich interne psychische Prozesse dar. Ausgehend von solchen Überlegungen können kooperative Lernsituationen durch das Verfügbarmachen von Ideen oder Fertigkeiten für bestimmte Personen sehr effektiv sein. Nicht Konflikte per se, sondern das „Miteinanderdenken" mit einem etwas kompetenteren Partner ermöglicht Lernfortschritte und macht kooperatives Lernen effektiv (u. a. Collins, Brown & Newmann, 1989).

Kritische Fragen

- Ist kooperatives Lernen hauptsächlich für Lernende mit unterlegenem Wissen oder geringeren Fertigkeiten sinnvoll?
- Profitiert derjenige, der etwas weiß oder etwas besser versteht als andere Gruppenmitglieder auch von kooperativem Lernen? (Fischer, Bruhn, Gräsel & Mandl, 1999)?

2.2.5. Erklären

Seinen Standpunkt zu einem Thema darstellen bzw. anderen sein Verständnis offenlegen, sind für kooperative Lernsituationen typische Elemente. So wird beim Aufteilen von Arbeit jedes Mitglied zu einem bestimmten Teil mehr wissen als die anderen. Es hat dann die Aufgabe, sein Verständnis den anderen mitzuteilen und ihnen zu helfen, ein ähnliches Verständnis der Dinge zu erlangen.

- Oder: Eine Lerngruppe hat sich vorgenommen, gemeinsam zu einem besseren Verständnis bei schwierigen Themen zu gelangen. In diesem Rahmen wird jede Person ihr Verständnis offenlegen und zur Diskussion stellen müssen.
- Oder: Eine Person hat Verständnislücken und bittet daraufhin eine andere Person, ihr ein Thema zu erklären.

Innerhalb sozialer Lernsituationen bieten sich so vielfältige mehr oder weniger natürliche oder strukturierte Möglichkeiten, sich Dinge zu erklären. Dadurch stellt der Prozess des Erklärens ein Merkmal kooperativen Lernens dar, der beim individuellen Lernen in der Weise nicht auftreten kann. Zwar könnte man sich beim individuellen Lernen Versuche des Selbsterklärens vorstellen, doch muss dies als eine bewusste Strategie angewendet werden und ist nicht entsprechend natürlich und häufig in den Lernprozess eingebettet wie beim kooperativen Lernen.

Ein weiterer Unterschied zwischen beiden Lernformen besteht in den Prozessen, die durch die Erwartung, etwas erklären zu müssen, und dann durch das tatsächliche Erklären ausgelöst werden (Johnson & Johnson, 1985). Es ist zu vermuten, dass die Erwartung, etwas erklären zu müssen, den gesamten individuellen Wissensverarbeitungsprozess beeinflussen kann. Davon sind sowohl elaborative, metakognitive und motivationale Prozesse betroffen (Webb, 1989).

Aus motivationaler Sicht hinterlässt die Erwartung, anderen etwas erklären zu müssen, mit Sicherheit ihre Spuren hinsichtlich Selbstvertrauen, Interesse und Motivation. Lazarus und Folkman (1984) fanden, dass diese Erwartung entweder eher als herausfordernd oder als eher bedrohlich eingeschätzt werden kann. Im günstigen Fall wirkt die Erwartung motivierend und führt dadurch zu einem stärker elaborativen Verhalten.

Aus kognitiver Sicht (Webb, 1989) wird eine Person, bevor sie anderen etwas erklärt, versuchen ihr Wissen für sich selbst zu klären, dabei eventuell Lücken entdecken, diese bemüht sein zu schließen und dabei ihr Wissen umstrukturieren. Dies kann zu einem stärker elaborierten Wissensbesitz führen. Kommt es dann während des Erklärens zu Rückfragen bzw. weiteren Verständnislücken auf der Seite des Zuhörers, wird der Erklärer danach streben, andere Perspektiven heranzuziehen. Er wird sich bemühen, das Wissen eventuell in natürlicher Sprache darzustellen, neue Beispiele zu suchen, um es dem Zuhörer verständlich zu machen. Wie aus der Kognitions- und Gedächtnisforschung bekannt ist (Friedrich & Ballstaedt, 1995), haben diese Vorgänge günstige Effekte für die Festigung des Wissens auf der Seite des Erklärenden.

Kritische Fragen:

- Empirsche Studien (u. a. Webb, 1989) haben nachgewiesen, dass Personen die aktiv Erklärungen abgaben, auch den größten Wissenszuwachs erzielten. Man könnte jedoch auch argumentieren, dass Personen die besser/schneller lernten auch mehr Erklärungen abgeben. Ist Erklären also demnach eher ein Indikator und keine Ursache für besseres Lernen?
- Was geschieht mit den negativen motivationalen Folgen der Erwartung, etwas erklären zu müssen, wie Stress und Angst?
- Weiterhin fand man, dass Erklären für einige Lernstoffe effektiver war als für andere. Muss man also den Typ der Lernaufgabe mit berücksichtigen?

Obgleich die Möglichkeiten der Unterstützung des Erklärens noch weitgehend unerforscht sind, finden sich in der Literatur doch einige Hinweise und Anregungen.

- Aktivieren Sie die früheren Kenntnisse der Lernenden, die wichtig sind für das Erklären der relevanten Konzepte. Der „Erklärende" muss erkennen, was der Lernpartner schon weiß und mit dem aktuellen Material in Verbindung bringen kann.
- Benutzen Sie multiple Formen der Darstellung, um Begriffe und Überlegungen zu erklären (mathematische Symbole, Zahlen, geometrische Figuren, Bilder, usw.).
- Überlegen Sie, wie alternative Darstellungen und Erklärungsweisen koordiniert werden können, damit der Lernpartner einen Sachverhalt unter multiplen Perspektiven erkennen kann.
- Liefern Sie ausführliche Begründungen dazu, wie und warum ein Problem zu lösen ist (z. B. die Ziele diskutieren, die für den nächsten Schritt der Problemlösung wichtig sind).
- Benutzen Sie spezifische Beispiele, um allgemeine Begriffe oder Konzepte zu illustrieren.
- Machen Sie sich mit den Wegen und Methoden der Problemlösung der Zuhörer vertraut, um mögliche Fehler korrigieren und auftauchende Fragen beantworten zu können (z. B. Versetzen Sie sich in die Lage der Zuhörer, um ihre Art und Weise der Problemlösung zu verstehen, ehe Sie mit Erklärungen beginnen).
- Übersetzen Sie ungewöhnliche Begriffe oder einen unbekannten Wortschatz in eine Sprache, die den Lernenden vertraut ist.
- Finden Sie heraus, ob die Zuhörer verstehen, wie sie ein Problem lösen können, indem Sie ihnen Gelegenheit geben, eine Problemstellung allein, ohne Anweisungen oder Hilfen zu lösen.
- Reagieren Sie auf alle Anzeichen von Missverstehen oder unzureichendem Verstehen (Fehler, verwirrende Statements, Fragen) mit ausführlichen Erklärungen, statt nur kurze Erläuterungen oder die richtige Antwort zu präsentieren.
- Ermutigen Sie die Lernenden, Probleme beim Verstehen offen mitzuteilen, sich mit anderen darüber auszutauschen und Inhalte sowie die Geschwindigkeit des Lernens selbst zu bestimmen (z. B. Inhalte, die diskutiert werden müssen).

Abb. 2.1: Anregungen und Tipps für den Erklärenden (nach Webb, 1991)

2.2.6. Multiple Perspektiven

Beschäftigt sich ein Lernender mit neuem Stoff, wird er danach streben, zu einer von ihm vertretbaren Perspektive zu gelangen. Er wird im optimalen Fall das Problem verstehen und eventuell auch erklären können. Es liegt auf der Hand, dass verschiedene Personen durch die ihnen verfügbaren Ressourcen und individuellen Wissensgrundlagen auch zu verschiedenen Perspektiven gelangen werden. Zugleich wird die Zahl der verfügbaren Perspektiven unweigerlich steigen. Allerdings ist die Verfügbarkeit multipler Perspektiven an sich noch nicht leistungssteigernd. Ist die Gruppe jedoch in der Lage, sich über ihre Perspektiven auszutauschen und diese auch zu verstehen, kann jede Person für sich ein Problem unter mehreren Perspektiven verstehen. Die Folge ist eine stärkere Elaboration und Vernetzung der eigenen Wissensbasis. Es ergeben sich mehr Bezugspunkte und Lösungswege. Das Wissen kann so langfristiger behalten und leichter abgerufen werden.

Kritische Fragen

- Was geschieht in Gruppen mit wenig kommunikationsfähigen Mitgliedern?
- Welche Konsequenzen hat es, wenn sich die Mitglieder in ihren Perspektiven sehr ähnlich sind (was in homogenen Gruppen leicht passieren kann)?
- Welche Rolle spielt die Motivation beim Aufbau einer Wissensbasis?

2.2.7. Metakognitive Strategien

Es gibt eine Reihe von kognitiven Anforderungen, die elementare Bestandteile des Kooperativen Lernens sind (Nastasi & Clements, 1992). Die Rede ist von Prozessen des Überwachens, Kontrollierens und Regulierens. Sie entstehen dadurch, dass verschiedene Personen versuchen zu einer gemeinsamen Erkenntnis zu gelangen. Diese Prozesse haben ihren Ausgangspunkt in der Existenz sehr verschiedener Problem- und Lösungsdefinitionen. So sind die Gruppenmitglieder aufgefordert, über ihre Problemdefinitionen zu verhandeln, müssen sich Modelle über die Ansichten der anderen Mitglieder machen, sind bestrebt das Verhalten und die Aussagen der anderen zu verstehen (Brand-Gruwel, Aarnoutse & Bos, 1998).

Im Zuge einer fortschreitenden Einigung gehen diese Prozesse mit einem ständigen Modifizieren der eigenen Ziele und dem Überprüfen der eigenen Lösungsstrategien einher. Es werden Bedeutungen ausgehandelt, es wird gemeinsam konstruiert, um schließlich einen Konsens zu erreichen.

Nach dem aktuellen Kenntnisstand scheinen metakognitive Strategien gleichzeitig Potentiale wie auch Gefahren zu enthalten. Weinert (1984) hat z. B. darauf hingewiesen, dass der Einsatz von metakognitiven Strategien nur bei subjektiv mittelschweren Aufgaben sinnvoll ist. Bei zu schwierigen Aufgaben müsste adäquates metamemoriales Wissen nicht zur Lösung, sondern in vielen Fällen zu realistischen Einschätzung der Aussichtslosigkeit längerer Anstrengungen führen; bei zu leichten Aufgaben hingegen sind Metakognitionen irrelevant, da sie zur Bearbeitung der Aufgabe nicht benötigt werden (weil diese bsw. automatisiert vonstatten geht).

Wir denken, dass sich mit metakognitiven Strategien eine Vielzahl von Problemen, wie Effizienzverluste (optimale Lösungsstrategien gehen verloren, es werden Kompromisse geschlossen) erklären lassen. Ihre Wirksamkeit wird stark von äußeren Bedingungen abhängen.

Kritische Fragen

- Wie weit führen die skizzierten metakognitiven Prozesse der Kooperation zu einer besseren Leistung?
- Wie weit sind sie optimale Prozesse, die kooperatives Lernen effektiv machen?

Zusammenfassung

Zusammenfassend lässt sich feststellen, dass es eine Reihe für kooperatives Lernen typischer Prozesse gibt. Ohne Zweifel können diese Prozesse optimal sein, in dem sie die Effektivität von kooperativem Lernen gegenüber individuellem Lernen gewährleisten. Allgemeingültig sind diese Aussagen jedoch nicht. Beispielsweise ist Erklären nicht Bestandteil jedes kooperativen Lernens. Erklären ist für einige Aufgabentypen offensichtlich geeigneter als für andere. Erklären kann neben den positiven auch negative und hier vor allem motivationale Wirkungen (z. B. Angst, sich bloß zu stellen) hervorrufen. Eine Übersicht über die optimalen Prozesse kooperativen Lernens allein kann die Wirksamkeit dieser Lernart nicht hinreichend erklären. Es müssen noch andere Faktoren hinzukommen, vor allem solche, die den Rahmen, in dem kooperatives Lernen stattfindet, beschreiben (Renkl & Mandl, 1995). In Kapitel 4 werden solche Rahmenbedingungen näher besprochen.

2.3. Kooperatives Lernen im Lichte neuerer Ansätze des Lehrens und Lernens

In den letzten Jahren hat sich das Lehren und Lernen in allen Lebensbereichen gravierend verändert. Wissen, Fertigkeiten und Fähigkeiten sehen sich mit einer sich stetig verändernden Welt, mit einem Wandel der Lebens- und Lernbedingungen von Kindern und Jugendlichen, Veränderungsprozessen in der Gesellschaft, Pluralisierung gesellschaftlicher Lebensformen, Globalisierung und Vernetzung der Lebensverhältnisse sowie einem Wandel von Werten konfrontiert. Um diesen Anforderungen angemessen begegnen zu können, werden in zunehmendem Maße Qualifikationen wie Kooperationsfähigkeit, Flexibilität und eigenverantwortliches Handeln gefordert. An Schulen und Hochschulen gehen diese Entwicklungen mit neuen Anforderungen an Lehrende und Lernende einher:

- Schüler und Studierende müssen lernen, relevante von irrelevanten Inhalten zu unterscheiden; der Unterricht muss inhaltsorientiert sein;
- sie müssen lernen, für sie besonders relevante Inhalte zu erkennen und selbständig zu erarbeiten; der Unterricht muss Differenzierung und autonomes Arbeiten ermöglichen;
- sie müssen lernen, dass Wissenserwerb und Kompetenzentwicklung am besten in Zusammenarbeit mit anderen erfolgt; der Unterricht muss Kooperation fördern;
- sie müssen lernen, dass zu einer fruchtbaren Kooperation Kommunikationsfähigkeit gehört; der Unterricht muss intensive Kommunikation einbeziehen;
- sie müssen lernen, dass eine kontinuierliche Reflexion über individuelle und gemeinsame Lernprozesse deren Optimierung fördert; der Unterricht muss die Metareflexion als festen Bestandteil enthalten;
- sie müssen lernen, dass der Erwerb von neuem Wissen und von neuen Kompetenzen voraussetzt, dass man immer wieder unbekannte Felder betritt, sich immer neuen Situationen aussetzt; der Unterricht muss metaexploratives Verhalten ermöglichen.

Nachvollziehbar werden die skizzierten Trends des Lehrens und Lernens erst vor dem Hintergrund aktueller Entwicklungen der Theorien des Lehrens und Lernens. Diese sollen in den folgenden Abschnitten näher erläutert werden. Unser Augenmerk gilt vor allem zwei Strömungen: Konstruktivistischen und handlungstheoretischen Ansätzen.

2.3.1. Vom Behaviorismus zum Konstruktivismus

2.3.1.1. Lernen als passives Geschehen

John Watson (1925), der Begründer des Behaviorismus, hat in seinem grundlegenden Werk („Behaviorismus") folgende Feststellung getroffen:

> *„Der Behaviorist fragt: Warum machen wir nicht das, was wir beobachten können, zum eigentlichen Gebiet der Psychologie? Wir wollen uns auf Dinge beschränken, die beobachtbar sind und Gesetze formulieren, die sich nur auf solche Dinge beziehen. Was aber können wir beobachten? Wir können Verhalten beobachten – das, was der Organismus tut und sagt."*

Watsons Anliegen, in der Psychologie nur Beobachtbares zum Gegenstand der Forschung werden zu lassen, wurde konsequent in die sogenannte S-R-Psychologie umgesetzt (S = Stimulus, Reiz; R = Reaktion, Verhalten). Aufgabe der Psychologie ist es demnach Zusammenhänge aufzudecken, die zwischen registrierbaren Reizen, also Umweltbedingungen, und beobachtbaren Verhaltensweisen des Organismus bestehen.

Mit der Überzeugung der Behavioristen, dass Verhalten durch Umwelteinflüsse zu kontrollieren und damit zu verändern ist, geht deren außerordentliches Interesse an der Erforschung des Lernens und seiner Bedingungen einher. Der Behaviorist sieht im heranwachsenden Menschen ein passives Wesen. Erzieher und Lehrer können durch Manipulation der Verhaltenskonsequenzen (Belohnung und Bestrafung) erwünschtes Verhalten stärken und unerwünschtes Verhalten schwächen.

In behavioristischer Sichtweise wird nicht nur von einem passiven Lernenden, sondern zusätzlich von einem Wissen ausgegangen, das unabhängig vom Wissenden existiert. Dieses Wissen weist mit der Wirklichkeit eine Punkt-für-Punkt-Übereinstimmung auf. Die Rede ist von einer „objektivistischen" Sichtweise des Lernens. Lernen ist nichts anderes als die Übermittlung äußerlich existierenden Wissens an ein lernfähiges Individuum („Trichter-Prinzip").

Die Frage drängt sich auf, was zu tun ist, damit dieses Wissen „da draußen" einem relativ passiven Lernenden übergeben werden kann, damit dieser es weiter verarbeitet und in seinem Gedächtnis speichert. In der Perspektive des Behaviorismus fällt dem Lehrer (oder dem Lehrmittel) die Rolle zu, dem Schüler Informationen („Daten") anzubieten, die dieser verarbeiten kann. Das Ziel des Unterrichts besteht in jedem Fall darin, die Wissensmenge des Schülers zu vermehren. Die Kontrolle des Unterrichtsgeschehens bleibt beim Lehrer, der die Lerninhalte auswählt, darstellt und der regelmäßig unter Verwendung von Wissenstests oder standardisierten Schultests überprüft, ob der beabsichtigte Wissensfortschritt tatsächlich erfolgt ist. Man hat diese Unterrichtsform als direkte Instruktion bezeichnet. Unter direkter Instruktion versteht man eine weitgehend externale Steuerung des Lerngeschehens, sei es durch einen Lehrer, den Trainer oder durch ein Computerprogramm (Weinert, 1996).

Vorzugsweise wird die direkte Instruktion zur Vermittlung von „algorithmischen" Kompetenzen wie etwa Lese-, Schreib- und Rechenfertigkeiten herangezogen:

- Ziel ist es, eine weitgehende Automatisierung zu erreichen.
- Die genannten Kompetenzen sollen mit einem bescheidenen kognitiven Aufwand und einer beschränkten metakognitiven Bewusstheit seitens der Lernenden erworben werden.

Trotz der erkennbaren Einschränkungen wäre es verfehlt, der direkten Instruktion jegliche Wirkung abzusprechen. Das Lehren durch direkte Instruktion ist in der empirischen Unterrichtsforschung wie in der Trainingswissenschaft gleichermaßen gut untersucht (Helmke & Weinert, 1997).

Direkte Instruktion wird in der Regel als effektiv bewertet – vor allem wenn es darum geht, hohe Durchschnittsleistungen mit geringen interindividuellen Varianzen zu erzielen. Ihre Vorzüge kommen zum Tragen, wenn es darum geht

- einen ersten systematischen Überblick über ein neues Gebiet zu erhalten
- Anfangsschwierigkeiten mit einem Lerngebiet zu überwinden
- große Stoffmengen zu bewältigen.

2.3.1.2. Lernen als Konstruktion von Wissen

In Abhebung von einer behavioristischen Sichtweise meldeten sich zu Beginn der 1980er Jahre Psychologen zu Wort, die darauf verwiesen, dass der Lernende keineswegs wartet, bis ihm Wissen „eingefüllt" wird. Auf der Grundlage seiner Erfahrungen konstruiert der Lernende sein Wissen selbst und dieses Wissen muss keineswegs mit der äußeren Wirklichkeit übereinstimmen! Aus heutiger Sicht konstruiert und rekonstruiert jeder Lernende aktiv sein Verständnis, anstatt es von einer autorisierten Quelle, wie etwa von einem Lehrer oder von einem Schulbuch zu übernehmen. Hinter solchen Überlegungen stehen Vorstellungen vom Lehren und Lernen, die mit den „mechanistischen" Sichtweisen der Behavioristen nicht mehr zu vereinbaren sind. Lernen ist nicht mehr passiv. Vielmehr handelt es sich um einen aktiven, konstruktiven, kumulativen und zielgerichteten Prozess (Shuell, 1988, 1996).

- Lernen ist aktiv, weil der Lernende mehreres tun muss, um die eintreffenden Informationen so zu verarbeiten, dass er das Material in verständlicher Form lernt.
- Lernen ist konstruktiv, weil die neue Information aufzuarbeiten ist und mit anderen Informationen in Beziehung gesetzt werden muss, damit der Lernende einfache Informationen behält und komplexeres Material versteht.
- Lernen ist kumulativ, weil alles neue Lernen auf das Vorhandene aufbaut und/ oder das bereits Bekannte in der Weise genutzt wird, dass dieses bestimmt, was und wieviel gelernt wird (das Wort „kumulativ" darf allerdings nicht im Sinne der Behavioristen verstanden werden, denn bei ihnen ist damit vor allem ein mechanisches Anknüpfen neuer Lernschritte an die bereits bestehenden Lernvoraussetzungen gemeint).
- Lernen ist zielgerichtet, weil das Lernen am erfolgreichsten verläuft, wenn dem Lernenden das Ziel gegenwärtig ist (zumindest in einer sehr allgemeinen Form), auf das er hinarbeitet und Erwartungen hat, die im Hinblick auf das Ergebnis angemessen erscheinen (Shuell, 1988).

Nimmt man diese Prämissen ernst – und dies erscheint angesichts des aktuellen Kenntnisstandes ratsam –, so lässt sich keineswegs immer sicherstellen, dass der Lernende das dort Erfahrene richtig, also im Einklang mit der Darstellungsabsicht des Lehrers zusammenfügt. Zwischen einem Lehrer und seinem kognitiv aktiven Schüler können sich sehr leicht Fehler oder Ungereimtheiten in der Kommunikation einschleichen. Dennoch bleibt dem Lehrer nicht nur eine passive Rolle. Obwohl es ihm verwehrt bleibt, auf die kognitiven Prozesse des Lernenden direkt Einfluss zu nehmen, kann er diesem doch augenfällige Fehlentscheidungen, Umwege oder Unzulänglichkeiten vor Augen führen.

1. Ein Lehrer, der Lernen als Konstruktion von Wissen versteht, gesteht dem Lernenden im Prozess der Konstruktion von Wissen eine aktive Rolle zu. Der Blick ist verstärkt auf den Prozess, weniger auf das Produkt des Lernens gerichtet. Wie neuere prozessorientierte Instruktionsmodelle (z. B. Simons, 1992) belegen, bedarf die Konzentration auf das Lerngeschehen der professionellen Anregung durch Experten.
2. Ein zweiter Punkt betrifft das Auftreten von Fehlern. Aus konstruktivistischer Sicht ist das Auftreten von Fehlern sogar erwünscht. In Klassenzimmern, in denen die Bedeutung des Lernprozesses hervorgehoben wird, verhelfen Lehrer ihren Schülern zu der Einsicht, dass Fehler die Grundlage für neues Lernen sein können, denn Fehler zeigen Missverständnisse auf, die nur zu beseitigen sind, wenn man auf sie aufmerksam wird.

2.3.2. Der „neue" Konstruktivismus

Für Fragen des Lehrens und Lernens ist vor allem der neue Konstruktivismus relevant. Im Gegensatz zum radikalen Konstruktivismus im Sinne einer Wissenschafts- und Erkenntnistheorie verzichtet der neue Konstruktivismus auf einen fundamentalistischen Geltungsanspruch und beschäftigt sich stärker mit dem denkenden und handelnden Subjekt. Diese Perspektive des Konstruktivismus bietet gegenwärtig den vielleicht vielversprechendsten theoretischen Rahmen für eine Analyse und Förderung von Prozessen des Wissenserwerbs in den unterschiedlichen sozialen Kontexten (Gerstenmaier & Mandl, 1995).

Tabelle 2.1 fasst die Unterschiede zum traditionellen lehrerzentrierten Unterricht prägnant zusammen.

Tabelle 2.1: Vergleich: Traditionelle und konstruktivistische Auffassungen

	Traditionelle Form des Lehrens und Lernens	Sozial- Konstruktivismus
Inhalte und Ziele	Lerninhalte sind Wissenssysteme, die in ihrer Entwicklung abgeschlossen und klar strukturierbar sind. Lernende müssen die gesetzten Leistungskriterien erfüllen	Wissen ist unabgeschlossen und abhängig von individuellen und sozialen Kontexten; authentische Aufgaben führen zu neuen Zielen
Prozess des Lehrens	Wissenstransport; Lernender soll sich genau das aneignen, was der Lehrende weiß; Lernmethoden sind unabhängig von Inhalt, Kontext, Zeitpunkt und Personmerkmalen	Anregung, Beratung, Coaching; keine Wiederholbarkeit von bewährten Lehrmethoden
Position des Lehrenden	„didactic leader"; Wissensinhalte präsentieren, erklären, kontrollieren	stellt Problemsituationen und „Werkzeuge" zur Problembearbeitung zur Verfügung; Berater und Mitgestalter
Prozess des Lernens	Lernen als rezeptiver Prozess; Lernen erfolgt linear und systematisch; Wissen unabhängig vom Kontext	Lernen ist ein aktiv-konstruktiver Prozess; situativ, multidimensional und systemisch
Position des Lernenden	eher passiv; muss von außen stark angeleitet und kontrolliert werden	aktiv und selbstgesteuert; erbringt eigene Konstruktionsleistungen
Evaluation	Überprüfung des Lernerfolgs ist von größter Bedeutung; Testverfahren	Prozess des Lernens ist Gegenstand von Beurteilungen, Selbstevaluation wird angestrebt

Welche Konsequenzen für den Wissenserwerb resultieren aus dem „neuen" Konstruktivismus? Zunächst einmal veranlassen konstruktivistische Ansätze Lehrende und Lernende, ihre epistemologischen Annahmen über den Prozess und die Förderung des Wissenerwerbs zu überdenken. Um das Problem des „trägen", in der Praxis nicht anwendbaren Wissens zu vermeiden, sollten sich Lernende nicht als passive Rezipienten von Wissen verstehen, sondern als aktive, selbstgesteuert Lernende. Sie sollten zunehmend in der Lage sein, ihr Lernen selbst zu organisieren, durchzuführen und zu bewerten. Eine solche gedankliche und handelnde Neuorientierung bringt eine gravierende Veränderung der Lehrerrolle mit sich. Lehrende verstehen sich weniger als Vermittler, Präsentatoren von Wissen, sondern mehr als Mitgestalter von Lernumgebungen und Unterstützer von Lernprozessen (Gerstenmaier & Mandl, 1995).

Was die Gestaltung des Lehrens und Lernens anbelangt, besteht derzeit breite Übereinstimmung hinsichtlich der folgenden Leitlinien (Design der zweiten Generation nach Issing, 1994, S. 277):

- Lernersteuerung: Förderung einer lernerkontrollierten Lernumgebung (nicht Entwicklung kontrollierter Programme)
- Problembezogenes Lernen: problembezogenes kreatives Lernen in sinnvollen Zusammenhängen (nicht separates Faktenlernen)
- Lebensnahe Informationsdarstellung: Ermöglichung aktiven Lernens (nicht passive Wissensvermittlung)
- Offene Lernangebote unter Nutzung neuer Technologien (z. B. Computer- oder Videotechnik): Der Lernende soll die angebotenen Informationen in seine Wissen- und Denkstrukturen einordnen können
- Gestufte Hilfen: Der Lernende soll die Möglichkeit erhalten, bei Bedarf auf vertiefende Informationen zurückgreifen zu können.

Aus diesen generellen Leitlinien resultieren Empfehlungen für die Gestaltung von Lehr-Lernarrangements:

1. Probleme in multiplen Kontexten und unter multiplen Perspektiven präsentieren und bearbeiten;
2. kooperatives Lernen in Lerngemeinschaften betonen, weil der Wissenserwerb ein individueller Prozess ist, der in der Interaktion mit anderen optimiert werden kann;
3. Anleitungen beim Lernen individuell vermitteln;
4. Inhalte anhand verschiedener Symbolsysteme darstellen;
5. die selbstgesteuerte interaktive Vorgehensweise beim Lernen fördern;
6. die Flexibilität bei der Nutzung hinsichtlich Lernort, Lerntempo und Lerndauer unterstützen;
7. durch den Einsatz neuer Lehr-Lernumgebungen den Prozess des Wissenserwerbs optimieren;
8. mit dem Wissen umsichtig und verantwortungsvoll umgehen;
9. die Folgen von Wissen und Wissensanwendung reflektieren und abschätzen;
10. Erkenntnisse, sogenannte Tatsachen, aber auch gesellschaftliche Strukturen hinterfragen;
11. Ziele und Werte anderer Menschen und anderer Kulturen respektieren;
12. neben individuellen Belangen auch kollektive Aspekte einbeziehen.

Lehr-Lern-Umgebungen, die den genannen Prinzipien Rechnung tragen und zugleich dem kooperativen Lernen einen breiten Raum geben, sind die Ansätze der Situierten Kognition.

2.3.3. Situiertes Lernen

Aus konstruktivistischen Überlegungen folgt für den Wissenserwerb bzw. das Lernen, dass einem Lernenden Situationen angeboten werden müssen, in denen eigene Konstruktionsleistungen möglich sind und in denen kontextgebunden gelernt werden kann. Man spricht daher auch von situierten Lernumgebungen. Vorstellungen zum situierten Lernen sind insofern interessant, da sie auf „blinde Flecken" im traditionellen kognitiven Paradigma hinweisen. Bei den Ansätzen zur situierten Kognition handelt es sich jedoch keineswegs um eine einheitliche Theorie. Vielmehr formulieren – ausgehend von einer fundamentalen Kritik an der traditionellen Kognitionspsychologie – Vertreter aus verschiedenen Fachrichtungen (z. B. Psychologie oder Kulturanthropologie, Greeno, 1989; Lave, 1988), erste Ansätze zu einem neuen Paradigma.

Greeno (1992, S. 133) beschreibt die Grundzüge dieses Forschungsprogramms mit Hilfe folgender Prinzipien:

- Denken ist in physikalischen und sozialen Kontexten situiert. Denken, Wissen und Lernen kann eher als die Art aufgefasst werden, in der ein Handelnder in eine Situation eingebettet ist, denn als pure Aktivität eines individuellen Bewusstseins.
- Denken und Lernen sind in Kontexten von Überzeugungen und Bedeutungen eingebunden („situiert"), die zwischen Individuen und sozialen Gruppen differieren.
- Individuen verfügen über stabile potentielle Fähigkeiten für kognitives Wachstum; sie sind zu komplexen und subtilen Prozessen der Wissens- und Bedeutungskonstruktion und der Denkfähigkeit imstande.
- Denken, Lernen und kognitives Wachstum sind die Aktivitäten mit denen Menschen ihr Wissen und Verstehen ausdrücken und fortlaufend neu organisieren.

Diese Überlegungen finden sich vor allem in anthropologischen Studien, die die Beziehungskonstruktionen von Gruppen behandeln und die Beziehungen zwischen Menschen und den historisch und kulturell entstandenen Welten untersuchen, die diese miteinander teilen. Insbesondere die anthropologischen Studien von Lave stützen sich auf eine Sichtweise, die sie als „situierte soziale Praxis" (1991, S. 7) bezeichnet. Individuen lernen im Rahmen einer Praxisgemeinschaft („community of practice"), in der sich Identitätskonstruktionen herausbilden. Law (1993) und Cole (1991) akzentuieren dabei besonders den „kulturellen Prozess", in den die „communities of practice" eingebettet sind. Danach müssen alle menschlichen Gedanken und Überlegungen („Kognitionen") als in ihrem sozialen, kulturellen und historischen Kontext situiert oder eingebettet gedacht werden. Kognitionen werden immer von Individuen in kulturell organisierten Kontexten gemeinsam konstruiert.

Ansätze des situierten Lernens können dazu beitragen, die Kluft zwischen schulischem Lernen und alltäglichen Erfahrungen zu überbrücken. Ein Beispiel dafür findet sich bei Alexander Renkl (1996), der am Beispiel der sogenannten „verankerten Instruktion“ illustriert, wie die Modelle situierten Lernens konkret in Lernarrangements umgesetzt werden.

Für den Mathematikunterricht der 5. Jahrgangsstufe wurde beispielsweise eine Geschichte über einen Wildhüter, die auf einer Videodisk vorliegt, entwickelt. Dieser findet in einem Reservat einen verletzten Adler, der dringend medizinische Versorgung braucht. Aus bestimmten Gründen, die im Film plausibel gemacht werden, kommt zum Transport von der Fundstelle im Urwald zur Tierklinik nur ein Ultraleichtdrachen in Frage, über den die Kinder durch eine Rahmengeschichte quasi zufällig bereits einiges erfahren haben. Die Geschichte endet ohne Auflösung. Die Kinder haben die Aufgabe herauszufinden, wie man den Adler mit dem Ultraleichtdrachen retten könnte. Dabei stellen sich jedoch zahlreiche Probleme, wie etwa die sehr begrenzte Beladungskapazität sowie der kleine Tank des Ultraleichtdrachens und die weiten Strecken im Dreieck zwischen dem Standort des Drachens, dem Fundort des Adlers und der Tierklinik. Um die Rettung des Adlers erfolgreich planen und koordinieren zu können, müssen etliche mathematische Kenntnisse erworben und angewandt werden. Auch wenn die Kinder in ihrem Leben wahrscheinlich nie in die Situation kommen werden, einen Adler mit einem Ultraleichtdrachen zu retten, so erhält die Geschichte durch dieses Element des „Ungewöhnlichen“ doch motivierenden Charakter. Die einzelnen Sub-Probleme, die dabei auftreten, wie etwa die Berechnung der Strecke, die mit einer Tankfüllung zu bewältigen ist, sind zudem realitätsnahe Probleme im engeren Sinne.

Durch die Wahl derartiger komplexer, realitätsnaher Ausgangsprobleme als „Lernanker“ soll jedem Lernenden die Möglichkeit gegeben werden, sich zumindest in bestimmten Teilbereichen als kompetent zu erleben. Zugleich werden die Forderungen der Ansätze zur situierten Kognition, welche eine Kontextgebundenheit von Wissen postulieren, erfüllt. Wenn Wissen an den situativen Kontext der Lernsituation gebunden ist, dann sollte die Lernsituation der Anwendungssituation möglichst weitgehend entsprechen. Die Vorgabe komplexer, realitätsnaher Probleme als Lernanker erfüllt genau diese Forderung. Auch motivational-emotionale Aspekte werden in diesen Instruktionsmodellen berücksichtigt. Durch die Vorgabe interessanter Ausgangsprobleme sollen die Lernenden intrinsisch motiviert werden. Zudem werden die Probleme typischerweise in kooperativen Gruppen bearbeitet, in denen jeder Lernende für bestimmte Teilbereiche zum Experten wird.

Das Verdienst der Ansätze zur situierten Kognition liegt wohl darin, auf die Vernachlässigung situationaler und sozialer Dimensionen im derzeit dominierenden kognitiven Paradigma hinzuweisen. Kognitive Forschungsprogramme sehen Verhalten als Funktion von kognitiven Strukturen; situative oder soziale Gegebenheiten spielen nur dann eine Rolle, wenn sie symbolisch repräsentiert sind. Damit unterscheidet sich das kognitive Paradigma fundamental vom behavioralen Paradigma, das in situativen Merkmalen die primären Verhaltensdeterminanten sieht. Ob der Ansatz der situierten Kognition wirklich seinen Anspruch erfüllen kann, die Synthese aus dem behavioralen und dem kognitiven Paradigma darzustellen, wird die künftige Entwicklung an den Tag legen. Für die Befürworter wird es vor allem darauf ankommen, gestalterische Konzepte dazu zu entwickeln, wie Lernen und insbesondere kooperatives Lernen gefördert werden sollte.

Unabhängig von ihrer zukünftigen Relevanz für Wissenserwerb und Wissensanwendung weisen die Ansätze zur situierten Kognition auf eine noch immer weit verbreitete Fehlannahme hin: Das Problem der fehlenden Wissensanwendung ist nicht als Phänomen zu konzipieren, bei dem ein unabhängig von Situationen existierendes und in den kognitiven Systemen von Individuen lokalisiertes Wissen nicht zur Anwendung gebracht werden kann. Zur Lösung von in der pädagogischen Praxis immer wieder angemahnten Wissensanwendungsproblemen bzw. Transferphänomenen rücken stattdessen vermehrt Merkmale von Person-Situations-Interaktionen und soziale Aspekte in den Mittelpunkt der Betrachtung.

2.3.4. Selbstgesteuertes Lernen

Im Unterschied zu den Konzepten zur situierten Kognition lassen sich Modelle des selbstgesteuerten Lernens nicht eindeutig konstruktivistischen Forschungsprogrammen zuordnen. Vor allem Autoren, die verstärkt die Denk-, Planungs- und Entscheidungsleistungen der Lernenden (und weniger Prozesse des Wissenserwerbs und der Anwendung des erlernten Wissens) miteinbeziehen, orientieren sich eher an handlungstheoretischen Überlegungen.

Ungeachtet der jeweils dominierenden theoretischen Akzentuierungen gehen die Plädoyers für den Einsatz kooperativer Lernformen einher mit der Betonung der Möglichkeit der Selbststeuerung des Lernprozesses durch die Lernenden. Interaktionsprozesse zwischen den Lehrenden und Lernenden sowie Unterrichtsmethoden wie z. B. kooperatives Arbeiten, Gruppenarbeit und Projektunterricht erfahren eine Reanimation und knüpfen damit an progressive pädagogische Konzepte, z. B. an die der Reformpädagogik an (Konrad & Traub, 1999; Konrad & Wagner, 1999). Argumentativ gestützt wird der damit einhergehende Paradigmenwechsel heute einerseits durch Befunde kognitivistischer und konstruktivistischer Strömungen und andererseits durch den gesellschaftlichen Konsens über die Notwendigkeit der Ausbildung einer Selbstbildungskompetenz als

Voraussetzung für die Fähigkeit des „lebenslangen Lernens" in der Informationsgesellschaft.

Was ist mit selbstgesteuertem Lernen gemeint?

Selbstgesteuertes Lernen wird hier als eine Lernform definiert, die dadurch charakterisiert ist, dass der/die Lernende eigenständig den eigenen Lernbedarf feststellt, sich selbst motiviert, das Lernen steuert, kontrolliert, überwacht und bewertet (Konrad & Traub, 1999). Systematisch betrachtet umfasst selbstgesteuertes Lernen drei Komponenten, die eng miteinander verknüpft sind:

1. Motivation und Willen: Um selbstgesteuert lernen zu können, muss der Lernende, zum Lernen motiviert sein und er muss an dem, was er tut und wie er es tut, Interesse haben oder entwickeln. Neben motivationalen rücken in letzter Zeit auch zunehmend volitionale Prozesse der Handlungsauswahl und Steuerung in den Blickpunkt.
2. Fähigkeiten, Kompetenzen und Wissen: Lernen als selbstgesteuertes Handeln setzt neben Zielbildungs- und Bewertungsvorgängen des Lernenden auch zielgerichtete Regulationstätigkeiten und damit den Einsatz von Lernstrategien voraus. Ohne basale Strategien der Informationsverarbeitung (Dekodieren, Strukturieren etc.) ist selbstgesteuertes Lernen ohne äußere Regulation und Vorgaben kaum denkbar. Selbstgesteuert Lernende müssen in der Lage sein, Wissen, Fertigkeiten und Einstellungen zu entwickeln, die zukünftiges Lernen fördern und erleichtern.

Freiräume in der Lernumwelt: Werden die Aktivitäten der Lernenden von außen reglementiert und stark vorstrukturiert, so haben sie wenig Gelegenheit, die Fähigkeit zu entwickeln, selbständig zu lernen. Umgekehrt begünstigt Autonomie im Sinne von Freiheitsgraden für selbständige Zielstellungen und Entscheidungen für Tätigkeitsinhalte und -formen die Motivation und Souveränität der Lernenden (Simons, 1992). Sollen die Lernenden Konstrukteure ihrer eigenen kognitiven Strukturen werden, muss eine Lernumgebung möglichst viele Informationsressourcen bereitstellen, um in progressiver Weise Themen und Inhalte auszuweiten (anstatt sie im Sinne eines falsch verstandenen Expertentums zunehmend einzuengen). Abbildung 2.2 illustriert, dass sich selbstgesteuertes Lernen auf verschiedenen Dimensionen lokalisieren lässt.

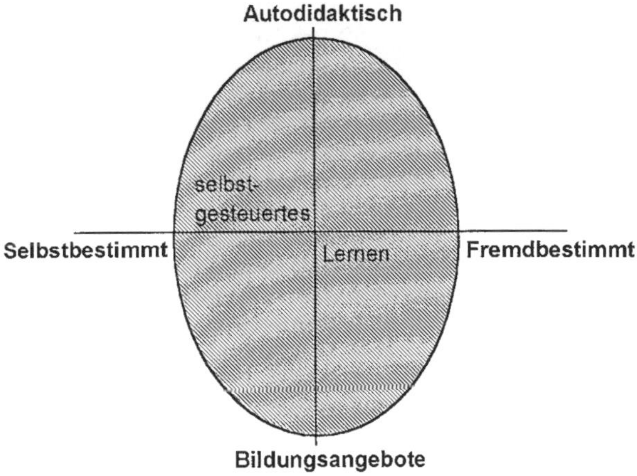

Abb. 2.2: Lokalisierung selbstgesteuerten Lernens

Wie deutlich wird, dürfte selbstgesteuertes Lernen in der Praxis nur ausnahmsweise in Reinform vorkommen. Nahezu bei allen Spielarten des Lernens sind Elemente der Selbststeuerung und der Fremdsteuerung eng miteinander verwoben (vgl. Simons, 1992; Shuell, 1988). Auf einen weiteren wichtigen Gesichtspunkt verweist Abbildung 2.3.

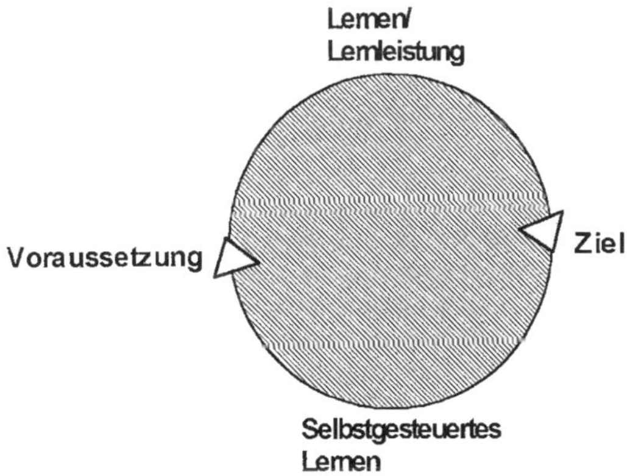

Abb. 2.3: Selbstgesteuertes Lernen als Voraussetzung und Zielperspektive

Psychologisch betrachtet stellt das selbstgesteuerte intentionale Lernen jeweils seine eigene Voraussetzung und zugleich seine eigene langfristige Zielperspektive dar. Selbstgesteuertes Lernen lässt sich daher sowohl als Voraussetzung wie auch als Effekt des Lerngeschehens begreifen (Eccles & Wigfield, 1995). Aufgefasst als ein (eigenständiges) Ziel von Unterricht kann Selbststeuerung als wichtige fächerübergreifende Kompetenz angesehen werden, die wesentliche Komponenten des effektiven Lernens umfasst und die es daher – vor allem in Verbindung mit kooperativen Lernformen – zu fördern gilt (Boekaerts, 1999, S. 447).

2.3.5. Handlungsorientiertes Lernen

Bei der Anwendung selbstgesteuerter Lernformen kommt dem handlungsorientierten Unterricht eine tragende Rolle zu. Handlungstheoretisch fundierte Lernansätze gehen davon aus, dass Lernen als ein zielgerichteter Prozess aufzufassen ist, bei dem die angestrebten Ergebnisse des Lernhandelns bzw. Handeln lernens antizipiert werden, um auf der Grundlage dieser Zielvorstellungen das Lernen zu steuern und zu kontrollieren.

Der Begriff Handeln umfasst unterschiedliche Bestimmungsstücke wie Motivation, Bewusstheit, Ziel, Plan und Entschluss: Handlung ist motiviertes, gezieltes, geplantes, gewolltes, kontrolliertes und bewertetes Verhalten (von Cranach & Bangerter, 2000. S. 228).

Legt man den Fokus auf Prozesse der Kommunikation und Kooperation, bezeichnet handelndes Lernen eine aktive, aus einem Verständigungsprozess erwachsende selbständige und selbstverantwortete Auseinandersetzung mit einer als bedeutsam eingeschätzten Situation. Sie kann umwelt- oder selbstgerichtet sein und hat bildende Funktion.

Handlungen sollen eigene Erfahrungen ermöglichen, die überwiegend lebensbezogen sein sollen. Gemachte Erfahrungen müssen gedanklich verarbeitet, reflektiert und in den gesamten Erfahrungshorizont des Lernenden eingebracht werden.

Mit handelndem Lernen ist nicht Aktionismus und einseitige Erlebnisorientierung gemeint, sondern die Verarbeitung, die Reflexion der handelnden Person. Nur in der gedanklichen Verarbeitung kann das Erlebnis zur Erfahrung werden, die dann geistig verarbeitet werden kann. Wer handelt, greift in die Wirklichkeit ein, um etwas verändern zu wollen. Dabei erfolgt die aktive Auseinandersetzung zielbewusst. Im handlungsorientierten Unterricht gestalten die Lernenden ihre Lernprozesse größtenteils selbstständig und interaktiv mit ihrer Umwelt. Ziele und Inhalte sind nicht vorgegeben, sondern werden prinzipiell von einer Lerngruppe in einem Verständigungs- und Aushandlungsprozess ausgewählt.

Voraussetzungen für handlungsorientierten Unterricht sind komplexe, ganzheitliche Lernumgebungen. Die Lernenden werden durch die unten genannten Prinzipien und Beispiele angeregt, sich in der Lernumgebung selbsttatig und selbstständig mit den Lerninhalten auseinanderzusetzen, weil selbst Erlerntes und selbst Erfahrenes besser behalten wird als vorgetragenes Faktenwissen.

- Wiederherstellung der Einheit von Theorie und Praxis: Im Unterricht muss die fehlende Anschauung durch geeignete didaktische Maßnahmen wieder hergestellt werden. Möglichkeiten sind u. a. Lernbüros oder Formen des offenen Unterrichts.
- Lernen anhand komplexer, ganzheitlicher Aufgabenstellungen: Aufgrund der ganzheitlichen Betrachtung von Lerninhalten durch zunehmende Spezialisierung einzelner Fachgebiete, kommt den Bildungseinrichtungen die Aufgabe zu, die Zusammenhänge der Lerngebiete zu vor- und nachgelagerten Funktionsbereichen transparent zu machen.
- Persönlichkeitsbildung der Lernenden: Der Lernende soll durch die Lösung einer konkreten Problemstellung, sowie deren kritische Reflexion zum eigenen kompetenten Handeln hingeführt werden.

Handlungsorientierter Unterricht kann als in hohem Maße lernerzentriert bezeichnet werden. Die Lernenden gestalten aktiv ihren eigenen Lernprozess. Jeder kann für einen bestimmten Bereich Experte sein. Die Philosophie der Lernerzentrierung ist eng verbunden mit dem erfahrungsorientierten Lernen: Die Unterrichtsinhalte sind das Ergebnis gemeinsamer Anstrengungen und Absprachen zwischen Lehrenden und Lernenden. Lernende sind unmittelbar in die Entscheidungsfindung eingebunden; sie bestimmen über Inhalte und Methoden der Vermittlung (siehe Tabelle 2.2.).

Tab. 2.2: Rollen des Lerners im lernerzentrierten Unterricht

Im Lerngeschehen	**Rolle des Lernenden**
Stadium Planung	Lernende werden gefragt, was sie lernen wollen und mit welchen Methoden dies geschehen soll. Lernende werden in den Prozess der Festlegung, Überwachung und Veränderung der Ziele einbezogen.
Implementierung	Fähigkeiten und Fertigkeiten entwickeln sich auf der Grundlage eigener Aktivitäten. Sie konstruieren und modifizieren eigene Aufgabenstellungen.
Überprüfung	Lernende überwachen ihren eigenen Fortschritt. Sie sind an der Bewertung und Modifikation der Lernprozesse und der Lernergebnisse beteiligt.

In der Praxis handlungsorientierten Lernens kommen

- Projekte
- Fallstudien
- Simulation
- Leittexte
- Planspiele zur Anwendung.

zu a) Projekte:

Der Projektunterricht wird als Hochform des handelnden Lernens verstanden.

Bei einem Projekt soll ein Thema gewählt werden, das aus dem Interessen- und Lebensbereich der Lernenden stammt. Ziel ist es, ein damit verbundenes Problem zu lösen. An diesem Problemlöseweg sind Lehrende und Lernende gemeinsam beteiligt. Dabei werden Fächergrenzen häufig überschritten und Stundenpläne sowie Zeitgrenzen außer Kraft gesetzt.

Gudjons (1994) strukturiert das Projekt in mehrere Merkmale und Schritte:

1. Eine für den Erwerb von Erfahrungen geeignete „problemhaltige Sachlage" auswählen:
   - Situationsbezug
   - Orientierung an den Interessen der Beteiligten
   - Gesellschaftliche Praxisrelevanz
2. Gemeinsam einen Plan zur Problemlösung entwickeln:
   - Zielgerichtete Projektplanung
   - Selbstorganisation und Selbstverantwortung
3. Sich mit dem Problem handlungsorientiert auseinander setzen
   - Einbeziehen vieler Sinne
   - Soziales Lernen
4. Die erarbeitete Problemlösung an der Wirklichkeit überprüfen
   - Produktorientierung
   - Interdisziplinarität
   - Grenzen

Zu b) Simulation

Schülerinnen und Schüler simulieren reale Vorgänge, zum Beispiel in Übungsfirmen oder Juniorenfirmen.

Juniorenfirma:

Damit ist ein didaktisch-methodisches Konzept zur beruflichen Erstausbildung gemeint. Ziel ist es, die für den zu erlernenden Beruf notwendigen Kenntnisse und Fähigkeiten nicht isoliert zu erwerben, sondern in simulierten ganzheitlichen Situationen anzuwenden und sie dadurch besser behalten und mit ihnen umgehen zu können. Durch die Arbeit in Juniorenfirmen soll die Teamfähigkeit, die Selbständigkeit der Lernenden, das Denken in Zusammenhängen, das Lernen aus Fehlern und die praxisorientierte Vorbereitung auf den Beruf verbessert werden. Indem die Lernenden Geschäftsvorgänge eigenständig bearbeiten und die Umsetzung in die Realität simulieren, können sie erkennen, welche Erfolge oder Misserfolge ihnen das simulierte Geschäft eingebracht hätte.

Übungsfirma:

Ganz ähnlich wie die Juniorenfirma funktionieren auch Übungsfirmen. Dabei handelt es sich überwiegend um Lernorte der beruflichen Bildung. Lernende sollen durch Simulation die betriebliche Realität ganzheitlich erfassen und Theorie und Praxis miteinander verbinden können. Innerhalb der methodischen Funktion der übenden Anwendung soll zuvor erworbenes Wissen gefestigt und umgesetzt werden können.

Zu c) Planspiele

Im Planspiel werden komplexe Sachverhalte aus der Wirklichkeit auf bedeutsame Strukturen reduziert, wobei die Wirklichkeit nicht verfälscht werden darf und den Lernenden ein möglichst selbständiger Zugang zu den Problemen eröffnet werden muss. Das Planspiel zielt auf Entscheidungen und bietet sich zur Realisation der unterschiedlichsten (alltagsrelevanten) Vorgänge an. In besonderem Maße kann die Entscheidungsfähigkeit und Selbständigkeit der Teilnehmer gefördert werden. Das Planspiel erfolgt in der Regel in drei Phasen:

- Vorbereitung und Information
- Spiel
- Auswertung und Kritik

Zu d) Fallstudien

Auch hier soll die Realität simuliert werden. Die Lernenden sollen mit größtmöglicher Selbständigkeit die einem Fall zugeordneten Aufgaben lösen können. Gefördert werden sollen vor allem die eigenständige Problemlösung und das Treffen von Entscheidungen.

Kaiser (zit. nach Peterßen, 1999) untergliedert die Fallstudie in sechs Phasen:

1. Konfrontation: Alle an der Übung Beteiligten müssen mit dem Problem konfrontiert werden, sie müssen wissen, worum es dabei geht und wie das Problem eventuell gelöst werden könnte.
2. Information: Zur Lösung des Problems müssen noch weitere Materialien und Informationen gesammelt werden. Dies sollen die Lernenden zunächst eigenständig tun, wobei die Lehrperson unterstützend helfen kann.
3. Exploration: In dieser Phase werden alle möglichen Lösungen dargestellt und besprochen.
4. Resolution: In der Diskussionsphase kommen die Lernenden zu einer Entscheidung, es wird klar, welchen Lösungsweg sie anstreben wollen.
5. Disputation: Die Lösung muss nun verteidigt werden. Dazu müssen die Teilnehmer Argumente vorbringen, denen alle zustimmen können.
6. Vergleich mit der Realität: Abschließend wird die gefundene Lösung mit der in der Realität praktizierten Lösung verglichen.

Zu e) Leittexte

Die Leittext-Methode stammt aus der beruflich-betrieblichen Erstausbildung. Sie soll überkommene Ausbildungsmethoden ergänzen, um das neu gesetzte Ausbildungsziel „Fähigkeit zur selbständigen Planung, Ausführung und Kontrolle von Tätigkeiten" zu fördern. Selbständiges Handeln wird dadurch angeregt, dass an die Stelle unmittelbarer Unterweisung Texte – als mittelbare Vermittlungsformen – treten. Diese Texte informieren über die Aufgabe, helfen bei der Lösung und Kontrolle der Lösungsschritte.

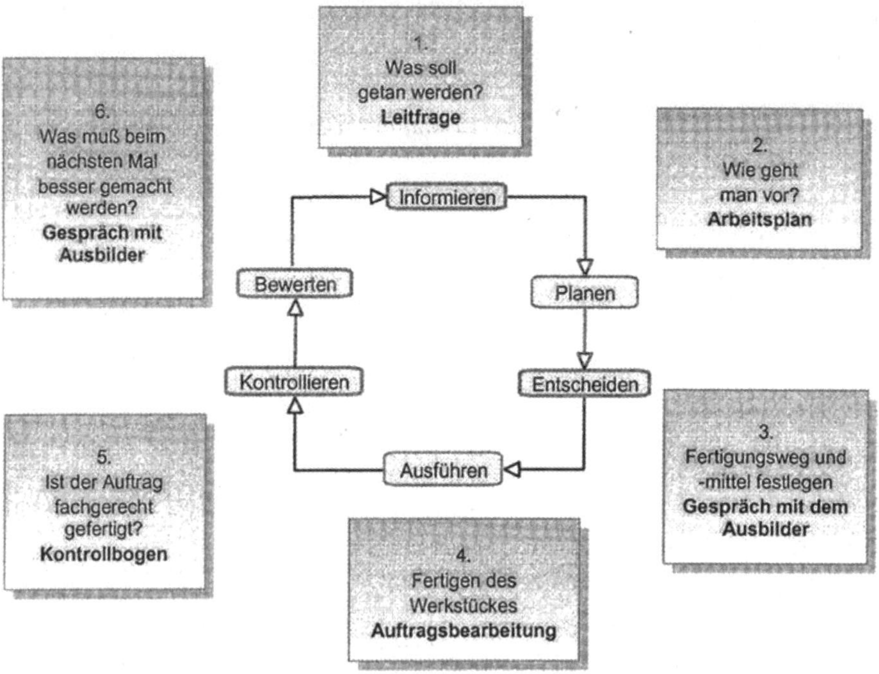

Abb. 2.4: Das Modell der vollständigen Handlung

Leittexte basieren auf dem „Prinzip der vollständigen Handlung": Informieren, Planen, Entscheiden, Ausführen, Kontrollieren und Auswerten stellen einen Zyklus dar. Zu jeder dieser Stufen stellt der Leittext Handlungsanweisungen und Informationen zur Verfügung, damit der Lernende diese Stufen erfolgreich bewältigen kann. Entscheidend ist, dass die Lernenden möglichst viele Aktivitäten eigenständig ausführen können.

Neben den fachlichen Informationen wird mit der Leittext-Methode auch Methodenkompetenz erworben, da die Lernenden selbständig an die Bearbeitung von Aufgaben herangeführt werden. Die Lehrenden halten sich dabei weitgehend zurück. Sie werden als Experten verstanden, die im Notfall einbezogen werden können.

Wie der konstruktivistisch geprägte, gibt auch der handlungsorientierte Unterricht der Lernerzentrierung einen breiten Raum. Zugleich wird die Notwendigkeit entsprechend gestalteter Lernmethoden und -bedingungen betont, die eine aktive und selbständige Auseinandersetzung mit den Aufgaben sowie das Erkennen und Nutzen vorhandener Handlungsspielräume ermöglichen. Was dies im Vergleich zum lehrerzentrierten Unterricht im konkreten Fall bedeutet, lässt sich der folgenden Übersicht entnehmen (siehe Tabelle 2.3).

Tab. 2.3: Vergleich von lehrer- und lernerzentrierten Unterricht

Lehren und Lernen	Lehrerzentrierter Unterricht	Lernerzentierter Unterricht
Inhalte	Regeln und Strukturen, die hierarchisch angeordnet sind	Regeln zum Ausdruck und zur Konstruktion von Sinn und Bedeutung
Lerntheorie	Ausbildung von Gewohnheiten; Fertigkeiten werden verbal vermittelt	Aktive Kommunikation; bedeutsame Aufgaben; Sprache, die das Lernen fördert
Aktivitäten	Lehrergelenktes Gespräch; Wiederholung und Erinnerung, Einprägung	Lernende lernen in der Interaktion mit anderen; Bedeutung wird ausgehandelt
Rolle des Lernenden	Organismus, der durch gezielte Trainingsmaßnahmen zum richtigen Verhalten geführt werden kann	Lernende sind interaktive Individuen; sie geben und nehmen
Rolle des Lehrenden	steht im Mittelpunkt und ist aktiv; lehrerzentrierter Unterricht; kontrolliert Verlauf, Ziele und Geschwindigkeit des Lernens	gibt Anregung und Unterstützung; berät und begleitet den Lernprozess
Lernmaterial	primär am Lehrer ausgerichtet	authentisch; fördert den Austausch und regt das Lernen und die Schüleraktivität an

2.3.6. (Neue) Konstruktivistische Ansätze des kooperativen Lernens

Der theoriegeleitete Wechsel vom lehrer-zentrierten zum lerner-orientierten Ansatz mit der Betonung der Selbstverantwortlichkeit des Lerners führt dazu, dass der konstruktivistischen Perspektive des Wissenserwerbs verstärkt Aufmerksamkeit geschenkt wird und diese die Gestaltung von Lehr-Lern-Prozessen maßgeblich beeinflusst.

Seit Ende der achtziger Jahre sind mehrere Ansätze zur Gestaltung von Lernumgebungen bekannt geworden, die sich explizit auf konstruktivistische Positionen beziehen und außerdem die Situiertheit von Wissen und Lernen berücksichtigen. Hervorzuheben ist der Cognitive Apprenticeship (Collins, Brown & Newman, 1989) und der Anchored Instruction Ansatz (Cognition and Technology Group at Vanderbilt, 1993). Beiden Konzepten ist gemeinsam, dass aus komplexen, authentischen oder zumindest realitätsnahen Problemstellungen gelernt wird (problemorientiertes Lernen). Der Ausgangspunkt des Lernens sollte dabei ein möglichst interessantes Problem sein, das die Lernenden dazu motiviert, sich bestimmtes Wissen anzueignen, um damit einer Problemlösung näher zu kommen. Das Wissen wird also gleich in einem Anwendungskontext erworben und nicht wie im traditionellen lehrerzentrierten Unterricht in systematisch geordneter, jedoch anwendungsunspezifisch-abstrakter Weise. Darüber hinaus betonen die Ansätze folgende allgemeine Merkmale von Lernumgebungen:

- Lernumgebungen sollen das Identifizieren, Definieren und Lösen von Problemen erleichtern.
- Nicht die Reproduktion, sondern die Konstruktion von Wissen soll im Vordergrund stehen.
- Um Wissen flexibel und anforderungsspezifisch anwenden zu können, sollen Lernumgebungen stets mehrere Perspektiven ein und desselben Sachverhaltes bieten.
- Sie sollen alternative Vorgehensweisen zulassen, um individuelle Ansichten und Auffassungen zu reflektieren.
- Und schließlich sollen sie erfahrungsbegründet sein, indem sie die zu lernenden Sachverhalte auch in Kontexte des Alltaglebens einbetten.

Wie in den grundlagenorientierten Ansätzen zur situierten Kognition (siehe Abschnitt 2.3.3.) wird auch bei den Modellen des situierten Lernens der Sozialaspekt betont und Lernen als Enkulturation aufgefasst. Deshalb wird der sozialen Interaktion zentrale Bedeutung für den Erwerb anwendbaren Wissens zugesprochen, sei es als Lernen mit einem Experten (Modell der Kognitiven Meisterlehre) oder sei es als kooperatives Lernen in einer Gruppe (Renkl, 1996, S. 87).

2.3.6.1. Der Anchored Instruction-Ansatz

Die Forschergruppe um Bransford et al. (1990) beschäftigte sich intensiv mit dem Problem des trägen Wissens, d. h. mit Wissen, das zwar vorhanden, aber in Problemsituationen nicht abrufbar ist. Es wird vermutet, dass die fehlende Anwendungsqualität dieses Wissens mit der Art des Wissenserwerbs zusammenhängt. Zur Überwindung von trägem Wissen wurde der Anchored Instruction-Ansatz entwickelt.

Ausgangspunkt dieser Lehrkonzeption, die von der „Cognition and Technology Group at Vanderbilt“ (CTGV, 1993) (weiter)entwickelt und umgesetzt wurde, ist die Annahme, dass Lernen als Erwerb und Aufbau von Wissen und kognitiven Fertigkeiten situationsgebunden erfolgt und innerhalb authentischer Aktivitäten angelegt ist. Unter Berücksichtigung von Ansätzen der situierten Kognition orientiert sich die CTGV an der Zielsetzung, dass Schüler im Mathematikunterricht in erster Linie lernen sollten, quantitative Probleme in realen Situationen des Alltags zu lösen. Insoweit die CTGV dies als abhängig sieht

1. von dem Wissen, das Schüler im Unterricht erwerben können, und
2. von ihrer Kompetenz, dieses Wissen auf entsprechende neue Situationen anzuwenden,

zielt sie auf eine Verankerung des Lehrens und Lernens in möglichst lebensnahen Situationen, um die Lernenden zu befähigen, erworbenes Wissen und Fertigkeiten fallbasiert auf neue Situationen mit Problemcharakter anzuwenden.

Zentral für diese Lernumgebung ist ein wirksamer Anker, der Interesse erzeugt, den Lernenden die Identifizierung und Definition des Problems erlaubt sowie die Aufmerksamkeit der Lernenden auf das Wahrnehmen und Verstehen dieser Probleme lenkt.

- In einer ersten konkreten Umsetzung der Anker-Idee werden den Lernenden anregende Abenteuergeschichten dargeboten, an deren Ende ein komplexes Problem gestellt wird.
- Die Aufgabe der Lernenden besteht darin, das anstehende Problem eigenständig zu lösen, wobei alle notwendigen Informationen in der Geschichte enthalten sind.
- Die Geschichten werden auf Bildplatte präsentiert, weil ein videobasierter Anker reichhaltigere Informationen zur Verfügung stellen kann als z. B. Printmedien. Zudem fördert er durch seine dynamische Darstellungsweise effektiv das Erkennen und Verstehen komplexer Zusammenhänge.

Der Anchored Instruction Ansatz bietet den Lernenden eine authentische Lernumgebung und zielt insbesondere in den ersten Schritten auf explorierendes Lernen ab. Um die Anwendbarkeit des Wissens zu fördern, werden unterschiedliche Probleme bzw. Anwendungskontexte angeboten. Durch diese multiplen Kontexte soll eine Dekontextualisierung des Wissens erreicht werden: Indem die Lernenden ihr Wissen aus unterschiedlichen Kontexten gewinnen, erfahren sie schon beim Wissenserwerb, welches Wissen auf andere Situationen übertragbar und welches Wissen an eine spezifische Situation gebunden ist. So wird gleichzeitig Wissen über die Anwendung von Wissen erworben und damit die Flexibilität von Wissen unterstützt.

In den Untersuchungen der Vanderbilt-Gruppe (1993) spielen die sogenannten Jaspervideos (der „Held“ Jasper Woodbury hat dort eine Serie von Abenteuern zu bestehen) eine zentrale Rolle. Die Gestaltungsprinzipien der Jasper-Serie sind in Abbildung 2.5. zusammengefasst.

- Video-gestützte Situations-Präsentation
- Narrative Struktur: Erzählung mit realistischen Problemen (statt einer Unterweisung auf Video)
- Generatives Problemlösen: Zur Aktivität anregende Darstellung (d. h. das Ende der Geschichte und die Lernenden definieren das zu lösende Problem)
- Eingebettetes Daten-Design (d. h. alle für die Problemlösung benötigten Informationen sind in dem Videofilm enthalten)
- Sinnvolle Komplexität (d. h. jedes Abenteuer schließt mindestens 14 Schritte ein)
- Paare aufeinanderbezogener Geschichten zur Transferförderung
- Verknüpfungen über verschiedene Fächer und das gesamte Curriculum

Abb. 2.5: Die Gestaltungsprinzipien der Jasper-Serie zur Lösung mathematischer Probleme

Im Vergleich mit Kontrollklassen offenbarte sich in den Jaspergruppen bei der Lösung komplexer Probleme über ein Schuljahr hinweg ein stärkerer Anstieg der Leistungen: Die Schüler in den Jaspergruppen hatten gegenüber dem Fach Mathematik eine weniger negative Einstellung und schätzten Mathematik als relevanter für das Alltagshandeln ein (Renkl, 1996).

2.3.6.2. Cognitive Apprenticeship Ansatz

Unter den neueren kognitionspsychologisch begründeten Konzeptionen zur Gestaltung von Lernumgebungen nimmt der Ansatz der Cognitive Apprenticeship eine herausragende Position ein, da er darauf abzielt, Merkmale idealer Lernumgebungen zu identifizieren. Initiiert wurde dieser Ansatz (Collins et al., 1989) durch die Ende der 80er Jahre aufgekommene Diskussion um die Diskontinuität schulischen Lernens mit Blick auf die Anforderungen außerhalb der Schule. Ausgangspunkt der Cognitive Apprenticeship, für die man die deutsche Bezeichnung „kognitive Meisterlehre“ wählen kann, ist die Annahme der Expertiseforschung, dass die Fähigkeit von Lernenden, Probleme zu lösen, in dem Maße erleichtert wird, wie es gelingt, ihnen zu vermitteln, wie ein Experte ein anstehendes Problem löst.

Ziel des Ansatzes des Cognitive Apprenticeship ist darum, die Übertragung der anwendungsorientierten Vermittlungsprinzipien der Handwerkslehre auf den Umgang mit komplexen Problemen in kognitiven Wissensgebieten (Domänen).

Von zentraler Bedeutung für den Cognitive Apprenticeship-Ansatz sind zwei Grundgedanken: Zum einen das Bemühen, zunächst nicht sichtbare kognitive Vorgänge sichtbar zu machen und damit zu externalisieren und zweitens die Anwendung instruktionaler Methoden. Folgende Schritte sind charakteristisch:

1. Zunächst wird die Vorgehensweise eines Experten modelliert. Der Experte verbalisiert bei der Lösung eines authentischen Problemes seine kognitiven Prozesse und angewandten Strategien.

2. Der Lernende (Novize) erhält anschließend die Möglichkeit, selbständig eine Problemstellung zu bearbeiten. Der Experte unterstützt ihn dabei durch Anleiten und Hilfestellungen: Diese Unterstützungsmaßnahmen werden mit zunehmender Kenntnis und Erfahrung des Lernenden zurückgenommen. Die Kontrolle über das Lerngeschehen geht mehr und mehr in die Hand der Lernenden über.

3. Der Lernende wird veranlasst, seine Überlegungen bei der Problembearbeitung zu artikulieren und seine Prozesse und Vorgehensweisen mit denen der anderen Lernenden und/oder Expertenstrategien zu vergleichen.

4. In einem weiteren Schritt lösen die Lernenden im Rahmen der Exploration eigenständig komplexe authentische Probleme.

5. Die Einbindung des Lernenden in eine Expertenkultur stellt ein weiteres wichtiges Merkmal des Cognitive Apprenticeship Ansatzes dar. Zusammen mit der Situiertheit des Lernens durch die der Nutzen und die Anwendbarkeit des neuen Wissens hervorgehoben wird, wird damit der soziale Kontext des Lernens konkret umgesetzt. Eine Flexibilisierung und Dekontextualisierung des Wissens soll durch die Einbeziehung von unterschiedlichen Problemkontexten und die Übernahme multipler Perspektiven erreicht werden.

Als Beleg für die Lernwirksamkeit ihres Ansatzes führen Collins et al (1989) drei Studien mit effektiven Lernumgebungen aus unterschiedlichen Domänen an, in denen sich jeweils Komponenten des Cognitive Apprenticeship finden lassen.

In den Arbeiten von Bereiter (Bereiter, 1990) wurden Grundschulkindern Strategien der Textproduktion vermittelt. Das Training enthielt wesentliche Elemente des Cognitive Apprenticeship, nämlich die Modellierung der Vorgehensweise durch einen Experten, die Unterstützung der Lernden und die Reflexion. Die Evaluation zeigte, dass diese Trainingsform im Vergleich mit anderen Trainingsformen am erfolgreichsten ist.

Weitere positive Belege finden sich im „reciprocal teaching" Ansatz. Dabei handelt es sich um eine Variante der Kognitiven Meisterlehre, die der Förderung des Textverstehens bei lern- und leistungsschwachen Kindern dient (siehe Abschnitt 6.4.2.1.).

2.3.7. Kritische Bewertung und Offene Fragen

Die in diesem Kapitel referierten Ansätze und Modelle begreifen Lernen als aktiven, konstruktiven, kumulativen, zielorientierten und selbstregulierten Prozess. Die den vorgestellten Entwürfen zugrunde liegenden handlungstheoretischen und konstruktivistischen Positionen lassen Übereinstimmungen in ihrer Sicht zum situativen oder anforderungsbezogenen Erwerb von Wissen erkennen. Unterschiede treten vor allem im Verständnis über die Funktion von Wissen zu Tage. Während im handlungstheoretischen Kontext Wissen eine direkte regulative Funktion zukommt, wird es im konstruktivistischen Kontext als Werkzeug zum Verständnis von Situationen und zur Bedeutungszuweisung aufgefasst.

Unterschiede zwischen handlungstheoretischen und konstruktivistischen Positionen bestehen ferner in Bezug auf die Rolle des Lehrenden. Während ein handlungstheoretisch orientierter Lehrer eine stärkere Steuerung des Lernprozesses vornehmen wird (z. B. Leittextmethode), geht ein konstruktivistisch orientierter Lehrer nicht von einem vorher festgelegten Lernergebnis aus, sondern richtet sein pädagogisches Handeln darauf, neue und multiple Sichtweisen sowie Bewältigungsmöglichkeiten für eine Aufgabe bei den Lernenden anzuregen und zu fördern.

Vergleicht man die Methoden zur Anleitung des Wissenserwerbs, so sind eher deutliche Übereinstimmungen als Unterschiede zwischen beiden Konzepten festzustellen. Eine nicht unwesentliche Abgrenzung liegt allerdings darin, dass die lernmethodischen Elemente insbesondere beim Cognitive Apprenticeship Ansatz den kommunikativen Aspekt bei der Anleitung von Novizen durch Experten stärker betonen i. S. eines interaktiven Austauschs von Wissen und Erfahrungen.

Im Gesamtüberblick haben gerade konstruktivistische Positionen eine Reihe von neuen Sichtweisen zu zentralen Fragen der Lerngestaltung nahegelegt. Dies gilt für die Lerninhalte und -ziele, die Gestaltung des Wissenserwerbs, die Rolle von Lehrenden, die Gestaltung von Lernaufgaben und -umgebungen sowie die Förderung selbstgesteuerten und kooperativen Lernens. Ungeachtet dieser unbestrittenen Vorzüge zeigen Anwendungen und Evaluationen konstruktivistischer Gestaltungsansätze auch bestehende Grenzen auf (Michael, Klee, Bransford & Warren, 1993):

1. Für eine klare Bewertung der Wirksamkeit konstruktivistisch gestalteten Lernens liegen noch zu wenige Untersuchungen vor. Die berichteten Ergebnisse sind z. T. vielversprechend, zeigen aber auch, dass beispielsweise ein Lernen unter multiplen Perspektiven zu Lasten des Erwerbs handlungsrelevanten Sachwissens geht.
2. Die ersten praktischen Erprobungen der Modelle weisen darauf hin, dass die Gestaltungsempfehlungen in einigen Punkten nicht ausreichen bzw. zu modi-

fizieren sind. Beispielsweise werden kaum Angaben zur Anleitung von Lernenden im Umgang mit komplexen Lernumgebungen gemacht. Für einen effektiven Wissenserwerb in solchen Kontexten scheint dies aber eine notwendige und erfolgskritische Bedingung des Lernens zu sein.

3. Weiterhin stellen sich eine Reihe von Fragen, wie bestimmte Gestaltungsvariablen konstruktivistischer Ansätze konkret zu realisieren sind. Beispielsweise werden Aufgabenanalysen, wie sie in traditionellen Instruktionsansätzen zur Sicherung des Anwendungsbezugs verwendet werden, abgelehnt. Es bleibt jedoch ungeklärt, durch welche alternativen Methoden die Authentizität bzw. Situiertheit einer Lernumgebung hergestellt und geprüft werden kann.
4. Schließlich fällt auf, dass die verwendeten Gestaltungsprinzipien insbesondere beim Cognitive Apprenticeship Ansatz Parallelen zu bewährten Elementen handlungstheoretischer Modelle aufweisen. Hier stellt sich die Frage, worin sich die konstruktivistischen Instruktionsansätze eigentlich von handlungstheoretischen unterscheiden.

Im Sinne einer Empfehlung bleibt festzuhalten, dass die positiven Wirkungen einer konstruktivistisch und/oder handlungstheoretisch fundierten Lernumgebung vor allem dann eintreten wird, wenn mindestens folgende Bedingungen erfüllt sind:

1. Eine Lernumgebung muss dem Lernenden tatsächlich bestehende Freiheitsgrade bieten: Neue Inhalte dürfen nicht am fertigen System bzw. als Welt abgeschlossene Erkenntnisse präsentiert werden Der Lernende muss vielmehr die Möglichkeit haben, eigene Wissenskonstruktionen und Intepretationen vorzunehmen sowie eigene Erfahrungen zu machen.
2. Erst wenn der tatsächlich vorhandene und subjektiv wahrgenommene Handlungsspielraum vom Lernenden auch genutzt wird, ist die Lernumgebung in dem Sinne konstruktivistisch, als sie den Prozess der Konstruktion neuen Wissens ermöglicht und fördert.
3. In Anlehnung an handlungstheoretische Positionen empfiehlt sich die Herstellung einer Balance zwischen Instruktion und Konstruktion. Erforderlich sind hierfür entsprechend gestaltete Lernmethoden und -bedingungen, die eine aktive und selbständige Auseinandersetzung mit den Aufgaben ermöglichen.

2.4. Übungen und Aufgaben für Leserinnen und Leser

A. Partnerinterview (Nähere Beschreibung in Kapitel 6):

Gehen Sie bitte zu zweit zusammen. Bestimmen Sie, wer von Ihnen Partner A und wer Partner B ist.

Partner A	Was leuchtet Ihnen an den konstruktivistischen Kernprinzipien unmittelbar ein?
Partner B	Bei welchen konstruktivistischen Aussagen sind Sie skeptisch?
Partner A	Welche Ansatzpunkte erkennen Sie für den konkreten Unterricht?
Partner B	Mit welchen konstruktivistischen Methoden und Lernstrategien haben Sie selbst bereits Erfahrungen gesammelt?
Partner A	Worin unterscheiden sich in Bezug auf den konkreten Unterricht konstruktivistische und handlungstheoretische Positionen?
Partner B	Welcher der beiden Ansätze liegt Ihnen persönlich näher?

B. Fragen zum Nachdenken:

In der Praxis stellen sich für selbstgesteuerte Lehr- Lernformen die folgenden Fragen:

- Wie können die traditionellen Übungen und lehrerzentrierten Elemente und Phasen mit kommunikativen Aufgaben (Diskussion, Rollenspiel usw.) verknüpft werden?
- Wie können Phasen der Entscheidungsfindung und der Kontrolle der Schüler in den Unterricht integriert werden?
- Wie kann die Kontrolle des Lehrers und der Schüler sinnvoll verteilt werden?

C. Hohe versus geringe Struktur:

Bitte suchen Sie aus der folgenden Tabelle vier Felder aus. Entwickeln Sie dazu Ideen und Lösungen! Worin unterscheiden sich dabei hoch und gering strukturierte Lernumgebungen?

Tab. 2.4: Aufgaben des Lehrers in unterschiedlich strukturierten Lernumgebungen

	Hohe Struktur	Geringe Struktur
Analyse der Bedürfnisse	Wie kann ich die Lernpräferenzen meiner Schüler feststellen?	Wie kann ich die Lernpräferenzen meiner Schüler einbeziehen bei der Identifikation und Artikulation ihrer Bedürfnisse?
Gruppenzusammensetzung	Nach welchen Kritieren muss ich Gruppen zusammenstellen?	Mit wem wollen die Schüler zusammenarbeiten? Warum?
Betreuung der Gruppen	Wie kann ich Gruppenarbeit kontrollieren und organisieren? Wie kann ich eine lehrergelenkte Instruktion verständlich und effektiv gestalten?	Wie kann ich Lernen in kleinen Gruppen anregen? Welche kommunikativen Aufgaben kann ich formulieren?
Bewertung der Arbeit	Welche Techniken helfen mir, die Leistungen meiner Schüler zu bewerten?	Wie kann ich Lernenden dabei helfen, ihre Leistungen selbst einzuschätzen?

D. Lernerzentrierung im handlungsorientierten Unterricht

Bitte bewerten Sie vor dem Hintergrund eigener Lehr-Lern-Erfahrungen die folgenden Statements: 1 = wenig Zustimmung, 5 = hohe Zustimmung (Nunan & Lamb, 1996).

Tabelle 2.5: Beurteilung von handlungsorientiertem Unterricht

	Diese Aussage	Trifft nicht zu				trifft zu
1	Lernende haben das Recht bei Lehrplanentscheidungen beteiligt zu werden (z.B. Auswahl von Lerninhalten, -methoden und -aufgaben)	1	2	3	4	5
2	Lernende lernen am effektivsten, wenn Lerninhalte sich auf ihre eigenen Erfahrungen und ihr Vorwissen beziehen	1	2	3	4	5
3	Lernende haben eine Vorstellung davon, wie ein sinnvolles Studium gestaltet werden sollte; diese Vorstellungen müssten von den Lehrenden berücksichtigt werden	1	2	3	4	5
4	Lernende, die das Lernen gelernt haben, studieren am effektivsten	1	2	3	4	5
5	Lernende sind weniger daran interessiert, um des Lernens selbst willen zu lernen; sie sind daran interessiert relevante Lebensziele zu erreichen.	1	2	3	4	5
6	Lernende verfügen über unterschiedliche Lernstile und Strategien, die bei der Entwicklung von Lernprogrammen/Lehrplänen berücksichtigt werden müssen	1	2	3	4	5
7	Lernende, die wissen, wie man das eigene Lernen einschätzt und bewertet, lernen effektiver als andere	1	2	3	4	5

Projekt I: Reflexion konstruktivistischer Prinzipien im Rahmen einer strukturierten Gruppenarbeit

Vorschlag zur Bearbeitung des Projekts: Um das Projekt sinnvoll bearbeiten zu können, wäre es hilfreich, sich mit Kollegen in einer Gruppe zusammen zu schließen und dann die Aufgaben gemeinsam zu bearbeiten.

Ziele:

- Reflexion konstruktivistischer Prinzipien
- Jene Faktoren bestimmen, die bei der Einteilung von Gruppen berücksichtigt werden
- Die Gesamtgruppe wird in Kleingruppen zu je 6–8 Personen eingeteilt. Jeder Gruppe wird ein Beobachter zugewiesen.
- Aufgabe der Beobachter ist es, den Verlauf der Gruppenarbeit (einschließlich der Aktivitäten einzelner Teilnehmer) zu protokollieren.

Die Beobachter erhalten den 1. Fragebogen

Jede Lerngruppe erhält ihre erste Diskussionsaufgabe. Beispiele:

- Wie kann ich konstruktivistische Positionen in der Klasse umsetzen?
- Wie müsste die Lehrerausbildung organisiert sein, um konstruktivistischen Prinzipien Rechnung zu tragen?
- Welche Fragen könnte ein Prüfer zum Thema Konstruktivismus formulieren?

Nach der Diskussion erhält jedes Gruppenmitglied den 1. Fragebogen

Die Teilnehmer sollen darüber nachdenken, welche Beiträge sie geliefert haben und wie lange sie jeweils aktiv waren. Jedes Mitglied soll außerdem über seine Rolle in der Gruppe nachdenken.

Die Beobachter teilen ihre Ergebnisse der Gruppe mit

Jede Gruppe erhält den 2. Fragebogen und diskutiert die Ergebnisse

1. Fragebogen für den Beobachter von Gruppenprozessen

Bitte schätzen Sie die Mitglieder Ihrer Gruppe nach den folgenden Kriterien ein

Tab. 2.6: Fragen zur Beurteilung der Gruppenmitglieder

Rollen in Gruppen	Name	Zeitangaben		
		nein	manchmal	oft
Organisiert die Gruppenaktivitäten		○	○	○
Liefert eigene Ideen		○	○	○
Ermutigt andere, sich einzubringen		○	○	○
Versucht Übereinstimmung oder Kompromisse herzustellen		○	○	○
Fasst die Beiträge der anderen zusammen		○	○	○
Bewertet die Beiträge der anderen		○	○	○
Bittet andere, ihre Vorstellungen zu erklären		○	○	○
Bringt andere zum Lachen		○	○	○
Versucht Probleme zu benennen		○	○	○
Zwingt die Gruppe, über andere Themen zu sprechen		○	○	○
Unterbricht andere, um seine eigenen Ideen einzubringen		○	○	○
Wirkt abgelenkt, während andere sprechen		○	○	○
(Für den Beobachter) Bringt sich überhaupt nicht ein		○	○	○

2. Fragen für die Gruppenmitglieder

1. Welche Aktivitäten haben Sie überwiegend gezeigt? Wenn Sie in der oberen Hälfte der Tabelle angesiedelt sind, können Sie sich beglückwünschen. Wenn Sie weiter unten liegen, überlegen Sie, wie Sie sich zukünftig produktiver einbringen können.
2. Gibt es Lücken im Fragebogen? Gab es etwa zu wenige Personen, die andere ermutigt haben, sich einzubringen? Gab es Leute, die zur Lösung von Konflikten beigetragen haben? Brachten genügend Personen ihre Vorstellungen ein?
3. Gab es zu viele Personen, die dieselben Schwerpunkte in der Diskussion setzten? Gab es etwa zu viele, die organisieren wollten? Gab es zu viele Einzelbeiträge, aber niemand, der die Ergebnisse von Zeit zu Zeit zusammengefasst hat?

Fertigen Sie bitte eine Liste an

- Dinge, die wir in der Gruppe nicht mehr tun sollten
- Dinge, die wir in der Gruppe häufiger tun sollten

Projekt II: Arbeitsanregungen zur Gestaltung von Lernumgebungen

Zur differenzierten Behandlung der folgenden Fragen bietet sich die Vier-Ecken-Methode an (siehe Abschnitt 5.3.2.2.).

1. Vergleichen Sie das gelenkt-entdeckende Lernenlassen mit dem traditionellen Lehrer-Schüler-Gespräch und begründen Sie, wann sich welche Art des Lehrens anbietet. Gibt es überhaupt sinnvolle Einsatzmöglichkeiten für das Lehrer-Schüler-Gespräch.
2. Welche Merkmale von Lernumgebungen (z. B. Anchored Instruction oder Cognitive Apprenticeship) beurteilen Sie als bedeutsam, um Lernende in die Lage zu versetzen, den Wissenserwerb möglichst weitgehend selbst zu steuern?
3. Erläutern Sie die Gestaltungsprinzipien einer in diesem Kapitel vorgestellten Lehrkonzeption und setzen Sie diese bei der Planung einer Unterrichtseinheit zu einem von Ihnen gewählten Thema um.
4. Vergleichen Sie die dargestellten Lehrkonzeptionen der Anchored Instruction und der Cognitive Apprenticeship hinsichtlich ihrer Designprinzipien und stellen Sie die Gemeinsamkeiten und Unterschiede fest.

3. Probleme und Mythen kooperativen Lernens

Das nun folgende Kapitel geht drei Fragen nach:

1. Welche Probleme kooperativen Lernens sind aus der Literatur bekannt?
2. Welche Vorbehalte und Bedenken werden dem kooperativen Lernen in der Praxis entgegengebracht?
3. Welche Gegenargumente können Befürworter kooperativer Lernformen einbringen?

Warum besteht eine so merkwürdige Diskrepanz zwischen pädagogischer Wertschätzung des kooperativen Lernens und der Alltagspraxis? Warum wird kooperatives Lernen im Schulunterricht trotz einer positiven Wertschätzung nur selten eingesetzt? Aus einer Übersicht von Huber (1993) geht hervor, dass der Anteil kooperativer Lernformen am Gesamtunterricht in Deutschland allenfalls bei 7 Prozent liegt. In anderen Publikationen schwanken die Zahlen zwischen 4 Prozent und 8 Prozent. Im folgenden wird diese Diskrepanz mit tatsächlich und vermeintlichen Problemen des kooperativen Lernens erklärt. Lösungen und Auswege werden aufgezeigt.

3.1. Probleme der mangelnden Bereitschaft zur Kooperation

Der Hans der macht's dann eh'-Phänomen

Mit diesem Phänomen beschreibt Renkl (1995) ein Verhalten von ein oder zwei Gruppenmitgliedern, die wegen mangelnder Motivation die Arbeit den anderen Gruppenmitgliedern überlassen. Dieses auch von Lehrern immer wieder berichtete (von anderen Autoren aber bestrittene, Dann et al. 1999) Problem des „Trittbrettfahrens" trat bei Renkl dadurch auf, dass es in diesem Studiengang eine Sonderregelung gab. Fehlende Lateinkenntnisse konnten mit einer guten Note in Methodik ausgeglichen werden. Das führte dazu, dass in einigen Gruppen Hochmotivierte (mit fehlenden Lateinkenntnissen) mit weniger Motivierten (Lateinkenntnisse vorhanden) zusammenarbeiten mussten. Bei der Befragung nach der Gruppenarbeit gaben nur 24 von 74 an, dass es in ihrer Arbeitsgruppe keine Personen gab, die sich vor der Arbeit drückten. Eine Lösung dieses Problems könnte darin bestehen, dass die Teile, die von den einzelnen Gruppenmitgliedern zur Aufgabenlösung geleistet wurden, identifizierbar bleiben. Diese Lösung birgt allerdings die Gefahr in sich, dass die Aufgabe in relativ unabhängige Teile aufgegliedert wird. Damit verfehlt sie aber erstens den Sinn von kooperativem Lernen und zweitens zieht diese Lösungsmöglichkeit auch eine Reihe von weiteren Problemen nach sich (siehe dazu die Abschnitte 5 und 6).

Ich hab meinen Teil erledigt'-Phänomen

Mit diesem Phänomen wird das Verhalten einiger Gruppenmitglieder beschrieben, die sich weigern, weitere Beiträge zu leisten, weil sie der Meinung sind, schon genug getan zu haben. Hintergrund dieses Phänomens sind erhebliche Motivationsprobleme. So ist es denkbar, dass unvollständige Gruppenarbeiten abgegeben werden, weil einzelne Teilnehmer ihre Arbeit als erledigt ansehen und nicht mehr bereit sind, anderen zu helfen. Neben externen Anreizen (z. B. Bewertung der Gruppenleistung und nicht der individuellen Leistung) und der Information darüber, dass die Ziele der Einzelpersonen positiv aufeinander bezogen sind, bietet sich eine sorgfältige Auswahl der Aufgabenstellung an, die nur gemeinsam gelöst werden kann (Lindquist & Abraham, 1996).

Gruppenarbeit-nein danke'-Phänomen

Damit ist eigentlich eine Folgeerscheinung auftretender Probleme beim kooperativen Lernen gemeint, weil durch die Schwierigkeiten, die ein Individuum mit einer solchen Lernform hat, die Akzeptanz kooperativer Lernformen durch das Individuum sinkt. Wenn man aber daran denkt, dass diese Skeptiker eventuell weitere schlechte Erfahrungen mit dem kooperativen Lernen machen, kann man sich auch vorstellen, dass einige von ihnen nicht mehr bereit sind, sich freiwillig auf eine derartige Lernform einzulassen. Eine potentielle Lösungsmöglichkeit eines solch schwerwiegenden Problems besteht darin, dass Erfahrungen mit der Gruppenarbeit innerhalb der Gruppe diskutiert werden. Probleme sollten angesprochen werden und Lösungsmöglichkeiten erarbeitet werden, so dass der Einzelne für das nächste mal einfach weiß, worauf er achten sollte. Weiterhin könnten bestimmte kooperative Kompetenzen auch schon vor einer Gruppenarbeit trainiert werden (z. B. Konflikthandhabung). Ein letzter wichtiger Punkt, den man bei solchen Diskussionen unseres Erachtens nicht vergessen darf ist, dass auch die positiven Aspekte der Gruppenarbeit besprochen werden, auch dann wenn diese nicht unmittelbar mit der eigentlichen Aufgabenlösung zu tun haben (z. B. wenn man in der Gruppe Spaß hatte).

Ja bin ich denn der Depp?-Phänomen

Dieses Phänomen stellt eine Folge des „der Hans der macht's dann eh'"-Problems dar. Es ist möglich, dass jene Gruppenteilnehmer, die die Hauptlast der Arbeit tragen, nach einer Weile verärgert sind und die Motivation verlieren. So gaben im Rahmen einer Studie bei einer Befragung nach der Gruppenarbeit nur 8 von 75 befragten Studenten an, dass die Arbeit innerhalb ihrer Gruppe gerecht verteilt wurde (Renkl, 1995). Abhilfe verspricht hier eine klare und gerechte Strukturierung der Gruppenarbeit, wie sie etwa das Gruppenpuzzle (siehe Abschnitt 6.3.1) vorsieht (Lindquist & Abraham, 1996).

Kann und mag ich nicht, mach du-Phänomen

Damit wird eine Art Scherenneffekt beschrieben, wie er in Abschnitt 4.1.3 erläutert wird, nur dass dieser Effekt intrapersonaler Art ist: Jedes Gruppenmitglied sucht sich diejenigen Anteile an der Arbeit aus, die er am besten bewältigen kann. Dieser Effekt wird in der Literatur (Renkl, 1995) auch als Matthäus-Effekt bezeichnet. Seine Auswirkung besteht darin, dass die Lernenden die Dinge, die sie gut können, noch besser lernen, wohingegen die Dinge, die vom Lernenden noch nicht beherrscht werden, nicht gelernt werden.

Neben diesen in der Tat existierenden Problemen gibt es weitere Schwierigkeiten, die ihre Ursache nicht in realen Tatbestände haben, sondern vielmehr alltagspsychologischen Fehleinschätzungen entstammen.

3.2. Mythen zum kooperativen Lernen

Zur Rechtfertigung herkömmlicher Unterrichtsformen und lieb gewonnener Zielstrukturen wird häufig auf die begrenzten Einsatzmöglichkeiten kooperativen Lernens verwiesen. Demgegenüber lässt sich einer Zusammenstellung von Noreen Webb und Annemarie Palincsar (1996) entnehmen, dass in der Vergangenheit bereits fast alle lernrelevanten Aufgaben in Kooperation erarbeitet worden sind: Vokabellernen, Rechtschreibung, Grammatik, Sprachverständnis, Kommunikationskompetenz im Fremdsprachenunterricht, Identifikation von Kerngedanken in Lesetexten, um nur einige Beispiele herauszugreifen.

David Johnson und Mitarbeiter (1985) sehen den Grund für die zurückhaltende Nutzung der Lerner-Kooperation darin, dass die Einführung kooperativer Lernformen durch zahlreiche Vorurteile – Sharan und Sharan sprechen von „Mythen“ – behindert wird, die wie alle Vorurteile kaum ausrottbar erscheinen, auch wenn sie längst widerlegt werden konnten. Die fraglichen Mythen sollen im folgenden – thesenartig formuliert – kritisch betrachtet werden, vor allem hinsichtlich ihrer Affinität zum Frontalunterricht. Gleichzeitig soll eine eher flexible Position verdeutlicht werden, von der die Verfasser dieses Buches ausgehen (Sharan & Sharan, 1976, S. 16.).

1. Der Mythos einer „wettstreit-orientierten Welt“

Pro: Die Lebensbedingungen des Erwachsenen sind auf ständigen Wettbewerb ausgerichtet. Man bereitet den Nachwuchs nicht angemessen auf diese Bedingungen vor, wenn die Schule dazu nicht ausreichend Gelegenheit gibt.

Kontra: Bei genauer Betrachtung werden fast alle menschlichen Aktivitäten in Kooperation mit anderen ausgeführt. Wir leben in einem Wirtschaftssystem, das sich durch vielförmige Arbeitsteilung charakterisieren lässt. Beispielsweise hat in einem Industrieunternehmen jeder Mitarbeiter seine Aufgabe zu erfüllen, mit der er einen Beitrag zum Funktionieren des Ganzen leistet. Auch Familien und Gemeinden werden durch gemeinsame Interessen zusammengehalten (Johnson

& Johnson, 1985). Schließlich ist an die vielen Formen des (Mannschafts) Sports zu denken, in denen Zusammenarbeit und Arbeitsteilung mit hoher Selbstverständlichkeit praktiziert werden.

2. Der Mythos von der „Bestrafung hoch leistungsfähiger Schüler"

Pro: Eine schulische Arbeit in heterogenen Gruppen erfolgt zum Nachteil begabter Mädchen und Jungen. Diese sind nicht mehr ausreichend zu fördern, wenn sie ständig auf die Schwächeren Rücksicht nehmen müssen.

Kontra: In zahlreichen Studien wurden Schüler hoher, mittlerer und geringer Leistungsfähigkeit in kooperativen, rivalisierenden und individuellen Situationen untersucht (Johnson & Johnson, 1985). Die Leistungsfähigen, die in heterogenen, kooperativen Gruppen arbeiten, waren niemals schwächer als vergleichbare Schüler, die im Wettstreit oder individualistisch gearbeitet haben; häufig schnitten sie besser ab. Es spricht vieles dafür, dass die kognitiven Prozesse, die in Gruppenarbeit durch das Miteinander-Sprechen und das Erklären angeregt werden, das Behalten und eine tiefere Verarbeitung des Lernmaterials fördern.

3. Der Mythos vom „unfairen Benotungssystem"

Pro: Die heutige Zensurengebung erfolgt auf „gerechter" Grundlage. Außerdem: Das Einfließen einer Einzelnote in die Gesamtbewertung einer Gruppe kann der Schülerin oder dem Schüler nicht zugemutet werden.

Kontra: In das halbjährlich gegebene Zeugnis fließen Bewertungen ein, die sich auf Beiträge in individualistischen, rivalisierenden und kooperativen Arbeitsformen beziehen. Wenn man diese Bewertungen zusammenfasst, dann zeigt sich, dass gute Schüler ihre „1" erhalten. Aber die weniger leistungsfähigen Schüler bekommen für ihre Arbeiten unter kooperativen Bedingungen in der Regel bessere Noten als unter individualisierten Bedingungen oder im Wettstreit. Schlechte Leistungen haben Seltenheitswert, weil die übrigen Gruppenmitglieder es unmotivierten Schülern einfach nicht gestatten, unbeteiligt zu bleiben.

4. Der Mythos vom „Trittbrettfahrer"

Pro: Faule Schüler werden von den fleißigen mitgetragen.

Kontra: Die Behauptung, dass Gruppenarbeit zumeist nur von einigen Schülern geleistet wird, kann erst widerlegt werden, nachdem Näheres über empfohlene Regeln für die Arbeit in Gruppen mitgeteilt worden ist (siehe Abschnitt 4.1.).

5. Der Mythos von der mangelnden Reife und Erfahrung

Pro: In den ersten Schuljahren muss vom Gruppenunterricht abgeraten werden.

Kontra: Gruppenunterricht gelingt bereits in der 1. Klasse (Murray, 1972). Die Warnung vor dem Gruppenunterricht in Schulanfangsklassen wird nur im Kontext von frontalunterrichtlichen Vorstellungen einsichtig, wo man Wert darauf legt, die Kinder möglichst weit an die beherrschende Rolle des Lehrers anzupassen.

Die in diesem Abschnitt genannten Probleme und Mythen sind Ausdruck persönlicher Erfahrungen und enthalten wohl alle „ein Körnchen Wahrheit“. Die Kritikpunkte lassen sich deshalb auch nicht pauschal als unzutreffend zurückweisen. Mit ihnen wird jedoch das Kind mit dem Bade ausgeschüttet, denn sie stellen dem individuums- oder wettstreitorientierten Unterricht – wie bei einem „Feindbild“ – eine Form der Kooperation gegenüber, die aus strategischen Gründen einseitig ungünstig dargestellt wird und nicht jenen Arbeitsformen entspricht, die zahlreiche Pädagogen und Pädagogische Psychologen als Alternative empfehlen. Die von ihnen genannte Alternative ist ganz sicher nicht, Lernen nur in Form von Kooperation stattfinden zu lassen; kooperatives Lernen sollte lediglich einen stärkeren Anteil am Gesamt der Unterrichtsformen erhalten. Die Notwendigkeit, Wünschbarkeit und Wirksamkeit des kooperativen Lernens ist damit nicht gleichbedeutend mit einer Monopolstellung dieser Instruktionsmethode. Sie bedarf vielmehr einer systematischen Ergänzung durch individuelle und lehrergesteuerte Lernformen (Weinert, 1996).

Wie in den folgenden Abschnitten noch deutlicher werden wird, führt die Durchführung kooperativer Arbeitsformen in Schule und Hochschule nur zu befriedigenden Ergebnissen, wenn zahlreiche (die unten genannten) Bedingungen gegeben sind. Wenn Lernende lediglich aufgefordert werden, sich in Gruppen zusammenzusetzen, damit sie Aufgaben gemeinsam bearbeiten können, ist der Lernerfolg möglicherweise geringer als bei traditionellen Unterrichtsformen. Es darf nämlich nicht angenommen werden, dass Schüler, die keine entsprechenden Vorerfahrungen aufweisen, ohne weiteres bereit und in der Lage sind, miteinander zu kooperieren! Solche Erfahrungen nähren sicherlich die Skepsis von Lehrern gegenüber dem Gruppenunterricht im Klassenzimmer, obwohl sich wahrscheinlich ein günstigeres Bild ergeben würde, wenn Lehrer eine gründlichere Ausbildung in der Durchführung kooperativer Lernformen erhalten würden (Huber, 1993)

3.3. Kooperatives Lernen aus der Sicht von Schülerinnen und Schülern

Wie kommt kooperatives Lernen bei Schülerinnen und Schülern an? Wie bewerten sie diese Unterrichtsmethode?

Diese Fragen lassen sich am besten beantworten, wenn die Schülerinnen und Schüler selbst zum kooperativen Lernen befragt werden und ihre Meinung äußern können. Wir haben eine Gruppe von Schülerinnen und Schülern nach verschiedenen Unterrichtsstunden mit und ohne kooperative Lernformen befragt, wie sie kooperatives Lernen bewerten. Dabei wurden von uns nur Impulse und einige wenige Leitfragen formuliert, die Schülerinnen und Schüler haben sich frei und offen zum kooperativen Lernen geäußert. Einige Statements wollen wir im Folgenden wiedergeben.

Lehrer: Was haltet ihr von Gruppenarbeit?

Schüler 1: Da ist jeder auf den anderen angewiesen. Wenn einer mal keine Lust hat, dann müssen die anderen für ihn mitarbeiten.

Schüler 2: Bei uns in der Gruppenarbeit ist es so, wenn da jemand eine Weile nichts sagt, dann wird er gleich von den anderen aufgefordert, doch auch wieder was zu sagen und mitzumachen. Das ist gut, weil man auch Argumente von anderen mitbekommt. Man hört Argumente von mehreren. Wenn man normalen Unterricht macht, stellt der Lehrer eine Frage, dann melden sich fünf und einer kommt dran. Dann weiß man nicht, was die anderen sagen wollten. Bei der Gruppenarbeit kommt man selber zum Nachdenken und kann auch mehreren Argumenten zuhören. Es sagt jeder was und es kommt jeder dran, dem etwas einfällt.

Schüler 3: Auch für Schwächere ist es gut, jeder kann seine Sachen sagen, die werden dann in der Mitte zusammen getragen, dann profitiert jeder vom Wissen des anderen.

Schüler 4: Wenn der Lehrer nur vorne an der Tafel steht, seine Sachen erklärt und die Schüler schreiben das Tafelbild ab, dann haben sie sich damit nicht auseinander gesetzt und vielleicht auch wenig kapiert. Außerdem ist ein solcher Unterricht langweilig.

Schüler 5: In der Gruppenarbeit kann man auch mal etwas Falsches sagen. Bei einem Lehrer traut man sich das nicht, dann sagt man lieber gar nichts. Man hat Angst, was der Lehrer für einen bleibenden Eindruck von einem hat, wenn man etwas Falsches sagt. In der Gruppe traut man sich schon etwas zu sagen, wenn es dann nicht stimmt, ist es nicht so schlimm, die anderen verbessern einen dann.

Schüler 6: Ich glaube nicht, dass man bei Gruppenarbeit mehr dazu lernt wie wenn der Lehrer vorne erklärt. Man kann in der Gruppenarbeit gut Kenntnisse auffrischen, die man schon hat, aber nicht unbedingt Neues dazu lernen. Es dauert eine Weile, bis man mit der Gruppenarbeit anfängt. Man wird viel leichter abgelenkt.

Schüler 7: Zum neue Sachen lernen ist es vielleicht nicht so geeignet, aber zum Wiederholen, zum Schauen, ob man etwas wirklich verstanden hat. Man muss ja in der Gruppe Sachen in eigenen Worten sagen, dann weiß man auch, ob man es verstanden hat.

Schüler 8: Zum Auffrischen ist es gut. Ich weiß vielleicht nur noch die Hälfte vom Stoff, die andere weiß ein anderer Schüler, dann können wir uns in der Gruppe gut ergänzen. Man kann alles zusammen tragen, was jeder weiß. Wenn ich etwas neu lernen soll, worüber ich noch nichts weiß, dann bietet sich Gruppenarbeit nicht an. Wenn alle gleich weit sind, dann muss ein Lehrer da sein, der einen weiter bringt, der mehr weiß als die Schüler.

Lehrer: Wenn ihr jetzt Studenten Empfehlungen geben könntet, wann sie Gruppenarbeit machen sollen, was würdet ihr empfehlen?

Schüler 9: Zum etwas Wiederholen oder wenn ein Thema abgeschlossen ist. Dann kann man das in der Gruppenarbeit nochmals gemeinsam durchsprechen und sich so optimal vorbereiten.

Schüler 10: Zum Zusammenfassen. Jede Gruppe macht etwas anderes und man trägt nachher die Ergebnisse zusammen. Dann kann jeder vom Wissen jeder Gruppe profitieren.

Schüler 11: Gruppenarbeit ist auch gut zum Einstieg. Der Lehrer kann Gruppenarbeit machen, um zu sehen, wie viel die Schüler über das Thema bereits wissen. Dann können sich die Schüler über ein Thema selbst Gedanken machen.

Schüler 12: Es ist auch gut, wenn man etwas erarbeitet. Jeder kann zunächst mal sein Wissen einbringen. Außerdem kann der Lehrer Materialien zur Verfügung stellen, das dann in der Gruppe bearbeitet wird.

Schüler 13: Wichtig ist auch, dass sich eine Gruppe gut versteht und dass alle zusammen arbeiten. Wenn in einer Gruppe Schüler dabei sind, die nie etwas sagen, dann muss man alles alleine machen oder es fehlt einem nachher Wissen, dann ist das dumm. Dann bringt die Gruppenarbeit nichts und es macht auch keinen Spaß.

Schüler 14: Wenn sich Gruppenmitglieder untereinander gut kennen, dann kann man den einzelnen auch ansprechen und zum Mitarbeiten anregen. Dann ist die Hemmschwelle nicht so groß. Wenn sich alle in einer Gruppe gut verstehen, kann die Gruppe besser zusammen arbeiten.

Schüler 15: Wichtig ist, dass alle einen Beitrag leisten und wirklich mitmachen.

Das Gespräch mit Schülerinnen und Schülern zum kooperativen Lernen macht deutlich, dass diese solche Lernformen durchaus mögen und sie sich auch Vorteile für ihr eigenes Lernen versprechen, dass aber nach ihrer Ansicht nicht immer und überall Platz für kooperatives Lernen ist. Kooperatives Lernen eignet sich für bestimmte Ziel- und Unterrichtsbereiche und unter bestimmten Umständen. Kooperatives Lernen ist eine von verschiedenen Instruktionsformen, die zum erfolgreichen Lernen beitragen können.

Um mit kooperativem Lernen beginnen zu können, ist es wichtig, sich Gedanken über Rahmenbedingungen, Voraussetzungen und Wege hin zum kooperativen Lernen zu machen, damit kooperatives Lernen von Lehrenden und Lernenden als erfolgreich empfunden werden kann.

3.4. Übungen und Aufgaben für Leserinnen und Leser

Ziel: Einen Eindruck davon gewinnen, wie kooperatives Lernens durch Kolleginnen und Kollegen sowie Schülerinnen und Schüler bewertet wird.

1. Vorgehensweise: Befragen Sie einige Ihrer Kolleginnen und Kollegen, was sie unter kooperativem Lernen verstehen und was sie von dieser Unterrichtsmethode halten.
2. Führen Sie in Ihren Klassen Gespräche über kooperatives Lernen. Erfahren Sie dadurch auch, welche Auffassungen über kooperatives Lernen in den Schulen bestehen und welche Formen praktiziert werden.

4. Rahmenbedingungen für das kooperative Lernen

In diesem Kapitel findet der Leser Antworten auf die folgenden Fragen:

1. Welche Bedingungen der Person und der Lernsituation beeinflussen in welcher Weise das kooperative Lernen?
2. Wie lässt sich das Wissen um diese Faktoren für die Gestaltung kooperativer Lernsequenzen nutzen?

Kooperatives Lernen – dies sollte im letzten Kapitel deutlich geworden sein – führt nicht immer und unter allen Bedingungen zum Erfolg. Viele empirische Untersuchungen belegen nachdrücklich, dass man in einer Gruppe besser lernen kann als im konventionellen Frontalunterricht. Jedoch gibt es auch entgegengesetzte Einschätzungen. Sowohl die Erfahrung im Lehralltag als auch Befunde aus empirischen Studien sorgen für Ernüchterung, indem sie zeigen, dass erfolgreiche Ereignisse und Prozesse in kooperativen Lernumgebungen eher die Ausnahme als die Regel sind.

Aus der fehlenden Verallgemeinerbarkeit der Effektivität „optimaler" kooperativer Prozesse bzw. der Überlegenheit kooperativen Verhaltens ergibt sich die Notwendigkeit einer Analyse der Bedingungen, unter denen kooperatives Lernen stattfinden kann. In diesem Abschnitt sollen mehrere Faktoren dahingehend diskutiert werden, in welcher Weise sie das kooperative Lernen beeinflussen. Dabei sollen die relevanten Dimensionen vorgestellt, ihre Wirkungen auf kooperatives Lernen erklärt und mögliche Einschränkungen besprochen werden (Slavin, 1993; Renkl & Mandl, 1995).

4.1. Bereitschaft des Lernenden

Eine wichtige Voraussetzung für das kooperative Lernen ist die Bereitschaft und Motivation des Lernenden, mit anderen zusammen in einer Gruppe zu lernen. Nach Slavin (1993) beziehen sich die motivationalen Perspektiven des kooperativen Lernens meistens auf die Belohnungs- oder die Zielstrukturen für die Lernenden. Kooperative Anreizstrukturen sollen eine Situation bereit stellen, in der die Gruppenmitglieder ihre eigenen persönlichen Ziele nur dann erreichen können, wenn die Gruppe erfolgreich ist (Slavin, 1993). Das „Gruppenziel" spielt dabei eine entscheidende Rolle; es trägt dazu bei, die Lernenden zu motivieren, kooperativ zu lernen. Belohnung bzw. Anerkennung sollten darum aufgrund der Gruppenleistung vergeben werden.

Ein weiterer Faktor, der sich auf die Bereitschaft des Lernenden bezieht, ist das individuelle Interesse am Thema der Gruppenarbeit. Wenn der Lerngegenstand alle Gruppenmitglieder interessiert, obwohl keine entsprechende Belohnung bzw. Anerkennung angeboten wird, sind sie bereit, mit anderen zu lernen, die sich für das gleiche Thema interessieren (Slavin, 1993).

Vor allem in den Anfangsphasen kooperativen Lernens ist es von entscheidender Bedeutung, dass Lehrende alle Beteiligten darüber informieren, was sie sich von kooperativen Lernformen versprechen und warum sie solche Lernformen im Unterricht präferieren. Dazu eignet sich beispielsweise ein Kreisgespräch, in dessen Verlauf der Lehrer/Leiter genau erläutern kann, warum er diese oder jene kooperative Lernform einsetzen möchte. Daran anschließend können die Teilnehmer die Möglichkeiten der Kooperation diskutieren und sich überlegen, wo sie die Vor- und Nachteile sehen und mit welchen Problemen sie gerade in ihrer Gruppe rechnen. Die motivationalen Implikationen dieser Vorgehensweise liegen auf der Hand: Je mehr die Klasse oder der Kurs an der Entwicklung und Einführung kooperativer Lernformen beteiligt ist, desto eher wird die Kooperation zur Angelegenheit eines jeden Einzelnen. Indem sie Verantwortung für das Geschehen übernehmen, werden die Teilnehmer zum Erfolg dieser Kooperation beitragen. Sie erkennen, was ihnen diese Lernformen „bringen" können und sind eher gewillt zu deren Gelingen beizutragen.

Als eine zusätzliche Perspektive erwähnt Slavin (1993) die soziale Kohäsion. Diese kann dazu beitragen, dass sich Gruppenmitglieder in der Gruppe wohl und integriert fühlen. Zusammengehörigkeit und Solidarität mit anderen regen die Lernenden an, ihren Gruppenkameraden gerne zu helfen, um gemeinsamen Erfolg beim Lernen zu erreichen. Daraus ergeben sich vor allen Dingen positive Konsequenzen für die sozialen Aspekte des kooperativen Lernens.

Die Bereitschaft des Individuums, kooperativ zu lernen, ist nicht unabhängig von seiner jeweiligen Vorerfahrung mit dem Lernen in Gruppen. Überwiegen negative Erfahrungen, wird man leicht skeptisch gegenüber dieser Form des Lernens, was die Motivation, aktiv an Gruppenarbeit teilzunehmen, reduziert. Eine negative Einstellung zum kooperativen Lernen (beispielsweise, dass man in der Gruppe kaum konzentriert lernen könne oder dass das kooperative Lernen kein richtiger Unterricht sei), können die Lernbereitschaft ebenfalls beeinträchtigen (Renkl & Mandl, 1995).

Umgekehrt sollte die Bereitschaft zur Gruppenarbeit dann zunehmen, wenn der Einzelne substantielle Lernfortschritte erwartet. Die Erwartung eigener Vorteile und das Wissen um einen individuellen Lernfortschritt durch die Teilhabe am Wissen der anderen Gruppenmitglieder regt zweifelsohne zu einer engagierten Gruppenarbeit an. Voraussetzung dafür ist allerdings, dass jedes Gruppenmitglied gewinnbringend in die Gruppenarbeit eingreifen und diese durch sein persönliches Wissen bereichern kann. Um den Lernenden bewusst zu machen, dass sie durch die Gruppe zusätzliche Erkenntnisse erhalten, bieten sich Metareflexionen über das Gruppengeschehen an, wodurch gelungene, aber auch problematische Formen der Gruppenarbeit angesprochen werden können. Im Ergebnis können diese Metagespräche zu einer Verbesserung der Gruppenzusammenarbeit beitragen.

Empfehlung

1. Vorerfahrungen (z. B. subjektive Theorien, Erwartungen, Vorwissen) sind für das Gelingen der Lernerkooperation von zentraler Bedeutung. Sie sollten von den Verantwortlichen aufgegriffen und genutzt werden
2. Ein wichtiger Beitrag des Gruppenleiters besteht ferner darin, die soziale Kohäsion zwischen den Gruppenmitgliedern zu fördern
3. Zur Unterstützung der positiven Interdependenz eignen sich unter anderem die folgenden Methoden
   - gemeinsame Belohnungen für die gesamte Gruppe
   - gemeinsame Hilfsmittel und Ressourcen
   - zueinander komplementäre Rollen und Funktionen (Leser, Überprüfer, Ermutiger usw.)
4. Metagespräche können die Vorteile von Gruppenarbeit herausstellen und durch die Reflexion zu einer Verbesserung der Gruppenzusammenarbeit anregen. Die Einsicht, dass Gruppenarbeit jedem einzelnen neue Erkenntnisse liefern kann, führt zu einer erhöhten Motivation für kooperatives Lernen.

4.2. Individuelle Kompetenzen zur Kooperation

Wenn ein Lehrer in seiner Klasse Arbeitsgruppen einrichtet und feststellen muss, dass einzelne Mitglieder nicht bereit oder gar nicht in der Lage sind, anderen zuzuhören, sachangemessene Fragen zu stellen, Anerkennungen auszusprechen, Konflikte konstruktiv zu bewältigen usw., darf er kaum mit einem Erfolg dieser Unterrichtsform rechnen. Andererseits sind das Erkennen der Interessen anderer, das Kommunizieren der eigenen Interessen bzw. Kommunizieren von Schwierigkeiten mit dem Verhalten anderer ohne soziale Konflikte hervorzurufen, dem gemeinsamen Arbeiten eine voranschreitende Struktur geben u. a. zweifelsfrei günstige Voraussetzungen für erfolgreiches kooperatives Lernen.

Zu den individuellen Kompetenzen kooperativen Lernens gehören ferner kognitive Fähigkeiten, Vorwissen und metakognitives Wissen sowie individuelle Verantwortlichkeit der jeweiligen Gruppenmitglieder. Solche Kompetenzen können dazu führen, dass optimale Prozesse, wie wechselseitiger Austausch von Ideen oder stärkere Elaboration tatsächlich reibungslos zum Tragen kommen. Viele Probleme, wie das Minimieren des Arbeitsaufwandes, Koordinationsverluste oder Gruppenstress lassen sich mit mangelnden kooperativen Kompetenzen erklären. Um so wichtiger erscheint es, sich solche kooperativen Kompetenzen anzueignen und zu trainieren (Beispiele dafür finden sich in Kapitel 5).

Wie wichtig kooperative Kompetenzen für eine effektive Hilfestellung und damit für das kooperative Lernen sind, wird anschaulich durch die Bedingungen der effektiven Hilfestellung veranschaulicht: (Webb, 1991):

- die Hilfe muss genau dort gegeben werden, wo der Unfähigere etwas falsch verstanden hat bzw. wo er Lücken hat,
- die Hilfe muss genau den Elaborationsgrad haben, der benötigt wird,
- die Hilfe sollte möglichst zeitlich genau dann erfolgen, wenn sie gebraucht wird,
- der, dem geholfen wird, muss die Erläuterung verstehen,
- der, dem geholfen wird, muss die Möglichkeit haben, die Erläuterung zur Problemlösung zu nutzen,
- der, dem geholfen wird, muss diese Hilfe tatsächlich anwenden.

Über die kognitiven Kompetenzen hinaus gewinnen soziale Fähigkeiten an Bedeutung. Wenn die Lernenden ihre Rolle im kooperativen Geschehen erkennen und dies zu einer angemessenen Aufgaben- bzw. Rollenverteilung führt, können sie besser kooperativ lernen. Solche Fähigkeiten sind aber nicht nur Voraussetzungen, sie sind auch Konsequenzen der Kooperation. Durch das kooperative Lernen können Offenheit, Hilfsbereitschaft und gemeinsame Verantwortlichkeit entwickelt und gefördert werden. Zugleich kann Konkurrenz mit den Mitlernenden, die bei der individualistischen Anreizstruktur des konventionellen Unterrichts häufig hervorgerufen wird, durch das kooperative Lernen gemildert werden. In der Regel wird in Gruppensequenzen Egoismus gegenüber anderen überwunden und Solidarität sowie Zusammengehörigkeit gefördert.

Im Zuge der Betrachung individueller Kompetenzen verdienen aber nicht nur die Fertigkeiten der Lernenden, sondern auch diejenigen der Lehrenden Beachtung. Beim kooperativen Lernen ist nicht die Lehrperson gefragt, die alle Fäden in der Hand hält und die danach strebt, über alles und jedes im Unterricht Bescheid zu wissen, sondern Lehrende, die als Berater, Organisator und eventuell Manager von Gruppenprozessen fungieren. Die Lehrperson muss bereit sein, die Phasen der bloßen Wissensvermittlung einzuschränken und ein Stück ihrer Verantwortung für Lernprozesse an ihre Schüler abzugeben.

Empfehlungen:

1. Kooperatives Lernen setzt kognitive und soziale Fertigkeiten der Gruppenmitglieder voraus. Von besonderer Bedeutung sind das Vorwissen sowie metakognitive Kompetenzen. Mit der Übung solcher Fertigkeiten sollte bereits sehr früh, möglichst in der Grundschule begonnen werden.
2. Zu Beginn der Gruppenprozesse kann es hilfreich sein, den einzelnen Gruppenmitgliedern spezifische Aufgabenstellungen zuzuweisen (Beobachter, Zeitwächter, Protokollant, Referent ...), damit jeder in der Gruppe erkennt, dass er wichtig ist und die anderen ihn und seine Aufgabe ebenfalls anerkennen. Das Akzeptieren der einzelnen Gruppenmitglieder und die Anerkennung der jeweiligen Aufgabe sorgt für eine harmonische Zusammenarbeit.
3. Mit der Übung kognitiver und sozialer Fertigkeiten sollte bereits in der Primarstufe begonnen werden. So bietet beispielsweise die Wiederaufnahme des Unterrichts am Montag, wenn einige Kinder von ihren Erlebnissen am Wochenende berichten können, Gelegenheit zum Austausch von Erfahrungen, etwa in einem „Morgenkreis". Hier lässt sich das Mitteilen, das Nachfragen, das Zuhören, das Stellungnehmen und das Abwechseln üben. Der einschlägigen Literatur können weitere Anregungen entnommen werden, wie Lehrer mit ihren Schülern die sozialen Fertigkeiten üben können, die für eine erfolgreiche Teilnahme an kooperativen Lernformen unverzichtbar sind (z. B. Kagan, 1995).

4.3. Zusammensetzung der Gruppe

Aus welchen Mitgliedern eine Gruppe gebildet wird, ist ebenfalls von nicht zu unterschätzender Bedeutung. Die Gruppenzusammensetzung ist insofern problematisch, als durch die Unterschiedlichkeit der Gruppenmitglieder hinsichtlich verschiedener Persönlichkeitsaspekte die Zusammenarbeit in der Gruppe erschwert werden kann.

Einige Forscher gehen davon aus, dass die Lernenden, die sich auf dem gleichen Niveau des Vorwissens und der kognitiven Fähigkeit befinden, besser von den Mitlernenden, von der Gruppendiskussion und von den kognitiven Konflikten mit anderen Mitgliedern lernen. Umgekehrt ist nicht auszuschließen, dass sich Lernende mit unterschiedlichem Vorwissen und kognitiven Fähigkeiten gegenseitig ergänzen. Bei angemessener Aufgabenaufteilung entsprechend den persönlichen Fähigkeiten können sie möglicherweise besser lernen. Jedoch besteht auch die Gefahr, dass zu große Unterschiede die Arbeit behindern. So könnte eine Person, die kognitiv besser entwickelt ist, dominant bei der Gruppenarbeit sein und ohne Diskussion, ohne Kooperation alle Lernaufgaben vorbildhaft ausfüllen. Übernehmen diejenigen mit den besseren kognitiven Voraussetzungen den Hauptteil der Arbeit und lernen dadurch noch mehr, kommt es leicht zu einem sogenannten „Schereneffekt“ (Renkl, 1996): diejenigen, die weniger wissen, lernen gleichzeitig auch weniger. In diesem Fall lernen die anderen nur passiv oder gar nicht.

Heterogenität kann hinsichtlich sehr verschiedener Merkmale bestehen, z.B. hinsichtlich Persönlichkeit, Fähigkeit, Verantwortung, Verpflichtung, Motivation oder Status innerhalb der Gruppe.

Insgesamt ist der Kenntnisstand hinsichtlich der Zusammensetzung der Gruppe keineswegs einheitlich. Ganz sicher hängt der Erfolg der Zusammenarbeit nicht nur von der Zusammensetzung der Gruppe ab, sondern auch davon, ob und wie die Mitglieder miteinander interagieren. Hervorzuheben ist ferner die Struktur der Aufgabe. Aufgaben mit weniger Diskussionen oder streng geregelten Interaktionen werden sicherlich nicht so sehr von diesem Problem betroffen sein wie Aufgaben, deren Lösung eine offene Diskussion erfordern (Eilenberg et al., 1998, S. 24).

Die weit verbreitete Behauptung, wonach in heterogen zusammengestellten Gruppen die „besseren“ Schüler von den weniger befähigten in ihrem Lernfortschritt „gebremst“ würden, fand in Nachprüfungen zumeist keine Bestätigung. „In den meisten empirischen Studien, so fassen Webb und Palinscar (1996) das Ergebnis ihrer Literaturdurchsicht zusammen, haben hochbefähigte Schüler, nachdem sie in heterogenen und homogenen Gruppen gearbeitet haben, die gleichen Leistungen in Schultests erbracht.“ Eine Studie fand sogar, dass hochbefähigte Schüler in heterogenen mehr als in homogenen Gruppen leisteten. Die Erklärung für diesen Befund bestätigt eine fundamentale Aussage der sozial-kognitiven Theorie. Danach übernehmen befähigtere Schüler häufiger die Rolle eines Lehrenden und wenden sich anderen vorwiegend weniger befähigten Gruppenmitgliedern zu, um ihnen das Lernmaterial zu erklären. In Gruppen, die in homogener Zusammensetzung ausschließlich leistungsfähigere Schüler zusammenfassten, wurden verhältnismäßig wenige Erklärungen beobachtet. Wie ist das möglich? Webb und Palinscar vermuten, dass die Mitglieder solcher Gruppen annahmen, jedermann sei so kompetent, dass niemand irgendwelcher Hilfen bedürfe. Bieten heterogene Arbeitsgruppen demnach im Unterschied zu homogenen nur Vorteile? In der Antwort muss auf eine Einschränkung hingewiesen werden. Schüler höherer und geringerer Leistungsfähigkeit haben nämlich relativ häufig Kontakt miteinander, weil Hilfen erbeten und daraufhin Erklärungen gegeben werden. Allerdings geschieht dies vielfach unter Umgehung solcher Schüler, die im mittleren Fähigkeitsbereich liegen. Da diese Schüler verhältnismäßig selten aktiviert werden, verläuft deren Leistungsfortschritt weniger günstig (Dillenbourg et al., 1996).

Bei der Zusammenstellung der Gruppen sollte der Lehrer aber nicht allein auf Heterogenität in der Leistungsfähigkeit ihrer Mitglieder achten, sondern zusätzliche Gesichtspunkte berücksichtigen, nach denen eine gute Zusammenarbeit zu erwarten ist. Wünschenswert wäre etwa, dass in den Gruppen Teilnehmer unterschiedlicher ethnischer Herkunft kooperieren.

Je häufiger Lernende zusammen arbeiten, desto intensiver kann diese Arbeit werden. Die einzelnen Gruppenmitglieder lernen sich besser kennen und akzeptieren. Dadurch wird die Zusammenarbeit sehr fruchtbar und eine optimale Gruppenarbeit möglich. Diesem Argument für eine immer gleiche Zusammensetzung der Gruppe widerspricht der Gedanke, dass es auch sinnvoll und für das soziale Lernen sehr wichtig ist, sich in immer wieder neu zusammengesetzten Gruppen zurecht zu finden und auch dort zu einer anregenden Zusammenarbeit beizutragen. Beide Argumente sind sicher richtig und nicht von der Hand zu weisen. Für den Lehrer bedeutet dies, dass er stets abwägen muss, ob es ihm im einzelnen Fall mehr auf das Erlernen sozialer Fähigkeiten und Fertigkeiten ankommt oder ob er möglichst schnell und reibungslos gute Gruppenergebnisse zusammen tragen möchte. Je nachdem muss er die Gruppenzusammensetzung durchführen. Wir glauben, dass beide Möglichkeiten der Gruppenzusammensetzung genutzt werden sollten, damit variables kooperatives Lernen entstehen kann.

Empfehlungen

1. Hinsichtlich der Zusammensetzung der Lerngruppen besteht derzeit keine Einigkeit. Sicher ist, dass zu große Unterschiede im Niveau des Vorwissens und der kognitiven Fähigkeiten eine effektive Kooperation behindern.
2. In sozial-kognitiver Sicht übernehmen befähigtere Schüler häufiger die Rolle eines Lehrenden und wenden sich anderen vorwiegend weniger befähigten Gruppenmitgliedern zu, um ihnen das Lernmaterial zu erklären.
3. Soziale Aspekte sollten bei der Zusammensetzung der Gruppen ebenfalls berücksichtigt werden.

4.4. Lernziele

Welche Lernform ausgewählt wird, hängt davon ab, welche Ziele beim Lernen verfolgt werden. Wenn es bloß um Wissensvermittlung in bestimmten Fachbereichen geht, dann ist das kooperative Lernen in der Regel zu zeit- und arbeitsaufwändig. Doch wenn sich die Ziele auch auf Förderung der sozialen Kompetenz und der kognitiven Fähigkeit, beispielsweise mit kognitiven Konflikten untereinander produktiv umzugehen, richten, dann ist das kooperative Lernen geeignet.

Ebenso ist die kooperative Lernform ideal, wenn die Gruppenmitglieder ausgeprägte soziale Fähigkeiten besitzen, wenn sie bereit sind, am „sozialen Modell" der Gruppe zu lernen und wenn sie Verantwortungsbewusstsein zeigen.

Kooperatives Lernen eignet sich besonders dann, wenn es darum geht, verschiedene Meinungen einzuholen und dabei möglichst viele oder alle Lernenden zu Wort kommen zu lassen. Innerhalb einer Gruppe äußern sich Einzelne eher wie vor dem gesamten Plenum. Außerdem können auf diese Weise wesentlich mehr Argumente zusammen getragen und anschließend diskutiert werden.

Kooperatives Lernen erweist sich auch dann als angemessen, wenn Sachverhalte wiederholt werden sollen. Dann können sich die Gruppenmitglieder gegenseitig ergänzen und das einzelne Wissen kann zu einem Gesamtwissen über ein Thema zusammen getragen werden, von dem dann die gesamte Lerngruppe profitieren kann.

Aus diesen Überlegungen folgt, dass nicht alle Lernziele durch kooperatives Lernen erreicht werden können. Deshalb muss der Lehrer/Leiter genau abwägen, zu welchem Zweck er kooperatives Lernen einsetzt und wann andere Lernformen zu bevorzugen sind.

Empfehlungen

1. Kooperatives Lernen ist nur dann die ideale Lernform, wenn über den Wissenserwerb hinaus auch soziale Kompetenzen erreicht werden sollen.
2. Solche Kompetenzen sollten von Lehrenden bewusst ins Auge gefasst und gefördert werden.

4.5. Gruppenziele

Einer der bekanntesten Verfechter kooperativer Lernformen, Robert Slavin (1993), betont immer wieder, dass Unterrichtsaufgaben nur mit Aussicht auf Erfolg auf kooperativem Wege erarbeitet werden können, wenn als Bedingungen klare Gruppenziele und individuelle Verantwortung für ihre Erreichung realisiert werden. Gruppenziele beziehen sich auf die Belohnungen, die der Gruppe oder ihren Mitgliedern für vorgelegte Arbeitsergebnisse in Aussicht gestellt werden, die aber nicht unbedingt materieller Natur sein müssen, sondern beispielsweise darin bestehen, dass die Gruppenleistung herausgestellt und damit öffentlich anerkannt wird (Mietzel, 1998).

Damit jedes Gruppenmitglied motiviert ist, seinen Beitrag zum Gruppenziel zu leisten, empfiehlt es sich, in einer kooperativen Gruppenstruktur Chancengleichheit bei den individuellen Erfolgsaussichten herzustellen. Jeder einzelne kann im Falle engagierten Bemühens mit einer Anerkennung rechnen. Um diese

Voraussetzung zu schaffen, wird eine bedeutsame Bedingung übernommen, die bei einer Lernzielorientierung realisiert ist. Der Lernende steht dabei im Wettstreit mit seinen vorausgegangenen Leistungsergebnissen. Wenn er sich anstrengt, kann er Lernfortschritte erzielen, die erfasst werden, um als Einzelbeitrag in den Gruppengesamtwert einzufließen. Ein vergleichsweise leistungsschwacher Schüler besitzt auf diese Weise grundsätzlich die Möglichkeit, mehr Fortschrittspunkte in die Gesamtwertung einzubringen als ein anderer, der als sehr leistungsfähiger Schüler gilt, und dem Lernfortschritte grundsätzlich relativ leicht gelingen.

Empfehlungen

1. Kooperatives Lernen hat vor allem dann Aussicht auf Erfolg, wenn als Bedingungen klare Gruppenziele und individuelle Verantwortung für ihre Erreichung realisiert werden. Gruppenziele beziehen sich auf die Belohnungen, die der Gruppe oder ihren Mitgliedern für vorgelegte Arbeitsergebnisse in Aussicht gestellt werden.
2. Damit jedes Gruppenmitglied motiviert ist, seinen Beitrag zum Gruppenziel zu leisten, sollte Chancengleichheit bei den individuellen Erfolgsaussichten bestehen. Dies setzt eine Orientierung an individuellen Bezugsnormen voraus.

4.6. Aufgabenstellung

Neben den Lernzielen ist die jeweilige Aufgabenstellung für das kooperative Lernen von Bedeutung. Die Aufgaben sollten sozusagen „Gruppenarbeit“ sein, die jedes Mitglied leisten und an der jeder teilhaben kann. Generell lassen sich folgende Anforderungen an die Aufgabe formulieren (Eilenberg et al., 1998):

1. Die Aufgabe sollte nur durch koordinierte Zusammenarbeit bewältigt werden können, da die Lernenden ansonsten abwechselnd interagieren oder die Aufgabe in relativ unabhängige Teile aufgliedern.
2. Die Aufgabe sollte möglichst intrinsische Motivation auslösen, weil eine uninteressante oder langweilige Aufgabe oftmals dazu führt, dass die Gruppenmitglieder versuchen, die Aufgabe mit minimalen Arbeitsaufwand zu lösen.
3. Wenn eine Aufgabe gestellt wird, die allein geleistet werden könnte, besteht die Gefahr, dass die Gruppenarbeit von einzelnen Gruppenmitgliedern gemacht wird, so dass kein gemeinsames Lernen zustande kommt. Diese Gefahr besteht auch, wenn alle Gruppenmitglieder einfach die Aufgaben aufteilen und ihre einzelne Arbeit ohne Diskussion bzw. kognitive Kollaboration zusammensetzen.

Die Aufgabe fordert stets, dass jeder etwas lernt und nicht, dass etwas getan wird, was womöglich nur einzelne aktiviert. Deshalb formuliert der Lehrer/Leiter den Arbeitsauftrag so, dass sämtliche Mitglieder einer Gruppe aufeinander angewiesen sind. Wenn nämlich lediglich Antworten auf Fragen oder Problemlösungen zu finden sind, können die Leistungsfähigeren den Auftrag allein erledigen, und das Ergebnis ihrer Bemühungen allen anderen einfach mitteilen. Den Leistungsschwächeren würde in einem solchen Fall die Rolle von „Trittbrettfahrern" zugewiesen. Wenn dagegen eine Gruppe dafür zu sorgen hat, dass jedes ihrer Mitglieder etwas lernt, muss es im Interesse aller liegen, dass erforderliche Erklärungen und notwendige Hilfen geboten werden. Von diesem sozialen Prozess profitieren sowohl Gebende als auch Nehmende. Zum einen fördert es das eigene Verständnis, wenn man anderen Erläuterungen gibt. Zum anderen fällt aber auch das Empfangen gut durchdachter Erklärungen, die zur Erreichung eines akzeptierten Lernziels tatsächlich benötigt werden, auf fruchtbaren Boden. In jedem Fall sollten die Mitglieder einer Gruppe die Notwendigkeit erkennen, über vorliegende Aufgaben und ihre Lösungsmöglichkeiten miteinander zu sprechen.

Beachtung verdient in diesem Zusammenhang auch die Schwierigkeit der Aufgabe:

- Auf sehr schwierige oder komplexe Aufgaben werden die einzelnen Gruppenmitglieder sehr unterschiedlich reagieren: einige Gruppenmitglieder werden die Herausforderung annehmen und ihre Anstrengungen, die sie zur Lösung der Aufgabe aufbringen, erhöhen. Andere Gruppenmitglieder hingegen werden einfach aufgeben und keinerlei Anstrengungen mehr auf sich nehmen. Wahrscheinlich warten sie passiv darauf, dass einer von ihnen, der diese Aufgabe lösen kann, diese dann auch übernimmt.

- Was passiert, wenn die Aufgabe zu leicht ist? Auch das sollte vermieden werden, da ansonsten sehr schnell Langeweile aufkommt und die Gruppenmitglieder keinen Grund sehen, miteinander zu interagieren. Cohen (1994) berichtet über drei Aufgabenkategorien, bei denen Gruppenziele und individuelle Verantwortlichkeit nicht zwingend erforderlich sind, d. h. solche Aufgaben, bei denen die Auswirkung – Lernende zu motivieren, sich wechselseitig zu unterrichten und dabei für elaborierte Erklärungen zu sorgen – von den Faktoren selbst ausgeglichen werden:

  - Mehrdeutige Aufgabe ohne richtige Antwort,
  - Freiwillige Aufgabe der Lerngruppe,
  - Strukturierte dyadische Aufgabe.

Empfehlungen

1. Die Aufgaben sollten „Gruppenarbeit“ sein, die jedes Mitglied leisten und an der jeder teilhaben kann.
2. Die Aufgabe sollte nur durch koordinierte Zusammenarbeit bewältigt werden können und intrinsische Motivation auslösen.
3. Arbeitsaufträge sind so zu formulieren, dass sämtliche Mitglieder einer Gruppe aufeinander angewiesen sind.
4. Die Aufgabe darf die Lerngruppe weder unter- noch überfordern.

4.7. Strukturierung der Interaktion

Inwieweit die Interaktion beim kooperativen Lernen, von außen vorgeschrieben bzw. strukturiert werden soll, hängt von der jeweils gegebenen Aufgabe ab. Bei anspruchsvollen Aufgaben ist offener Austausch mit sozio-kognitiven Konflikten wünschenswert. Hingegen ist Mikro-Management, bei dem relativ spezifische Verhaltensweisen vorgeschrieben werden, wahrscheinlich besser für Anfänger, die kaum oder negative Erfahrungen mit dem kooperativen Lernen haben, damit sie erfahren können, wie man kooperativ effektiv lernt.

Folgt also aus dem Gesagten, dass man die Interaktion zur Aufgabenlösung stark strukturieren sollte, weil dadurch beispielsweise das oben erwähnte Problem der unterschiedlichen Eingebundenheit in die Aufgabenlösung vermieden wird? Diese Frage ist nicht eindeutig zu beantworten. Die Antwort ist abhängig von der Art der Aufgabe: so bemerkte Cohen (1994), dass eine externe Strukturierung der Interaktion bei anspruchsvollen, kreativitätsfördernden Aufgaben zur Reduktion von Diskursen auf höherem Niveau führen kann, weil sie die Freiheitsgrade in der Problemdefinition, in der Wissensaneigung usw. einschränkt (Renkl & Mandl, 1995).

Praktische Anwendungen der Strukturierung von Gruppenarbeit liefern O’Donnell und Dansereau (1992) mit den „kooperativen Skripts“ („cooperative scripts“) (siehe Abschnitt 6.5.1.). Hierbei wird den Teilnehmern ein Anleitungsskript gegeben, wie sie den Lernstoff zu bearbeiten haben. Im Zuge der Aufgabenbearbeitung übernehmen die Lernpartner abwechselnd bestimmte Aufgaben und Rollen (Text erklären, wiederholen, rückmelden usw.). Nach O’Donnell und Dansereau (1992) stellen Lernskripte Methoden dar, mit deren Hilfe Lernende effektive und zugleich transferierbare Fertigkeiten (z. B. Organisations- und Elaborationsstrategien, metakognitive Aktivitäten) entwickeln und trainieren können.

Aufschlussreich sind die Befunde zur Wirksamkeit kooperativer Lernskripte: erstens lernen sowohl Erklärer als auch Zuhörer mehr als allein arbeitende Personen; zweitens lernt der Erklärer am meisten. Darin spiegeln sich sowohl die Resultate der Forschungen zum Peer-Tutoring als auch die Erkenntnisse von Noreen Webb (1992) wieder, die entdeckte, dass am meisten jene Lernenden von der Kooperation profitierten, die anderen elaborierte Erklärungen gaben.

Ein Beispiel mag das Gesagte illustrieren: Um das strategische Vorgehen beim Bearbeiten von Texten zu unterstützen, kann man Schülern oder Studierenden Lernhilfen anbieten, die ihnen vorschreiben, welche Lernaktivitäten sie zu welchen Zeitpunkten einsetzen sollen (siehe Tabelle 4.1.).

Tab. 4.1: Strukturierte Partnerarbeit anhand kooperativer Skripte

Vor dem Lesen	Partner 1: „Was ist die Aufgabe?“ Partner 2: „Worum geht es vermutlich in diesem Text?“
Während des Lesens	Partner 1: „Gibt es einen Begriff, den du dir nicht erklären kannst?“
	Partner 2: „Was sind deine persönlichen Erfahrungen mit dem Thema?“
Nach dem Lesen	Partner 1:„Bist du zufrieden mit dem, was wir erreicht haben?“ Partner 2: „Was müssten wir deiner Meinung nach noch machen, um den Text besser zu verstehen?“

Eine Strukturierung der Interaktion ist um so empfehlenswerter, je weniger die Lernenden mit Formen kooperativen Lernens vertraut sind. Zunächst müssen die Lehrenden diese Strukturierung vornehmen, im Laufe der Zeit – durch häufigeres Anwenden kooperativen Lernens – können dies die Lernenden zunehmend eigenverantwortlich und selbständig übernehmen.

Empfehlungen

1. Die Strukturierung der Kooperation ist vor allem bei unerfahrenen Personen zu empfehlen.
2. Auch das Training kooperativer Fertigkeiten kann durch Lernhilfen unterstützt werden.
3. Die Vorgabe von Rollen wie Diskussionsleiter, Beobachter und Schriftführer oder die Nutzung von Arbeitsplänen vermittelt Sicherheit und regt die Diskussion an.

4.8. Anreizstruktur

In herkömmlichen Unterrichtsformen, die individuelle Leistungen nach einem sozialen Vergleich bewerten, muss der Schüler erhebliche Energien darauf verwenden, sich gegenüber dem Lehrer möglichst vorteilhaft darzustellen, damit er beim Wettbewerb um eine gute Benotung den bestmöglichen Eindruck hinterlässt. Wenn Lernende sich unter solchen Bedingungen geringe Fähigkeiten zuschreiben, besteht eine hohe Wahrscheinlichkeit, dass sie sich nicht mehr anstrengen. Leistungsfähige Schüler sehen vielfach keinen Grund, warum sie anderen zu Erfolgen verhelfen sollen. Kooperative Arbeitsformen können solchen unerwünschten Entwicklungen entgegenwirken (Slavin, 1989, 1994).

Bei der Anreizstruktur geht es über die genannten Phänomene hinaus, um die unmittelbaren Konsequenzen (Note, Anerkennung usw.) der Gruppenarbeit bzw. den daraus resultierenden Lernerfolg, sowie um die Anforderungen in Prüfungen (Renkl & Mandl, 1995). Mit der angemessenen Aufgabe rückt die Evaluation der Gruppenarbeit ins Blickfeld. Wie die Gruppenarbeit anerkannt bzw. evaluiert wird, spielt eine motivierende Rolle für das effektive, kooperative Lernen (siehe auch Kapitel 8). Wenn nur individuelle Beiträge, nicht der gesamte Prozess der Gruppenarbeit oder nur die fertiggestellte Arbeit bewertet wird, können die Gruppenmitglieder versuchen, mit minimalem Aufwand die gegebene Aufgabe zu erfüllen. Bei der Evaluation sollte auch der kooperative Lernerfolg mitberücksichtigt werden, wie die Gruppenaufgaben geleistet werden und in wie weit jedes einzelne Mitglied dazu beigetragen hat.

Weitere Anreize sind mit Prüfungsanforderungen verknüpft. In der Regel konzentrieren die Lernenden ihre Aufmerksamkeit auf diejenigen Lerninhalte, die in Prüfungen abgefragt werden. Die allgemeinen Prüfungsanforderungen können die Bereitschaft des Lernenden zur Kooperation beeinträchtigen, weil es dabei meistens um individuell erworbenes Wissen geht. Wenn in der Prüfung in erster Linie Faktenwissen abgefragt wird, scheint das kooperative Lernen als Methode der Vorbereitung wenig effizient, weil es mehrfach Zeit, Mühe und Anstrengungen kostet. In vielen Fällen ist es für den Lernenden einfacher und effizienter, sich allein mit dem Lernmaterial zu beschäftigen. Für die Gestaltung von Prüfungen ist zu fordern, dass sie mehr und mehr Aspekte ansprechen, die das kooperative Lernen fördern, z. B. das Verteidigen-Können eines Standpunktes, das Einnehmen multipler Perspektiven und das gemeinsame Erstellen eines Produktes (Renkl & Mandl, 1995).

Aktuelle Grundsätze der Lehrerbildung werden diesen Ansprüchen in Teilen bereits gerecht. Wie die folgenden Beispiele veranschaulichen, werden in Innovationen bei der Gestaltung von Prüfungen zunehmend Formen der Selbstorganisation und Selbstregulation gefordert:

Schriftliche Prüfung	Im Rahmen der schriftlichen Prüfung können Innovationen in die Schulpraxis transportiert werden. Das Thema von schriftlichen Arbeiten (oder Hausarbeiten) kann angehenden Lehrerinnen und Lehrern Gelegenheit geben zu zeigen, dass sie offene Unterrichtskonzepte zur Förderung des selbständigen und selbstverantworteten Lernens unter kritischer Verwendung der aktuellen Forschungsergebnisse erstellen, die Planung mit Hilfe didaktisch vorstrukturierter oder selbständig angefertigter Lern- und Arbeitsmaterialien umsetzen und die Ergebnisse auswerten können.
Mündliche Prüfung	In den mündlichen Teilprüfungen werden verstärkt didaktische und methodische Fragen zum selbstgesteuerten und selbstverantworteten Lernen, soziologische Aspekte der Erziehung, lernpsychologische Voraussetzungen und Bedingungen sowie rechtliche und organisatorische Rahmenbedingungen der Öffnung von Schule behandelt. Die Durchführung mündlicher Prüfungen zielt dabei gleichwertig auf Handlungswissen sowie auf beurteilungsrelevante, in der Schulpraxis gewonnene Kompetenzen

Empfehlungen

1. Wie die Gruppenarbeit anerkannt und evaluiert wird, ist für die Motivation der Teilnehmer von zentraler Bedeutung.
2. Bei der Gesamtbewertung sollte auch Beachtung finden, wie die Gruppenaufgaben bearbeitet wurden und in wie weit jedes einzelne Mitglied dazu beigetragen hat.

4.9. Organisatorische Rahmenbedingungen

Eine kooperative Lernform ist trotz vieler Vorteile schwer realisierbar, wenn sie einfach nicht als übliche Lernform angesehen wird. Sofern die Lernenden kaum Erfahrungen mit dem kooperativen Lernen haben, können sie auch die entsprechenden Kompetenzen dafür nicht entwickeln. Damit Lernende eine Bereitschaft kooperativ zu lernen entwickeln können, müssen sie die kooperative Lernform als eine gewöhnliche Lernmethode mit ihren Vorteilen erfahren haben (Renkl & Mandl, 1995).

Empfehlungen

1. Es sollten organisatorische Rahmenbedingungen für das kooperative Lernen, sowohl in Schulbereichen als auch in außerschulischen Bereichen angeboten werden.
2. Die Kooperationsbereitschaft und die entsprechenden Kompetenzen der Lernenden zum kooperativen Lernen müssen durch gezielte Übungen gefördert werden (siehe Abschnitt 5.2.).

Zusammenfassung

In den vorstehenden Abschnitten wurden allgemeine Rahmenbedingungen für das effektive, kooperative Lernen angesprochen. Der Erfolg kooperativen Lernens wird danach von zwei Kriterienbereichen bestimmt:

- den Lernenden betreffende Bedingungen: Bereitschaft und Kompetenzen für das kooperative Lernen und lernumgebungsbezogene Bedingungen: Lernaufgabe, -ziele, -strukturen, organisatorischer Rahmen.
- Die Einführung von Gruppenarbeit stellt hohe Anforderungen an die Kommunikations- und Kooperationsfähigkeiten sowie Entscheidungskompetenzen der Teilnehmer. Die Art der sozialkommunikativen Anforderungen sind in Abhängigkeit von Aufgabentyp, Zusammensetzung und Entwicklungsstand der Gruppe sowie organisatorische Rahmenbedingungen jedoch recht unterschiedlich. Neben der Vermittlung von Basiskompetenzen für kooperatives Verhalten in Gruppen ist bei weitergehenden Qualifizierungen entscheidend, wie die Kontextbedingungen des Lernens gestaltet werden.

4.10. Übungen und Aufgaben für Leserinnen und Leser

Projekt I – Beobachtung/Diagnose von Fehlern und Problemen (für die Arbeitsgruppe)

Vorschlag zur Bearbeitung des Projekts: Um das Projekt sinnvoll bearbeiten zu können, wäre es hilfreich, sich mit Kolleginnen oder Kollegen in einer Gruppe zusammen zu schließen und dann die Aufgaben gemeinsam zu bearbeiten.

Ziel: Fertigkeiten entwickeln zur Beobachtung des Gruppenverhaltens und der Unterstützung der Gruppeninteraktion

Beobachtung der Gruppenprozesse

1. Betrachten Sie die folgenden Fragen und wählen Sie aus den Bereichen a bis e jene aus, die für Ihre Gruppe wichtig sind.
2. Entwickeln Sie eine Gruppenaufgabe und beurteilen Sie die Aufgabenbearbeitung entsprechend dieser Kriterien.

a) *Partizipation*

- Welche Personen liefern viele, welche liefern wenige Beiträge; sind sie sich dessen bewusst?
- Welches sind die zurückhaltenden Gruppenmitglieder? Warum halten sie sich Ihrer Ansicht nach zurück? Sind sie schüchtern? Wissen sie wenig vom Thema?
- Wer spricht zu wem? Wer meidet wen? Gibt es Gründe dafür?
- Gibt es eine Hierarchie in der Gruppe?
- Gibt es Einflüsse durch das Geschlecht? Sprechen Männer mehr?

b) *Rollen in der Gruppe*

- Abgesehen vom Lehrer: Wer nimmt welche Rolle ein in der Gruppe? Sind die Rollen hemmend oder fördernd?
- Gibt es Rebellen, Kritiker, Schüchterne usw.?

c) *Entscheidungsfindung*

- Werden Entscheidungen autoritär oder demokratisch getroffen?
- Werden die Beiträge einiger Personen immer akzeptiert?
- Gibt es Personen deren Beiträge stets abgelehnt werden?
- Nehmen einige Personen überhaupt nicht an der Entscheidungsfindung teil?
- Werden zurückhaltende Personen zur Mitarbeit ermuntert?

d) *Gruppenatmosphäre*

- Wie ist das Klima in der Gruppe? Ist es freundlich oder angespannt?
- Attakieren sich die Gruppenmitglieder gegenseitig oder gehen sie konstruktiv miteinander um?
- Leisten wenige Personen die ganze Arbeit?
- Entstehen Cliquen oder Untergruppen, die die Einheit stören?
- Arbeiten die Mitglieder der Gruppe zusammen oder mangelt es an Harmonie und Zusammenarbeit?

e) *Gruppennormen und Regeln*

- Spricht eine Person die ganze Zeit über?
- Ist es gestattet über die Gruppe selbst zu sprechen (Metakommunikation)?
- Werden Konflikte zwischen den Gruppenmitgliedern vermieden? In welcher Weise geschieht dies?
- Werden Entscheidungen nur vom Gruppenleiter getroffen?
- Nachträgliche Beobachtung
- Was haben Sie gelernt über (a) Ihre Schüler (b) Ihr eigenes Verhalten?
- Gab es Unterschiede zwischen ihrer eigenen Wahrnehmung und der Wahrnehmung ihrer Kollegen?
- Was werden sie bei der nächsten Gelegenheit ändern?

Projekt II: Effektive Gruppenarbeit

Ziel: Faktoren finden, die für eine effektive Gruppenarbeit verantwortlich sind

Aufgabe:

Betrachten Sie die folgende Liste und verändern Sie sie falls dies notwendig sein sollte.

Kreuzen Sie an, ob die einzelnen Aussagen für Ihre Gruppe zutreffen.

1	A	Was sind die Ziele der Gruppenarbeit?	nein	ja
	*	Die aktive Teilnahme der Lernenden erhöhen	○	○
	*	Den Druck vom Individuum wegnehmen	○	○
	*	Einzelne Teilnehmer überprüfen	○	○
	*	Unterschiedliche Ergebnisse und Leistungsniveaus erreichen	○	○
	*	Es Lernenden ermöglichen, anderen zu helfen	○	○
	*	Eine Vielfalt von Arbeitsgeschwindigkeiten und Themenschwerpunkten ermöglichen	○	○
	*	Die Dominanz des Lehrers reduzieren	○	○
	*	Lernende stimulieren/motivieren	○	○
	B	Sehen Sie andere Ziele, zu deren Erreichung sie zukünftig Gruppenaufgaben einsetzen können?		

2	A	Nach welchen Kriterien teilen Sie die Gruppe ein?	nein	ja
	*	Zufällige Auswahl	○	○
	*	Gemeinsames Interesse	○	○
	*	Freundschaftliche Beziehungen	○	○
	B	Wer entscheidet über diese Kriterien?		

3	A	Wann soll die Gruppenarbeit stattfinden?	nein	ja
	*	Am Anfang der Sitzung (Einführung)	○	○
	*	In einer praktischen Anwendungsphase	○	○
	*	Am Ende der Sitzung (Zusammenfassung)	○	○

4	A	Welche Art von Feedback finden Sie angemessen?	nein	ja
	*	Niederschrift an der Tafel	○	○
	*	Berichte Einzelner vor der Gruppe	○	○
	*	Berichte Einzelner in Kleingruppen	○	○
	*	Partnergespräch	○	○
	*	Schriftliche Ausführungen	○	○

Projekt III: Gruppenaufgaben und den Umgang mit Gruppen beobachten

Ziel: Den Verlauf des Lerngeschehens beleuchten

Aufgabe: Lehrer/Dozenten während des Unterrichts beobachten. Drei Bereiche sollen beobachtet werden:

- die Anfangsphase der Gruppenarbeit
- die Phase der Betreuung
- die Endphase der Gruppenarbeit

1. ***Anfangsphase: Beobachten Sie den Lehrer und notieren Sie die folgenden Verhaltensweisen:***
   - Wie setzen sich die Gruppen zusammen?
   - Wie ist die Sitzordnung organisiert?
   - Welche Anweisungen erhalten die Gruppenmitglieder?
   - Wie werden die Gruppenmitglieder angeleitet?
   - Werden Gruppenleiter benannt?
2. ***Betreuung der Partner-/Gruppenarbeit: Beobachten Sie die Lehrerin oder den Lehrer und notieren Sie die folgenden Verhaltensweisen:***
   - Wie betreut der Lehrer die Gruppenarbeit?
   - Bei welchen Gelegenheiten spricht der Lehrer mit der Gruppe?
   - Wie ist die Stimmlage und Position (Nähe/Distanz usw.) des Lehrers?
3. ***Endphase der Gruppenarbeit: Beobachten Sie den Lehrer und notieren Sie die folgenden Verhaltensweisen:***
   - Wie verschafft sich der Lehrer Aufmerksamkeit?
   - Wie wird eine neue Phase des Unterrichts eingeleitet?
   - Wie werden die Gruppenergebnisse im weiteren Unterrichtsverlauf genutzt?
   - Wie organisiert und überwacht der Lehrer die Darstellung der Gruppenleistungen?

Phase	Aktivität	Beobachtung	Kommentar
Anfangsphase	Organisation der Gruppen, Instruktionen, Benennung und Überprüfung der Gruppenleiter		
Überwachung, Betreuung der Gruppenarbeit	Begleitung, Verbale Kontakte, Stimme, Nähe/Distanz des Lehrers usw.		
Endphase	Aufmerksamkeit verschaffen, Neuorientierung auf eine neue Phase, Berichterstattung		

Nach dem Unterricht

- Diskutieren Sie Ihre Notizen mit dem Lehrer/Leiter. Welche Fertigkeiten und Verhaltensweisen sind in der Anfangsphase einer Gruppenarbeit, welche in der Schlussphase einer Gruppenarbeit erforderlich?
- Analysieren Sie die Aktivitäten des Lehrers/Leiters im Verlauf der Gruppenarbeit. Stimmen Sie den folgenden Statements vollkommen (3), teilweise (2) oder überhaupt nicht (1) zu?

	Inwiefern können Sie den folgenden Statements zustimmen?	überhaupt nicht	teilweise	vollkommen
a.	Ein Lehrer, der eine Gruppe betreut, hat die Aufgabe zuzuhören, zu helfen und zu überwachen	1	2	3
b.	Kommentare des Lehrers müssen sich auf die konkrete Gruppenarbeit beziehen (tatsächliche Aktivitäten)	1	2	3
c.	Alle Interaktionen müssen durch die Gruppe oder ein Mitglied angeregt werden und nicht durch den Lehrer	1	2	3
d.	Der Lehrer muss jeder Gruppe gleich viel Zeit widmen	1	2	3
e.	Der Lehrer muss allen Mitgliedern einer Gruppe gleich viel Zeit widmen	1	2	3
f.	Der Lehrer muss immer auf der gleichen Höhe sitzen oder stehen wie die Schüler	1	2	3
g.	Gestik, Augenkontakt und Stimmlage sind in der Kleingruppe andere als in der Klasse	1	2	3

Aufgabe: Selbstreflexion zur Zusammensetzung der Gruppen

1. Es gibt verschiedene Möglichkeiten, Gruppen zusammenzustellen. Vergegenwärtigen Sie sich jene, die Sie beobachtet haben und analysieren Sie sie aus der Sicht der Schüler. Können die Gruppenmitglieder
   - miteinander kommunizieren
   - sich auf ihre Arbeit konzentrieren
   - den Lehrer sehen und hören
   - sich als gleichberechtigte Gruppenmitglieder fühlen?
2. Eine Möglichkeit der Ergebnisdarstellung besteht darin, den Gruppenleiter um einen kurzen Bericht zu bitten. Gibt es andere Möglichkeiten? Was sind die Vor- und Nachteile der einzelnen Formen der Ergebnisdarstellung?

5. Auf dem Weg zum kooperativen Lernen

In diesem Kapitel wollen wir den Weg beschreiben, wie kooperative Lernformen systematisch in den Unterricht eingeführt werden können. Unser Augenmerk gilt Methoden und Hilfen, die zur Überwindung möglicher Schwierigkeiten beitragen können. Dabei greifen wir vorzugsweise auf jene Anregungen zurück, die bereits von anderen Forschern und Praktikern mit Erfolg erprobt wurden (Webb 1989, 1991).

In den folgenden Abschnitten erhält der Leser Antworten auf die folgenden Fragen:

1. Wie kann kooperatives Lernen sinnvoll vorbereitet werden?
2. Welche sozial-kommunikativen Kompetenzen zählen zu den Grundvoraussetzungen kooperativen Lernens? Wie können sie trainiert werden?
3. Welche Formen der Lernorganisation tragen dazu bei, kooperatives Lernen schrittweise zu unterstützen?
4. Gibt es Anregungen und Übungen, die unterschiedliche Phasen und Aufgaben der Kooperation angemessen unterstützen?

5.1. Bessere Interaktion durch kooperative Arbeits- und Gesprächsformen

5.1.1. Die Vorbereitung kooperativer Lernsequenzen

Mit kooperativen Lernformen verbinden sich anspruchsvolle Zielsetzungen im Hinblick auf Motivation, Selbststeuerung, Sozialkompetenz und Lernerfolg. Damit diese Ziele annähernd erreicht werden, sind vorbereitende Schritte unerlässlich. Dies gilt um so mehr, als kooperatives Lernen nicht gerade zu den dominierenden Lehr-Lernformen zählt. 80 % des Schulunterrichts läuft eher in frontalen Formen ab (Hage, 1985). Dies bedeutet, dass die Schüler Unterricht eher konsumierend erleben, anstatt ihr Lernen aktiv selbst zu bestimmen. Aus dieser Konsumentenhaltung müssen sie erst „herausgeholt" werden, damit sie nach und nach in die Rolle des aktiven Lerners hineinwachsen können.

Eine sorgfältige Vorbereitung für das Arbeiten in Gruppen kann – tägliche Übungen vorausgesetzt – drei oder mehr Wochen in Anspruch nehmen. Einigen Lesern wird diese Zeitspanne sehr lang – vielleicht zu lang – vorkommen. Wer allerdings kooperatives Lernen bereits fest in seinen Unterricht integriert hat, wird davon nicht überrascht sein. Reduziert wird der zunächst beachtlich erscheinende zeitliche Aufwand durch die Tatsache, dass kooperatives Lernen problemlos mit den Inhalten des jeweiligen Curriculums verknüpft werden kann. Die enge

Verzahnung von Inhalten und Methoden wird übrigens auch von der modernen Instruktionspsychologie empfohlen (Friedrich & Mandl, 1997).

Ein Großteil der Vorbereitung kooperativer Lernphasen umfasst die Entwicklung von grundlegenden kommunikativen und sozialen Fertigkeiten. Diese Kenntnisse gelten nicht nur für bestimmte Themenbereiche, sie sind inhaltsunabhängig. Wichtig ist, dass die einzelnen Schritte eng aufeinander bezogen sind und aufeinander aufbauen. Der erste Schritt ist Grundlage für den zweiten, der dritte setzt den zweiten voraus usw..

Für den Lehrer / Leiter erscheint es ratsam, den Zeitrahmen zur Erarbeitung grundlegender Kompetenzen nicht zu knapp zu bemessen. Dies gilt um so mehr, als gerade bei Lernenden, die bereits über Gruppenerfahrungen verfügen, Zweifel und Kritik überwiegen. So kann die Annahme vorherrschen, dass einzelne Teilnehmer die Hauptarbeit leisten (etwa alle Fragen beantworten), während sich andere offenkundig zurückhalten und äußerst passiv verhalten. Andere Vorbehalte richten sich auf die Dominanz einzelner Gruppenmitglieder, die das Gruppenleben in hohem Maße bestimmen.

Viele Lernende sind fest davon überzeugt, Gruppenarbeit müsse in der skizzierten Weise ablaufen, ihre Erfahrungen erhalten gewissermaßen den Status stabiler „subjektiver Theorien". Diese halten jedoch einer eingehenden empirischen Prüfung nur selten stand. In „gesunden" Gruppen werden Führungsrollen geteilt, alle Teilnehmer haben die gleichen Rechte. Bei vielen Gelegenheiten helfen und unterstützen sich Lernende gegenseitig. Wie bereits im letzten Kapitel deutlich geworden ist, können gegenseitige Unterstützung und Anregung sowohl als zentrale Voraussetzungen wie auch als Konsequenzen kooperativen Lernens angesehen werden.

Grundlage hierfür ist allerdings eine systematische Vorbereitung. Im Rahmen kooperativer Lernformen bietet es sich an, zunächst für ein positives Gruppenklima zu sorgen. Zu diesem Zweck können Übungen eingesetzt werden, die das Kennenlernen erleichtern (siehe Kapitel 5.1.2.). Daran schließen sich Übungen zur Forderung sozialer Kompetenzen an (Kapitel 5.1.3.). Um Missverständnissen vorzubeugen: wir erwarten nicht, dass die Lernenden zunächst alle kooperativen Übungen vollständig durchlaufen müssen, um am Ende für das eigentliche kooperative Lernen gewappnet zu sein. Allerdings werden die empfohlenen Übungen dieses Anliegen zweifellos beschleunigen.

5.1.2. Kennenlernen und Motivation

Von nicht zu unterschätzender Bedeutung sind die ersten Begegnungen in der Gruppe. Kennen sich die Teilnehmer bereits untereinander? Wie gut kennen sie sich? Bei welchen Mitgliedern ist es besonders wichtig, dass sie miteinander in Kontakt kommen? Wir schlagen mehrere Methoden vor, die Lernenden dabei helfen sollen, miteinander vertraut zu werden. Wir unterscheiden im Folgenden zwischen Kennenlernübungen und Interaktionsübungen.

5.1.2.1. Kennenlernübungen

Gezeichneter Steckbrief

Hier zeichnen die Teilnehmer einige ihrer Hobbys und (Freizeit-)Interessen auf ein Blatt Papier. Anschließend gehen alle im Klassenzimmer umher und halten ihren „gezeichneten Steckbrief“ vor sich hin. Jeder kann jetzt den anderen über seinen Steckbrief befragen.

Dieses Spiel ist zwar recht zeitaufwändig, macht aber auch viel Spaß und lässt die Spieler schnell miteinander ins Gespräch kommen. Außerdem entdecken die Teilnehmer Gemeinsamkeiten bei Hobbys, was Kontakte und Freundschaften fördern kann. Bei diesem Spiel ist die ganze Klasse beteiligt.

Zettelwirrwarr

Der Satz vom kreativen Chaos wird immer wieder gerne zitiert, wenn man bei einem unvermittelten Besuch meint, das Chaos auf dem heimischen Schreibtisch erklären zu müssen. Der Zettelwirrwarr im folgenden Spiel ist dagegen wirklich gewollt. Der Spielleiter hat für jeden Spieler 5 Zettel in verschiedenen Farben vorbereitet. Jeder beschriftet nun für sich seine Zettel mit folgenden Informationen (Halbig, 2000, S. 5):

Zettel 1:	Vorname und evtl. Nachname
Zettel 2:	Beruf oder Ausbildung
Zettel 3:	Wohnort
Zettel 4:	Hobbies
Zettel 5:	Lieblingsautor

Sind alle Zettel beschriftet, kommen sie in die Mitte und werden dort gut gemischt. Jeder Spieler holt sich dann einen Zettel von jeder Farbe vom Tisch (möglichst keine, die er selbst geschrieben hat). Nachdem sich der Einzelne seine Zettel durchgelesen hat, heftet er sie verschiedenen Mitspielern, von denen er denkt, dass die Information passend sein könnte, an die Brust. Dabei sollte darauf geachtet werden, dass jeder Spieler nur 5 Zettel in verschiedenen Farben an die Brust geheftet bekommt.

Anschließend stellt sich jeder Teilnehmer im Kreis vor. Dazu holt er sich die passenden Karten, falls er sie nicht schon an der Brust hat, von seinen Mitspielern. Heiße ich z. B. Tanja und an meiner Brust steht Susanne, so hole ich mir das richtige Schild und befestige das Susanne-Schild an der vermeintlichen Tanja.

Am Ende ist jeder Teilnehmer im Besitz der eigenen Schilder. Je nach Gruppe steht es der Spielleitung frei, die aufzuschreibenden Informationen, die von den Spielern gegeben werden sollen, beliebig zu variieren.

Was mein Name über mich erzählt

Oft sieht man einen Menschen, hört seinen Namen und denkt, ja das passt oder aber auch das hätte ich nie gedacht, dass sie so heißt. Dass noch mehr in unserem Namen stecken kann, zeigt dieses Spiel (Halbig, 2000, S. 6).

Die Spieler finden sich zu Paaren zusammen. Jeder stellt seinem Partner seinen Namen in der Weise vor, dass er zu jedem Buchstaben irgendein Wort mitteilt, das in irgendeiner Weise bedeutsam für ihn ist. Dabei sind die Spieler in der Wahl der Wörter völlig frei (es sind also auch Städte, Länder, Berge, Flüsse, Eigennamen usw. gültig).

So könnte sich Jasmin z. B. in folgender Weise vorstellen:

„Ich esse für mein Leben gerne Jogurt. Am liebsten mag ich Himbeerjogurt. Mein Lieblingsmann heißt Andreas. Wir kennen uns schon seit 5 Jahren. Spielen ist für mich nicht nur eine reine Freizeitbeschäftigung. Vor Mitternacht gehe ich kaum einmal ins Bett. Als Kind habe ich mir immer gewünscht, in Italien zu leben. Ein Essen ohne Nachtisch ist für mich wie Schifffahren ohne Wasser."

Wie ausführlich sich jeder Spieler vorstellt, bleibt ihm selbst überlassen. Die Minimalversion besteht einfach im Nennen der einzelnen Worte. Nach kurzer Zeit erfolgt ein Partnerwechsel. Nach drei bis viermaligem Wechsel endet die Vorstellungsrunde. Wenn die Teilnehmer wollen, kann jeder noch seinen Namen mit den dazugehörigen Worten auf einen Zettel schreiben. Diese Zettel können dann zur Erinnerung irgendwo im Raum aufgehängt werden.

In Gruppen, die sich untereinander schon gut kennen, kann dieses Spiel ebenfalls eingesetzt werden. In diesem Fall können die Stichwörter z. B. für einen anderen erstellt werden. Entweder: Jeder sucht sich eine Partnerin, für die er den Namen erstellt oder: Die ganze Gruppe einigt sich auf einen Mitspieler und erstellt gemeinsam dessen Namen.

Namen nennen

Eine weitere, wenig aufwändige Übung dient gleichfalls dem Kennenlernen. Im Rahmen dieser Übung stellen sich sechs oder sieben Lernende deutlich sichtbar vor der Gesamtgruppe auf. Auf Anweisung des Lehrers oder Leiters hin teilen sie der Gruppe ihre Namen mit. Die sitzenden Gruppenteilnehmer werden nun gebeten, ihre Augen zu schließen, zugleich tauschen die vor der Gruppe stehenden Personen ihre Plätze. In der anschließenden Phase sollen die sitzenden Personen nun deren Namen nennen und sie zugleich an die Stelle dirigieren, an der sie anfangs gestanden haben.

5.1.2.2. Interaktionsübungen

Im Rahmen der nun dargestellten Übungen geht es nicht nur darum, andere Personen und deren Namen kennen zu lernen; sie wollen darüber hinaus zu einem guten Gruppenklima beitragen.

Zip-Zap

Bei diesem Spiel sitzen Schüler und Lehrer im Kreis. Ein Freiwilliger steht in der Mitte des Kreises. Sein Stuhl wurde aus dem Kreis herausgenommen, so dass ein Stuhl weniger vorhanden ist als Spieler. Der Freiwillige stellt sich nun vor eine Person. Spricht er sie mit „Zip“ an, so muss diese Person den Namen ihres linken Nachbarn nennen, wird sie mit „Zap“ angesprochen, dann wird der Name des rechten Nachbarn verlangt.

Antwortet die angesprochene Person mit dem falschen Namen, so muss sie in den Kreis und weiter fragen. Sagt die im Kreis stehende Person „Zip-Zap“, dann müssen alle aufstehen und sich einen neuen Platz suchen. Die Person, die keinen Stuhl mehr findet, macht mit Zip oder Zap weiter. Kein Teilnehmer muss länger als er möchte im Kreis stehen. Dieses Spiel ist mit der ganzen Gruppe spielbar. Es erfordert keine Materialbearbeitung und ist auch nicht sehr zeitaufwändig.

Wer erzählt weiter?

Die Teilnehmer stehen im Kreis. Ein Spieler beginnt, den Anfang einer Geschichte zu erzählen. Dabei hält er einen Wollknäuel in der Hand. Wenn er möchte, dass ein anderer Teilnehmer weiter erzählen soll, wirft er diesem den Knäuel zu, behält aber den Anfangsfaden in der Hand. Wer den Wollknäuel erhalten hat, erzählt die Geschichte weiter, bis er wieder jemandem den Knäuel zuwirft, seinen Faden in der Hand behaltend. Dies kann so lange durchgeführt werden, bis alle Spieler einen Faden in der Hand halten, also einmal an der Reihe waren. Am Ende ist ein richtiges Wollnetz entstanden. Nun kann mit einer neuen Geschichte der Knäuel wieder aufgewickelt werden.

Insgesamt geht es bei diesem Spiel darum, die Teilnehmer dazu zu bringen, am Anfang einer Sitzung etwas zu sagen und die Länge der Äußerung selbst zu bestimmen. Außerdem ist die Gesamtgruppe in das Geschehen einbezogen.

Die Lügenpantomime

Die Teilnehmer sitzen im Halbkreis. Eine Person spielt eine eindeutige Handlung oder eine berufliche Tätigkeit vor. Sein Nachbar fragt ihn, was er macht. Daraufhin bricht er seine Tätigkeit ab und antwortet mit einer Lüge, er nennt also eine ganz andere Tätigkeit oder Handlung. Der Nachbar muss nun diese Lüge darstellen, bis ihn ein Nachbar wieder fragt.

Dieses Spiel regt die Kreativität an und sorgt für eine aufgelockerte Atmosphäre. Im Spiel können die Teilnehmer die Hemmschwelle des „Etwas-Vormachen-Müssens“ leichter überwinden, was ihnen auch Vorteile beim kooperativen Lernen verschafft.

5.1.3. Lernen miteinander zu arbeiten

Ein weiterer Schritt der Vorbereitung kooperativen Lernens nimmt Bezug auf Fertigkeiten zur Zusammenarbeit mit anderen. Dass Lernende nicht notwendigerweise über entsprechende Kenntnisse verfügen, können Lehrer aber auch Erwachsenenbildner unschwer bestätigen. Wir unterscheiden in den kommenden Abschnitten drei sozial-kommunikative Fertigkeiten, über die Lernende in Gruppen verfügen sollten: (1) Kommunikative Fertigkeiten, (2) Teambildung und (3) soziale Fertigkeiten.

5.1.3.1. Grundlegende kommunikative Fertigkeiten

Sind Ihre Schüler oder Studierenden in der Lage, einander aufmerksam zuzuhören? Können sie mit Ihren Klassenkameraden oder Kommilitonen zusammenarbeiten, ohne sie zu unterdrücken oder zu kränken? Partizipieren alle Gruppenmitglieder gleichermaßen an der Arbeit? Wissen sie um die Unterschiede zwischen Konkurrenz bzw. Wettbewerb, Zusammenarbeit und Einzelarbeit?

Zu Beginn der Arbeit sollten gewisse Regeln für die Klasse oder Gruppe eingeführt werden, die wir als „Normen“ bezeichnen. Beispiele hierfür sind:

- Wenn jemand spricht, höre ganz zu.
- Vertritt dich selbst in deinen Aussagen. Erleichtert wird dies, wenn du in Form von Ich-Aussagen sprichst.
- Seiten- oder Parallelgespräche stören. Bringe deine Anliegen in die Gruppe ein.
- Nur einer kann zur Zeit sprechen. Verständige dich mit Personen, die gleichzeitig sprechen wollen.

Gruppennormen, speziell solche, die das gegenseitige Zuhören und die Vermeidung von Unterdrückung betonen, zielen auf die Entwicklung positiver Interaktionen.

Sie ermutigen die Teilnehmer, sich gegenseitig zu unterstützen und mit einer angemessenen – andere Gruppen nicht störenden – Lautstärke zu kommunizieren.

Sie verhindern außerdem das „Trittbrett fahren“. Gemeint ist das Verhalten von Personen, die sich extrem passiv verhalten und keinerlei Aufgaben und Verantwortung übernehmen.

Bei der Einführung der Regeln empfiehlt es sich, die folgenden Grundsätze zu beachten:

Grundsatz 1:	Beschränken Sie sich auf wenige Regeln
Grundsatz 2:	Beschränken Sie sich auf bedeutsame (einsichtige) Regeln
Grundsatz 3:	Achten Sie auf Überprüfbarkeit und Durchsetzbarkeit der Regeln
Grundsatz 4:	Wählen Sie altersgemäße, einprägsame Formulierungen
Grundsatz 5:	Wählen Sie positive Formulierungen

Wichtig ist, dass solche Normen mit der gesamten Gruppe besprochen werden. Allen sollte klar sein, dass Regeln dazu dienen, die Zusammenarbeit möglichst effektiv zu gestalten. Es hat sich als hilfreich erwiesen, wenn die Teilnehmer die Unterschiede zwischen Kooperation, Konkurrenz und Einzelarbeit – und die dabei jeweils vorherrschenden Regeln – diskutieren.

5.1.3.2. Teambildung

Gehen wir davon aus, dass die Teilnehmer heterogenen Gruppen mit nicht mehr als vier Lernenden zugeordnet wurden – was kann der Lehrer oder Leiter nun tun, um die Gruppenidentität zu stärken? Wie kann der Zusammenhalt unterstützt werden? Beispielsweise können die Teilnehmer einen Gruppennamen auswählen (z.B. „anonyme Didaktiker“; „die Igelgruppe“); sie können ein Namensschild anfertigen, so dass sie auch als Gruppe ansprechbar sind. Denkbar ist ferner, dass die Teilnehmer eine Liste von Dingen anfertigen, die alle gemeinsam haben (oder die allen gemeinsam sind) und diese Liste für alle sichtbar befestigen.

Zur Teambildung trägt auch bei, wenn die Methoden und Techniken der Gruppenarbeit vom Lehrer/Leiter benannt und erklärt werden. Zum Beispiel könnte jedes Gruppenmitglied die Verantwortung für eine bestimmte Teilaufgabe übernehmen, etwa die zu erledigenden häuslichen Aufgaben notieren oder einen Gruppenordner besorgen. Solche Aufgaben müssen genau erläutert werden; jeder sollte genau wissen, was von ihm oder von ihr erwartet wird. Gerade in den frühen Gruppenphasen empfiehlt es sich, den Teilnehmern bestimmte Rollen oder Funktionen zu übertragen, so dass sich das Gefühl verstärken kann, ein wichtiger Bestandteil der Gruppe zu sein.

5.1.3.3. Soziale Fertigkeiten

Wie sind die sozialen Fertigkeiten ihrer Schüler oder Studierenden ausgeprägt? Können die Lernenden ihre Ideen und Bedürfnisse angemessen artikulieren? Reden Sie über ihre Arbeit? Können sie konzentriert an einer Aufgabe arbeiten? Ermutigen Sie andere dazu, sich auszudrücken?

Auch hinsichtlich dieser Fertigkeiten zeigen sich in der Praxis unübersehbare Defizite. Ohne eine angemessene Übung erweisen sich vor allem viele Schüler als sozial wenig kompetent. Einfache Fertigkeiten wie eigene Ideen mitteilen, Fragen formulieren, andere zum Sprechen auffordern und sich bei anderen angemessen zu bedanken, sind für viele, neue und ungewohnte Formen der Kommunikation. Verschiedene Autoren haben soziale Kompetenzen identifiziert, die besonders für das Lösen von Gruppenproblemen zentral sind. Hervorzuheben sind das Überprüfen des angemessenen Verstehens und daraus resultierende Rückmeldungen an den Sprecher sowie die klare Mitteilung von Informationen und Ideen. Darüber hinaus gibt es Fertigkeiten, die für die Zusammenarbeit in der Gruppe unverzichtbar sind. Erwähnung verdienen die gegenseitige Ermutigung und das Bemühen um Konsens und Übereinstimmung. Es versteht sich von selbst, dass die Vorzüge solcher Fertigkeiten in der Gruppe angemessen diskutiert werden sollten. Vor allem die Vorteile für ein motiviertes und effektives Arbeiten können nicht genug hervorgehoben werden.

5.1.4. Unterstützung kooperativer Arbeitsphasen

Treffen Sie häufig auf Schüler oder Studierende, die in Ihren Arbeitsgruppen das Wort führen oder den Hauptteil der Arbeit leisten? Fällt es einzelnen Schülern oder Studierenden schwer, mit anderen zu kooperieren? Wünschen manche Gruppenmitglieder eher Ihre Hilfe als diejenige eines kompetenten Klassenkameraden oder Kommilitonen?

Zur Lösung der angesprochenen Probleme hat es sich bewährt, Lernenden ausgewählte Aufgaben anzubieten, die es ihnen gestatten, ihre kooperativen Kenntnisse und Fertigkeiten zu vervollständigen. Entsprechende Übungen eröffnen Gelegenheiten, sich auszutauschen, zu kooperieren, Probleme zu lösen, schöpferisch zu sein, Spaß zu haben und sich seiner Kompetenzen bewusst zu werden, ohne Angst, als „schlecht" oder gar „dumm" angesehen zu werden.

Brücken bauen

Eine recht bekannte Übung ist das Brückenbauspiel. Es geht darum, ohne zu sprechen aus Papier und Pappe eine Brücke zu konstruieren. Grom (1976, S. 63) empfiehlt hierfür die folgenden Materialien:

- 4 Bogen Karton
- 1 Tube Kleber
- 1 Rolle Tesafilm
- 1 Schere
- 1 Lineal (30 cm lang)
- 4 Filzschreiber
- 2 Bleistifte (nur für den Entwurf)
- 4 Bogen Schreibmaschinenpapier (DIN A4)

Als Regel gilt: Die Brücke muss auf ihrem eigenen Fundament stehen können, d. h. weder irgendwo angelehnt noch aufgehängt sein (an Wand, Decke oder sonstigem Gegenstand). Sie muss standfest genug sein, um eine Lücke zwischen zwei Tischen von 60 cm Länge zu überbrücken.

Figuren zeichnen

Sie können auch versuchen, eine Figur zu zeichnen, die ein Kommilitone oder Mitschüler beschreibt, ohne dabei Rückfragen zu stellen.

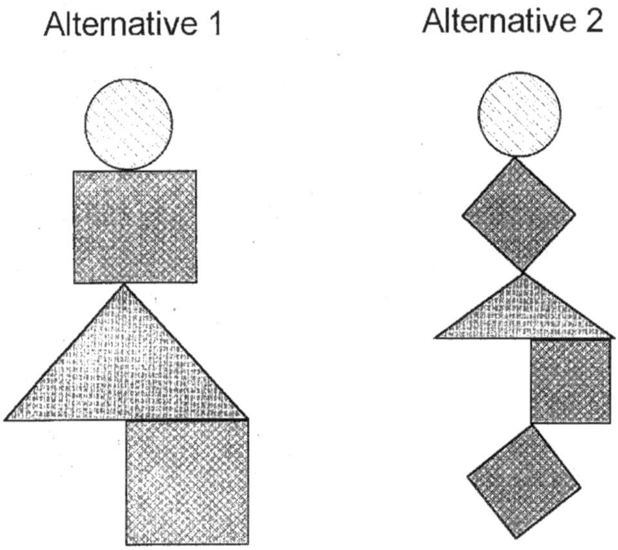

Abb. 5.1: Figuren zeichnen

„Gemeinsam Figuren zeichnen" (siehe Abbildung 5.1) sieht den folgenden Ablauf vor:

Lernende bilden Zweierteams.

- Ein Paar erhält ein einfaches Bild, das andere Paar erhält ein leeres Blatt Papier.
- Das Paar mit dem Bild muss erklären, was es sieht, während das andere Paar auf der Basis der mündlichen Informationen das Bild malt.
- Das Paar mit dem Bild kann das Gemälde nicht sehen und damit auch nicht korrigierend eingreifen. Auch sind Rückfragen nicht gestattet.
- Wenn die Zeichnung fertig ist, setzen sich beide Paare zusammen und vergleichen das gemalte Bild mit dem Original.
- Die Bilder können für alle sichtbar angebracht werden.

Gemeinsam zeichnen

Bei dieser Partnerübung erhalten die Paare ein Blatt Papier und einen Stift. Sie müssen gemeinsam diesen Stift halten. Der Lehrer/Leiter gibt ein bestimmtes Motiv vor („malen Sie ein Haus, einen Elefanten ...), das dann von diesem Paar gezeichnet werden muss, ohne dass darüber gesprochen werden darf, was und in welcher Reihenfolge gemalt werden soll.

Anschließend wird über die Art und Weise wie das Bild entstanden ist und wie sich dabei die beiden Partner zueinander verhalten haben, besprochen. Dabei wird auch darauf eingegangen, ob jemand die führende Hand übernommen hat oder ob beide am Entstehungsprozess beteiligt waren.

Diese Übung ist noch ausdehnbar, in dem kein Motiv vorgegeben wird, sondern die Paare einfach darauf losmalen. Sie dürfen sich aber weder verbal noch mit Mimik oder Gestik über das zu malende Motiv verständigen.

Alternative:

Die Paare halten den Stift nicht gemeinsam, sondern sie malen nacheinander. Jeder darf ein Segment malen, dann muss der Stift an den Partner übergeben werden. Dieser kann dann an einer anderen Stelle des Blattes anfangen oder aber an der Stelle weiter malen, die sein Partner bereits angefangen hat. Auch hier darf nicht gesprochen werden.

Erst im Anschluss daran wird das Bild vorgestellt und über seine Entstehung reflektiert.

Trauminsel

Die Kooperation kann auch durch intensive Wahl- und Entscheidungsprozesse gefördert werden. Ein Beispiel stellt die Übung „Trauminsel" dar, in der es darum geht, gemeinsame und unterschiedliche Lebensauffassungen zu artikulieren (Fritz, 1997, S. 26). Die folgenden Schritte sind vorgesehen:

- Kleingruppen mit 5 bis 7 Mitgliedern werden gebildet
- Jede Kleingruppe soll auf einem Lageplan eine Trauminsel entwickeln auf der sie sich wohl fühlen.
- Dieser Lageplan wird dann der Gesamtgruppe vorgestellt.
- Ein kurzer Ausschnitt über das Leben auf der Insel wird vorgespielt.
- Am Ende werden Gemeinsamkeiten und Unterschiede in der Lebensauffassung herausgestellt.

Gegenstände sprechen lassen

Für Gruppen, die bereits einen gewissen Grad an Offenheit erreicht haben, eignet sich eine Übung, die sich an gestalttherapeutischen Überlegungen orientiert. Ausgangspunkt der Übung ist ein persönlicher Gegenstand, den die Teilnehmer bei sich tragen sollten (Fritz, 1997, S. 22):

- 4 er Gruppen werden gebildet
- Jedes Mitglied wählt sich einen Gegenstand aus, den es gerade bei sich trägt und der eine gewisse Bedeutung hat
- Dieser Gegenstand erzählt nun von sich und dem menschlichen Eigentümer in der Ich-Form („Ich bin der Bleistift von Hannah ...“)
- Dabei kann es sich um Begebenheiten, Einschätzungen, Lebenserfahrungen handeln
- Die anderen Gruppenmitglieder können in einem weiteren Schritt den „Gegenstand“ befragen. Dieser beantwortet auch Fragen der übrigen Gruppenmitglieder.

Diagramme, Tabellen, Grafiken

Schließlich dienen auch speziell ausgewählte Medien und visuelle Hilfsmittel zur Förderung kooperativer Lernphasen. Gruppenaktivitäten können mit gut organisierten grafischen Organizern, die einen visuellen Rahmen oder eine anschauliche Organisation liefern, optimiert werden. Grafische Organizer helfen Lernenden dabei, abstrakte Konzepte oder implizite Informationen in einer konkreteren Form darzustellen. Darüber hinaus ist es möglich, die Relationen zwischen Fakten und Konzepten zu veranschaulichen, neue Ideen zu elaborieren und vorhandenes Wissen mit neuen Erkenntnissen zu verknüpfen (Cottel, Jr. & Millis,1993, S. 55). In Form von Arbeitsblättern sorgen grafische Hilfen dafür, dass sich die Konzentration aller Beteiligten auf die Aufgabe richtet. Tabelle 5.1. zeigt ein Beispiel für ein Arbeitspapier zum Thema „Lerntheorien“.

Tab. 5.1: Lerntheorien

	Behaviorismus	Kognitivismus	Konstruktivismus
Erklärung			
Beispiel/Methode			
Nutzen			

In unserem Beispiel erklärt der Leiter, was Lernen und Wissenserwerb in jeder der drei theoretischen Entwürfe bedeutet. Die Teilnehmer treffen sich anschließend zu Vierergruppen unter Verwendung der Struktur eines „runden Tisches“ (siehe Abschnitt 6.9.). Sie notieren in den dafür vorgesehenen Feldern der Tabelle ein Beispiel für eine Theorie und den praktischen Nutzen der daraus resultierenden Unterrichtsmethoden. Als Ergebnis dieser kurzen Gruppensequenz entwickelt jede Gruppe Informationen über wesentliche Aspekte der genannten „Lerntheorien“, die allen Gruppenmitgliedern zugänglich gemacht werden können (Cottel, Jr. & Millis,1993, S. 55).

5.1.5. Unterstützung gegenseitiger Hilfestellungen

Helfen Ihre Schüler oder Studierenden sich gegenseitig? Warten Sie mit Ihren Anregungen oder Hilfen, bis Sie gefragt werden? Wie ausführlich sind die geleisteten Hilfen? Gibt es nur knappe Antworten oder werden Lösungen ausführlich erläutert? Beobachten Sie die Person, die das Problem löst, um sich zu vergewissern, ob sie alles richtig macht?

Im Idealfall verfügen alle Gruppenteilnehmer über Fertigkeiten, die sich dazu eignen, anderen beizustehen. Wie können solche Kompetenzen unterstützt werden?

Einen wichtigen Beitrag leisten Diagramme und Verlaufspläne, die verdeutlichen, was Lernende sagen sollen, wenn sie etwas nicht verstehen und wie konkrete Hilfestellungen zu geben sind (siehe die Beispiele in den Tabellen 5.2. und 5.3.). Die Diagramme können sowohl auf einem Projektor als auch anhand großer Wand-Plakate visualisiert und den Gruppenmitgliedern erläutert werden. Zu empfehlen sind ferner einfache Zeichnungen und Comics, die hilfreiches und weniger hilfreiches Verhalten demonstrieren.

Beispielsweise kann eine Zeichnung das hilfreiche Verhalten eines Schülers veranschaulichen, der einem Klassenkameraden die Schritte zur Lösung eines Lernproblems erläutert, ihm die Möglichkeit gibt, das Problem zu lösen und die Fehler des anderen korrigiert, indem er ausführlich erklärt, warum und wie etwas hätte getan werden sollen. Schließlich vergewissert er sich durch Rückfragen darüber, dass der Lernpartner auch wirklich alles vollständig verstanden hat, und lobt ihn für seine gute Arbeit.

Als hilfreich erweisen sich schließlich Fragebögen und Klassendiskussionen zum Thema „gute Helfer“ und „gute Hilfesuchende“. Mit Hilfe solcher Prüflisten können die Teilnehmer ihre Fertigkeiten bewerten und erhalten Anregungen zu deren Optimierung (siehe die Tabellen 5.2. und 5.3.).

Tab. 5.2: Hilfen anbieten

Bist du ein guter Helfer/eine gute Helferin? Wenn du Hilfe leistest			
1	Teilst du anderen mit, dass sie um Hilfe bitten können, wenn sie diese benötigen	nein	ja
2	Registrierst du, wenn andere Hilfe brauchen?	nein	ja
3	Reagierst du auf die Bitte um Hilfe?	nein	ja
4	Überprüfst du, welche Hilfen genau benötigt werden?	nein	ja
5	Erklärst du, wie und warum ein Problem zu lösen ist?	nein	ja
6	Gibst du anderen Rückmeldungen darüber, wie sie das Problem gelöst haben?	nein	ja
7	Überprüfst du, ob der oder die Hilfesuchende das Problem und dessen Lösung wirklich verstanden hat?	nein	ja
8	Lobst du deinen Klassenkameraden/deine Klassenkameradin für eine gute Arbeit?	nein	ja

Tab. 5.3: Hilfen suchen

Bist du ein guter Hilfe-Suchender/eine gute Hilfe-Suchende? Wenn du Hilfe suchst			
1	Registrierst du, wenn du Hilfe benötigst?	nein	ja
2	Bittest du Klassenkameraden um Hilfe?	nein	ja
3	Bittest du jemand anderen, für dich Hilfe zu holen?	nein	ja
4	Formulierst du klare und präzise Fragen?	nein	ja
5	Frägst du so lange nach, bis du alles verstanden hast?	nein	ja

5.2. Unterrichtsorganisation: Individuelle und kollektive Lernphasen

Kooperatives Lernen lässt sich nicht von heute auf morgen realisieren. Eine grundlegende Hürde, die es bei der Einführung kooperativen Lernens zu überwinden gilt, sind die bereits erwähnten (siehe Abschnitt 5.1.) mangelnden kooperativen Kompetenzen der Beteiligten. Lernende, die bisher wenig oder gar keine Erfahrungen mit kooperativem Lernen aufweisen, müssen darauf vorbereitet werden. Neben eigens dafür ausgewählten Übungen sind Formen der Unterrichtsorganisation hilfreich, die sich durch eine klare Struktur auszeichnen. Im Kern geht es darum, in Teilen vorhandene Fähigkeiten und Fertigkeiten (weiter zu) entwickeln und zu vervollständigen. Der Weg zu komplexeren und freieren kooperativen Lernformen wird schrittweise geebnet.

Zur Umsetzung dieses Anliegens empfehlen wir das Sandwich-Prinzip. Gemeint ist eine Unterrichtsorganisation, in der kooperatives Lernen allenfalls an ausgewählten Stellen und für begrenzte Zeiträume zur Anwendung kommt. Nicht der gesamte Unterricht soll kooperativ gestaltet werden, sondern nur bestimmte Phasen, in denen sich Kooperation lohnt und sinnvoll eingesetzt werden kann. Kooperation soll andere Lernmethoden nicht ersetzen, sondern ergänzen.

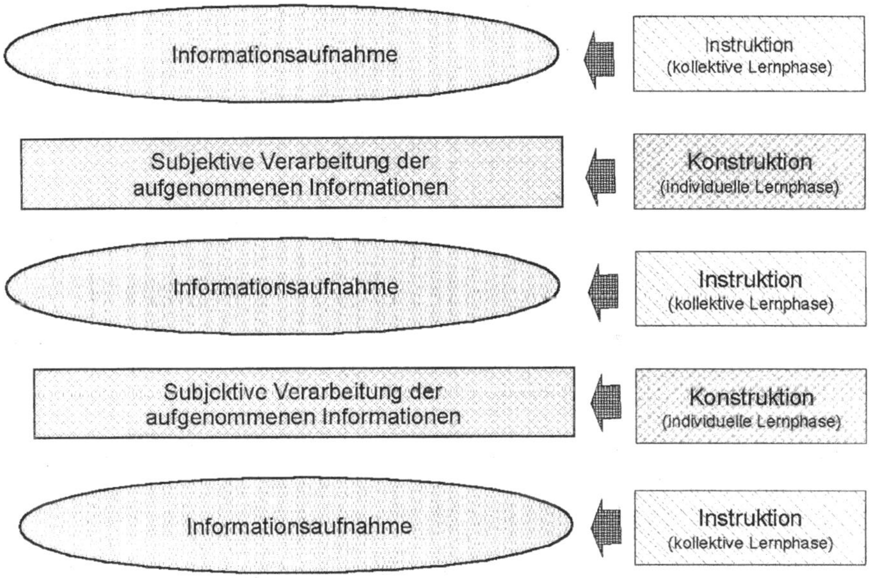

Abb. 5.2: Das Sandwich-Prinzip

Beim Sandwich-Prinzip wird versucht, einen systematischen Wechsel zwischen kompakten kollektiven und kompakten individuellen Lernphasen herbeizuführen. In kollektiven Lernphasen steht die Wissensvermittlung und Wissensaufnahme im Vordergrund. Die individuellen Lernphasen dienen vor allem der Wissensverarbeitung, weil davon ausgegangen wird, dass der einzelne Lernende, das was er an neuem Wissen aufnimmt in sein bisheriges Wissen einordnen muss, um es dort kognitiv zu verankern. Da jeder Mensch über eine eigene Lernbiographie verfügt und sein Wissen abhängig von vorhandenen Kenntnissen, Interessen und Motiven auf höchst individuelle Weise verarbeitet, sind diese individuellen Lernphasen unerlässlich. Sie tragen dazu bei, dass das in kollektiven Phasen vermittelte Wissen, tiefer verarbeitet und dauerhafter gespeichert wird. Gerade in professionellen Handlungszusammenhängen werden sich Veränderungen nur entwickeln und Bestand haben, wenn diese von den beteiligten Personen subjektiv aufgenommen und erfolgreich in veränderte Handlungsroutinen eingebaut werden (Wahl, 1991).

Es hat sich als optimal herausgestellt, wenn kooperative Lernformen in eine Sandwichstruktur eingebettet sind. Dabei werden die kooperativen Lernformen umrahmt von einem Einführungs- und einem Abschlussteil. Diese bilden Ober- und Unterteil des Sandwiches. Dazwischen wechseln sich kollektive und individuelle Lernphasen ab.

Zum Einführungsteil gehört es, dass man die intendierten Ziele und Aufgaben transparent macht. Außerdem kann hier das Thema in einen Gesamtzusammenhang eingebettet werden, zum Beispiel mit Hilfe einer durch die Lehrkraft gegebenen Themenvernetzung oder einem Impulsreferat.

Das Innenleben des Sandwichs ist durch verschiedene Beläge bzw. Lernphasen gekennzeichnet. Hier lassen sich kooperative Lernformen ansiedeln. Diese werden wiederum unterstützt durch verschiedene Lehr-Lernhilfen, wie zum Beispiel gedankliche Landkarten, Lesetechniken oder Präsentationsmethoden. Miteinander verbunden sind die einzelnen Phasen durch Gelenkstellen. Die Gelenkstellen sind der schwierigste Teil jeder Stunde, sorgfältige Planung kann hier Abhilfe schaffen. In den Gelenkstellen werden Arbeitsanweisungen gegeben, Gruppen eingeteilt, Material verteilt, den Lernenden ein Zeitrahmen gegeben, nach diesem werden die Arbeitsphasen beendet und die Klasse wieder zusammengeführt.

Im Abschlussteil kann die Ergebnissicherung oder ein Erfahrungsaustausch der Lernenden stehen. Es können einzelne Gruppenergebnisse im Plenum präsentiert und exemplarisch besprochen werden.

Kollektive Lernphasen können in unterschiedlicher Weise organisiert sein:

- die Lehrperson selbst kann die notwendigen Informationen geben
- die Informationsvermittlung kann an Medien delegiert werden
- die relevanten Sachverhalte können handelnd dargestellt werden (z. B. in Form von Rollenspielen).

Wichtig ist dabei, dass die Dauer der kollektiven Lernphasen die Aufmerksamkeitsspanne der Lernenden nicht überschreitet.

Auch für die individuellen Lernphasen, in denen die Lernenden die neuen Informationen in ihre individuelle gedankliche Struktur einfügen und Bekanntes mit neuem Wissen verknüpfen, existieren verschiedene Möglichkeiten. Neben anderen Methoden sind die Leittext-Methode (siehe Abschnitt 2.3.5) sowie das Gruppenpuzzle hervorzuheben (siehe Abschnitt 6.3.1).

Beide Verfahren regen den einzelnen Teilnehmer dazu an, seinen Teil beizutragen, seine individuelle Verarbeitung den anderen zukommen zu lassen. Das Gruppenpuzzle enthält zum Beispiel sowohl kollektive als auch individuelle Lernphasen. Individuell vollzieht sich zunächst die Aneignung des neuen

Wissens aus dem vorgegebenen Text und auch die Besprechung mit den Experten. Der Austausch in den Stammgruppen erfolgt dann eher kollektiv, da hier alle Lernenden zur gleichen Zeit das Wissen aufnehmen, welches ihnen von einem Mitschüler oder Kommilitonen angeboten wird. Die tiefere Verarbeitung dieses Wissens erfolgt dann wieder individuell.

Es bleibt festzuhalten, dass eine Unterrichtsorganisation nach dem Sandwich-Prinzip dafür sorgt, dass sich im Unterricht kollektive und individuelle Lernphasen abwechseln. Durch seine klare Struktur und den empfohlenen Wechsel zwischen kollektiven und individuellen Lernphasen werden vor allem Anfänger im kooperativen Lernen gestützt und vor Überforderung bewahrt.

5.3. Bausteine und Übungen

Wir möchten im folgenden verschiedene Übungen vorstellen, aus denen sich die Leserin oder der Leser eigene Trainingssequenzen zusammenstellen kann, um sich und seine Schüler oder Studierenden auf kooperatives Lernen vorzubereiten. Diese Übungen sind auch für sich genommen sinnvoll und können einzeln immer wieder im Unterricht zur Anwendung gebracht werden.

Wir beginnen mit Einstiegsübungen (Abschnitt 5.3.1.) zur Kommunikation. Daran schließen sich kooperative Übungen an (Abschnitt 5.3.2.), die den Beteiligten allmählich eine aktivere Rolle im Unterricht abverlangen. Übungen zur Strukturierung von Gruppenaktivitäten (Abschnitt 5.3.3.) und zur Entscheidungsfindung und Problemlösung (Abschnitt 5.3.4.) runden dieses Kapitel ab.

5.3.1. Übungen zur Kommunikation

Kugellager

Es werden zwei Kreise gebildet, einen Innen- und einen Außenkreis. Die Teilnehmer setzen sich so, dass sie einander paarweise gegenüber sitzen. Der Lehrer/Leiter gibt ein bestimmtes Thema vor oder stellt verschiedene Themen zur Auswahl.

Über dieses Thema unterhalten sich die beiden Gesprächspartner, die einander gegenüber sitzen so lange, bis der Leiter das Zeichen zum Aufhören gibt (ca. 2–5 Min.). Dann wechselt der Innenkreis um einen Platz nach rechts, der Außenkreis um einen Platz nach links. Zwei neue Partner sitzen einander gegenüber, die wiederum über ein Thema miteinander sprechen. Diese Partnersequenzen lassen sich beliebig oft wiederholen (3–4 Durchgänge sind noch motivierend).

Da das Thema im Vordergrund steht und jeweils nur ein Teilnehmer zuhört, ist die Hemmschwelle relativ gering. Ferner bietet das Kugellager ein gutes Übungsfeld für soziale Kompetenzen, wie „Gegenseitiges Zuhören“ und „Aufeinander Eingehen“.

Reporterspiel

Jeder Teilnehmer erhält eine Frage, die er zunächst mit seinem Wissen oder vorhandenen Unterlagen für sich beantwortet. Nachdem alle Beteiligten Antworten auf ihre Fragen gefunden haben, gehen sie als „Reporter" im Raum umher. Jeder Teilnehmer stellt dabei einem anderen „seine" Frage, die dieser dann zu beantworten versucht. Der Fragesteller ergänzt anschließend die Antwort. Dann stellt der Befragte seine Frage und erhält ebenfalls eine Antwort, die er ergänzen kann. Nachdem sich diese beiden Reporter ausgetauscht haben, suchen sie sich wieder neue Interviewpartner.

Eine entsprechende Anweisung könnte etwa lauten:

Versuchen Sie zunächst die unten stehende Frage für sich selbst zu beantworten. Gehen Sie dann im Raum umher und stellen diese Frage möglichst vielen Gesprächspartnern. Ergänzen Sie dabei in einem kurzen Austausch Ihre eigene Antwort. Setzen Sie sich anschließend mit jenen Interviewern zusammen, die die gleiche Frage gestellt haben und ordnen Sie Ihre neu gewonnenen Informationen.

Durch dieses Spiel kommen die Lernenden miteinander in Kontakt und können sich über bestimmte Sachverhalte austauschen. Da auch hier Kompetenzen des kooperativen Lernens gefordert und gefördert werden, eignet sich diese Übung zum Training kooperativer Fertigkeiten.

Netzwerk

Das Netzwerk stellt sowohl eine Kommunikationsübung als auch eine Wiederholungsmethode dar. Besonders geeignet ist das Netzwerk am Ende einer Unterrichtseinheit zur Wiederholung und zur gedanklichen Ordnung. Es bietet sich aber auch dort an, wo es darum geht, den Vorkenntnisstand der Lernenden, z. B. in einer Einstiegsphase, zu erfassen. Schließlich kann das Netzwerk sinnvoll eingesetzt werden, um daran anschließend eine Sortieraufgabe (siehe Abschnitt 5.3.1.3.) oder eine Struktur-Lege-Technik durchzuführen. Da alle Lernenden zum Reden ermuntert werden und jeder das sagen kann, was ihm zu einem Lernbegriff einfällt, ist die Hemmschwelle gering. Für das Netzwerk werden verschiedene zentrale Begriffe auf Kärtchen geschrieben. Es sollten mehr Kärtchen sein als Teilnehmer. Jeder bekommt nun nach dem Zufallsprinzip ein Kärtchen zugewiesen. Anschließend besteht die Möglichkeit des Tauschhandels mit den Kärtchen. Es kann mit anderen Teilnehmern getauscht werden oder eines der Kärtchen gewählt werden, die noch niemandem zugewiesen wurden. In einer zweiten Phase vergewissern sich die Lernenden, ob sie zu ihrem Begriff etwas sagen können. Sie können dabei auch Informationen bei anderen Teilnehmern erfragen oder aus ihren Unterlagen entnehmen. Nach dieser Vergewisserungsphase setzen sich alle Lernenden in einen Kreis und halten ihr Kärtchen in der Hand. Einer beginnt nun, seinen Begriff zu erklären. Dann fährt derjenige fort, der glaubt, sein Begriff passe in den Zusammenhang der ersten Erklärung. So wird fortgefahren, bis alle ihre Begriffe erklärt haben. Wer mit seiner Erklärung fertig ist, legt sein Kärtchen sichtbar vor sich hin.

Dadurch, dass die Lernenden die Möglichkeit haben, so lange ihre Kärtchen zu tauschen, bis sie einen Begriff gefunden haben, unter dem sie sich etwas vorstellen können und sich zusätzlich nochmals in ihren Unterlagen oder durch Gespräche vergewissern können, kann die Auftrittsangst stark abgebaut werden. Dies ist zur Anbahnung von Kommunikation und kooperativem Lernen sehr wichtig. Als inhaltliches Ziel kann festgehalten werden, dass durch die nicht festgelegte Reihenfolge für die Lernenden vielfältige Verknüpfungen der Begriffe untereinander deutlich werden. Als sinnvoller Nebeneffekt wird man gern in Kauf nehmen, dass die Unterrichtseinheit nochmals strukturiert dargestellt wird. Außerdem tragen alle Lernenden zum Ergebnis bei, was eine starke Motivation auslösen kann. Allerdings muss darauf geachtet werden, dass einzelne Erklärungen nicht zu ausführlich werden, sonst kann die Motivation im Laufe der Erklärungsphase abnehmen und die Lernenden hören sich gegenseitig nicht mehr zu. Das Netzwerk kann auch so variiert werden, dass die Teilnehmer mehrere Begriffe (Kärtchen) erhalten, deren Bedeutung sie erklären müssen. So müssen alle längere Zeit aufmerksam sein.

Methode 66

Die Methode 66 kann zu den Kommunikations- und Kooperationsmethoden gerechnet werden. Zugleich stellt sie eine methodische Variante der Kleingruppenarbeit dar und dient dort vor allem der kurzzeitigen Aktivierung aller Lernenden. Drei Phasen lassen sich unterscheiden:

1. In einer ersten Phase werden Kleingruppen gebildet. Bei der Methode 66 treffen sich sechs Teilnehmerinnen und Teilnehmer für sechs Minuten an einer bestimmten Stelle im Gruppenraum. Dort sprechen sie über ein vom Leiter festgelegtes Thema („Welches Thema wollen wir in der nächsten Stunde behandeln?“). Diese Phase ähnelt einem Bienenkorb. Im Anschluss daran wird über das Thema im Plenum weiter diskutiert.
2. Die Kleingruppe erhält dann in einer zweiten Phase eine bestimmte Aufgabenstellung, z.B. eine Fragestellung zu einem Problem („Wo können die Schüler im Unterricht mehr Verantwortung übernehmen?“). Sie hat nun sechs Minuten Zeit, um über die Fragestellung zu reden und Lösungsvorschläge zu erarbeiten. Eines der Gruppenmitglieder hält das Ergebnis fest.
3. In einer dritten Phase versammeln sich die Kleingruppen wieder im Plenum, und ein Gruppenmitglied trägt jeweils die Ergebnisse vor. Anschließend werden die Ergebnisse zusammengefasst und weiter diskutiert. Ein Vorteil der

Methode 66 liegt darin, dass ohne großen organisatorischen Aufwand von der Plenumsphase in die Kleingruppenphase (eigentliche Methode 66) und wieder zurück gewechselt werden kann.

Die Methode 66 weist zwei Zielkategorien auf: Zum einen handelt es sich um kommunikative Ziele, da die Lernenden schnell zum Reden motiviert und aktiviert werden können. Da die Ergebnisse der Methode 66 für weitere Lernprozesse genutzt werden, können die Teilnehmer durch diese Methode über solche Lernprozesse mitbestimmen. Außerdem kommen die Lernenden durch die Methode 66 schnell miteinander ins Gespräch und lernen sich in der Kleingruppe besser kennen. Bei der inhaltlichen Zielsetzung steht der Erfahrungs- und Meinungsaustausch an oberster Stelle. Mit der Methode 66 kann innerhalb kurzer Zeit ein Meinungsbild erstellt oder die zu einer Fragestellung oder einem Problem vorhandenen Vorkenntnisse erkundet werden.

Darüber hinaus können durch diese Methode Entscheidungen vorbereitet oder angebahnt werden. Die Methode 66 bietet allen Lernenden die Chance, sich zu vergewissern, wie andere Lernende über eine Sache denken. Dadurch lässt sich die Hemmschwelle, sich selbst zu einem Sachverhalt zu äußern, sehr viel leichter überwinden. Eigene Beiträge werden leichter und schneller eingebracht.

Der Einsatz der Methode 66 bietet sich auch an, wenn es darum geht, nach einem Lehrervortrag Diskussionsmöglichkeiten abzustecken oder Rückmeldungen über eine Unterrichtseinheit zu erhalten.

Kontrollierter Dialog

Ziel dieser Übung ist es, zu lernen, einem Partner genau zuzuhören. Die Teilnehmer sollen lernen, ihre Wahrnehmungen durch Wiederholungen von Gesprächsinhalten zu stärken. Sie üben konsequent, eigene Argumente erst nach korrekter Kenntnisnahme von Gegenargumenten zu äußern.

Bei dieser Übung teilt sich die Klasse in Dreiergruppen auf und legt fest, wer in der Gruppe A, B oder C ist. A und B führen während der nächsten fünf Minuten ein Gespräch über ein vorgegebenes oder selbstgewähltes Thema. C beobachtet das Gespräch. Dabei gilt folgende Gesprächsregel: A beginnt mit einer Äußerung, B wiederholt diese mit eigenen Worten und fragt A kurz, ob er zutreffend wiederholt hat. Dann antwortet B mit seinem Gesprächsbeitrag und A wiederholt. C äußert nach ungefähr fünf Minuten seine Eindrücke. Anschließend wird eine Rollenrotation vorgenommen. Ein praktisches Beispiel zum Kontrollierten Dialog findet sich im Übungsprogramm „Zuhören lernen“ in Abbildung 6.1. (siehe Abschnitt 6.3.2.2.).

Aquarium

Beim Aquarium bilden vier bis fünf Teilnehmer eine Arbeitsgruppe. Sie setzen sich in die Mitte des Raumes; die anderen Gruppenmitglieder setzen oder stellen sich in einem Kreis um die Arbeitsgruppe. Sie fungieren als Beobachter der

Arbeitsgruppe. Die Arbeitsgruppe erhält ein bestimmtes Thema, das sie z. B. in Form eines Gruppenpuzzles (siehe Abschnitt 6.3.1.), einer Gruppenrallye (siehe Abschnitt 6.2.1.) oder eines Gruppenturniers (siehe Abschnitt 6.7.) bearbeitet. Die Beobachter kritisieren positive und negative Anteile des Gruppenverhaltens; sie achten darauf, ob Gesprächsregeln eingehalten werden, wie das Klima in der Gruppe ist, wie das Thema angegangen wird und wie miteinander umgegangen wird. Sie sind also für den Ablauf des kooperativen Lernens verantwortlich, nicht für den inhaltlichen Bereich. Haben die Beobachter im Gesprächsverlauf Einwände oder Ergänzungswünsche, so zeigen sie dies durch Handheben an, damit das Gespräch der Arbeitsgruppe unterbrochen und alle gemeinsam diesen Einwand diskutieren können.

Das Aquarium bietet den Teilnehmern die Möglichkeit, sich gegenseitig im kooperativen Lernen zu unterstützen. Kritik kommt hierbei nicht nur vom Lehrer oder Leiter, sondern auch von anderen Gruppenmitgliedern. Auf diese Weise eröffnen sich Gelegenheiten zur praktischen Übung verschiedener Formen kooperativen Lernens.

Die Arbeitsgruppe sollte nach einer gewissen Zeit wechseln, damit die Mitglieder der Gruppe nicht zu starker Kritik ausgesetzt werden.

Aufgabe des Leiters ist es, deutlich zu machen, dass die Teilnehmer Kritik nicht persönlich aufnehmen dürfen; es geht vielmehr darum, gemeinsam das kooperative Lernen zu verbessern.

5.3.2. Übungen zur Organisation von Gruppen

Die in diesem Kapitel präsentierten Übungen und Anregungen sollen Lernenden dabei helfen, kooperative Lernphasen effizient zu organisieren.

5.3.2.1. Arbeits- und Ablaufpläne

Ein grafischer Ablaufplan wie der in Abbildung 5.3. dargestellte (Cottel, Jr. & Millis, 1993, S. 56f.). hilft Lernenden rasch und ohne allzuviel Aufwand zwischen einer kooperativen Lernphase und einer Vortragsphase zu wechseln. Im dargestellten Unterricht (siehe Abbildung 5.3.) sitzen die Lernenden in zwei Reihen hintereinander; alle Tische sind jeweils durch drei Personen besetzt. Die Tische sind analog zu den Komponenten eines Kartenspiels markiert. Ein zentraler Flur grenzt die Reihen voneinander ab. Die Lernenden sind absichtlich so platziert, dass Paare oder Kleingruppen mit einem Minimum an Aufwand gebildet werden können. Ohne großen Aufwand können sich beispielsweise alle Herzen, Karos, Piks oder Kreuze zusammen tun. Die Raum-Konfiguration eignet sich für Strukturen wie das Drei-Schritt-Interview, das „Nachdenken in Lerntandems" („Think-Pair-Share") oder das „Nachdenken in Lernquartetts" („Think-Pair-Square"). Der Einsatz von Ablaufplänen erscheint vor allen Dingen für große Lerngruppen sinnvoll.

A ♡	A ♧	A ♤
A ◇	K ♡	K ◇
KF	K ♧	K ♤
DF	D ♧	D ♤
D ◇	D ♡	B ◇
B ♧	B ♤	B ♡

10 ♤	10 ♧	10 ♡
8 ◇	8 ♡	10 ◇
8 ♤	8 ♧	8F
3 ♤	3 ♧	3F
2 ◇	2 ♡	3 ◇
2 ♡	2 ♤	2 ♧

Abb. 5.3: Arbeits- und Ablaufpläne

Erläuterungen:

Erster Buchstabe: Kooperative Basisgruppe

A = Asse K = Könige D = Damen B = Buben
10 = Zehner 8 = Achten 2 = Zweien 3 = Dreien

Zweiter Buchstabe: Expertenteam

✯ = Herzen ◆ = Karos ♣ = Kreuzen ♠ = Piks F = Freikarte

5.3.2.2. Vierecken-Methode

Die Vierecken-Methode dient der Bildung homogener Gruppen. Grundlage dafür sind spezifische Einstellungen oder gemeinsame Interessen. Beispielsweise kann die Einteilung auf der Grundlage der Studienschwerpunkte (z. B. gemeinsamer Studienfächer) erfolgen. Alternativ können die Antworten auf bestimmte Statements herangezogen werden, wie „Von größter Bedeutung für mein persönliches Studium sind“

- die Fächer, die ich belegt habe
- die sozialen Fertigkeiten, die ich erwerbe
- die Kontakte zu Mitstudierenden oder Professoren
- die Möglichkeit, mit Personen unterschiedlichen persönlichen Hintergrunds kommunizieren zu können.

Zu Beginn der Gruppenbildung stellt der Leiter sicher, dass die vier möglichen Optionen von allen Teilnehmern verstanden werden (Cottel, Jr. & Mills, 1993).

Visuelle Hilfen wie etwa Poster können die Entscheidung wesentlich erleichtern und Missverständnissen vorbeugen. Vor der Entscheidung für eine bestimmte Gruppe, sollte den Teilnehmern eine angemessene Bedenkzeit eingeräumt werden.

Die neu gebildeten homogenen Gruppen werden anschließend angeregt, die gewählten Inhalte oder Themen zu diskutieren. Nachdem ein Konsens erreicht worden ist, werden die Gruppen gebeten, wichtige Themen oder Erkenntnisse der Gesamtgruppe mitzuteilen. In einem weiteren Schritt kann es sich anbieten, aus den homogenen Gruppen neue, heterogene Gruppen zu formieren, die für eine bestimmte Zeitdauer zusammenarbeiten. In diesen Teams sollten Aktivitäten der Problemlösung im Zentrum stehen, die es den Teilnehmern gestatten, ihre Meinungen oder ihr Expertenwissen einzubringen.

5.3.2.3. Bewertungslinie

Eine Werte-Linie erhebt rasch und auf anschauliche Weise Meinungen und Einstellungen in der Gruppe. Dazu werden die Teilnehmer gebeten, sich entlang einer (fiktiven) Linie aufzustellen, die als Maß dafür gilt, wie sehr sie mit einer Meinung oder einem Statement übereinstimmen bzw. dieses ablehnen. Die folgenden Beispiele eignen sich zum Einsatz dieser Methode:

- Die Schulzeit sollte auf zwölf Jahre verkürzt werden.
- Im Unterricht sollten weniger Fachinhalte und mehr „Lernmethoden" gelehrt werden.
- In der Schule sollten Einzelleistungen durch Gruppennoten ergänzt werden.

starke Ablehnung Mittelpunkt starke Übereinstimmung

1 2 3 4 5 6 7 8 9 10 11 12 13 14 15 16 17 18 19 20

Abb. 5.4: Die Wertelinie

Zur Einführung veranschaulicht der Leiter die extremen Sichtweisen oder Positionen. Nach einer gewissen Bedenkzeit werden die Teilnehmer gebeten, ihre Position auf dem Flur einzunehmen. Die Skala reicht von starker Übereinstimmung bis zu starker Ablehnung (siehe Abbildung 5.4.).

An diesem Punkt können heterogene Teams gebildet werden, die unterschiedliche Ideen oder Meinungen vertreten. Um diese Interaktionen in die Wege zu leiten und die differenzierenden Gesichtspunkte zu veranschaulichen, kann die „Wertelinie" am Mittelpunkt (oder „Modus", der zwei gleich große Gruppen voneinander abgrenzt) getrennt und zwei parallele Linien gebildet werden. Nun stehen sich die Teilnehmer mit unterschiedlichen Meinungen paarweise einander gegenüber. Um Vierergruppen bestehend aus Personen mit unterschiedlichen Ansichten zu bilden, kann der in Abbildung 5.5. vorgeschlagene Weg gewählt werden (Cottel, Jr. & Mills, 1993, S. 45f.):

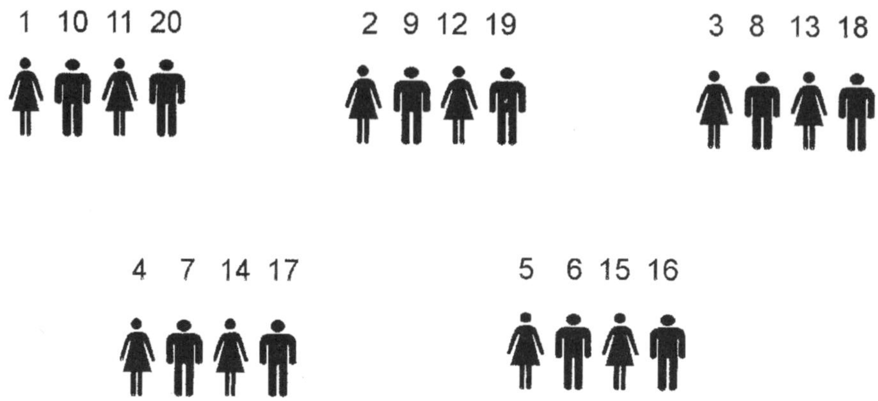

Abb. 5.5: Vierergruppen bilden (siehe Cottel & Mills, 1993, S. 45)

Nach der Bildung von heterogenen Teams erfolgt die Anweisung, einen Konsens hinsichtlich der unterschiedlichen Positionen herzustellen oder die Differenzen in den Meinungen klar herauszuarbeiten und entsprechende Argumente dafür zu finden. Wie zahlreiche Autoren betonen (z.B. Cottell, Jr. & Mills, 1993, S. 45) werden Lernende, die sich in Gruppen mit gegensätzlichen Meinungen und Standpunkten auseinandersetzen müssen – angeregt durch Anleitung und Modellverhalten des Lehrers –, mit größerer Wahrscheinlichkeit Fertigkeiten des kritischen Denkens erwerben.

Zusammenfassend hat die Methode „Werte-Linie" vor allem zwei Vorteile:

1. Durch die Bildung von Gruppen mit unterschiedlichen Sichtweisen besteht eine hohe Wahrscheinlichkeit, dass Fertigkeiten des kritischen Denkens ausgebildet werden.
2. Darüber hinaus fördert diese Methode kommunikative Fertigkeiten.

5.3.2.4. Dreischritt-Interview

Die Methode des dreischrittigen Interviews hilft dabei, Lernende rasch in heterogene Gruppen einzuteilen. Das Dreischritt-Interview macht aus Lerntandems Vierergruppen. Wie praktische Erfahrungen zeigen, handelt es sich um eine gute Eisbrecher-Technik für neu zusammengestellte Gruppen. Sie trägt dazu bei, dass die Teilnehmer die Interviewfragen als interessant und persönlich bedeutsam erleben.

Zunächst bittet der Leiter die Teilnehmer einen Partner zu finden, den sie nicht sonderlich gut kennen und diesen Partner zwei Minuten lang zu interviewen. Im Interview geht es darum, Informationen über die Meinung des Lernpartners zu unterrichts- oder gruppenbezogenen Themen zu gewinnen. Nach einem abgesprochenen Signal tauschen die Partner die Rollen und der andere Partner wird zwei Minuten lang interviewt.

In einem weiteren Schritt schließen sich die Partner mit einem anderen Lerntandem zusammen und bilden ein Quartett. Für die nächsten vier Minuten tauschen die Partner ihre Ideen oder Erkenntnisse aus. Dabei sollte der Gegenstand/das Thema des Interviews so gewählt sein, dass jeder einen Beitrag liefern kann. Auch ist darauf zu achten, dass „die einzig wahre Antwort" nicht existiert:

- Wo liegen deine Studienschwerpunkte und warum hast du sie gewählt?
- Was war dein spannendstes Erlebnis in der bisherigen Schulzeit?
- Was hast du nach dem Schulbesuch vor?

Das Drei-Schritt-Interview erfüllt mehrere Aufgaben. Neben seiner Bedeutung als Eisbrecher dient es der Ausbildung kommunikativer Fertigkeiten (z. B. Zuhören und Reden). Darüber hinaus fördert es die Teambildung und Kontaktfindung, da sich die Lernenden persönliche Erfahrungen mitteilen und sich auf diese Weise besser kennenlernen.

5.3.3. Übungen zur Strukturierung von Gruppenaktivitäten

Die bislang besprochenen Methoden, z. B. Vierecken oder Werte-Linie erweisen sich in den Anfangsphasen der Gruppenarbeit als sehr effektiv. Andere Methoden helfen dabei, die inhaltliche Arbeit zu unterstützen und zu strukturieren.

5.3.3.1. Überkreuz-Gruppen

Bei der Überkreuz-Technik werden die Lernenden so in Gruppen eingeteilt, dass die Zahl in jeder Gruppe gleich ist der Quadrat-Wurzel der Gesamtteilnehmer. Beispielsweise bildet eine Gruppe aus neun Personen drei Dreiergruppen. Dann gibt es zwei Möglichkeiten der Weiterarbeit. Jede erfordert das Zusammentreffen mit Mitgliedern der anderen Gruppen. Wenn wir eine Gruppe aus 9 Lernenden nehmen, werden die Teilgruppen in einer ersten Phase wie in Abbildung 5.6. dargestellt, organisiert (Jaques, 1984, S. 93):

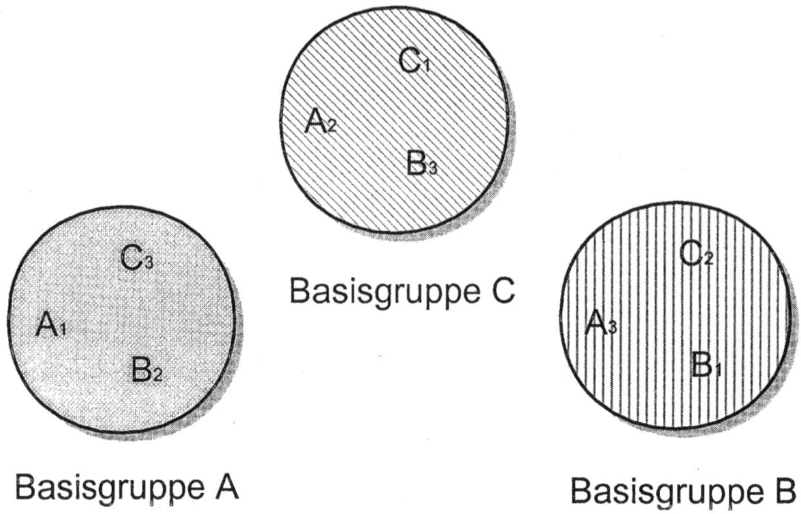

Abb. 5.6: Überkreuzgruppen

Nach einer gegebenen Zeit bewegen sich alle Suffix 2 Personen zu ihrer Basisgruppe (z. B. A2 zu A; B2 zu B; C2 zu C). Nach einer weiteren Zeitspanne bewegen sich die Suffix 3 Personen zu ihrer Basisgruppe. Ist ein vorab festgelegter Zeitraum vergangen, setzen sich alle As zusammen, ebenso alle Bs und alle Cs.

Die Aufgabe eines Teilnehmers, der in eine neue Gruppe geht, kann darin bestehen, die Erkenntnisse aus der Vorgänger-Gruppe zu berichten, ehe die Diskussion in der jeweils neuen Gruppe beginnt.

Überkreuzgruppen sind sehr gut geeignet, um Personen und Informationen auszutauschen; die Methode gestattet eine einfache Organisation, wirkt motivierend und vermeidet Plenumsdiskussionen. Allerdings kann diese Technik auch zur Konfusion hinsichtlich der Lernergebnisse führen. Außerdem besteht die Gefahr, dass eine sich entwickelnde und fruchtbare Diskussion unterbrochen wird.

5.3.3.2. Hufeisen-Gruppen

Die Methode beschreibt eine Organisation, die ohne Aufwand einen Wechsel zwischen Vortrags- und Diskussions-Format gestattet (Jaques, 1984, S. 94f.). Anstatt die Lernenden in einer geraden Linie hintereinander zu formieren, werden runde Tische in einer Hufeisen-Formation mit einer offenen Front gebildet (siehe Abbildung 5.7.).

So kann ein Lehrer an der Tafel für eine bestimmte Zeit Sachverhalte erklären; anschließend folgt eine Problemlöse- oder Interpretationsphase in kleinen Gruppen. Die Hufeisen-Formation erweist sich als vorteilhaft, wenn Lernende an spezifischen Aufgaben arbeiten. Der Leiter kann abwechselnd die Tische betreuen, zuhören oder Fragen beantworten. Taucht ein Problem oder eine Frage auf, die für alle von Interesse ist, kann er diese Aufgabe wieder vor der ganzen Klasse oder Lerngruppe erläutern und dabei auf die Tafel zurückgreifen.

Lernende können im Rahmen von Hufeisengruppen Missverständnisse klären, Unsicherheiten mitteilen und sich gegenseitig unterstützen. Der Leiter kann flexibel betreuen und zuhören. Probleme treten dann auf, wenn einzelne Lernende wenig oder überhaupt nichts beitragen. Für den Leiter gibt es kaum Möglichkeiten Personen, die Schwierigkeiten haben zu identifizieren.

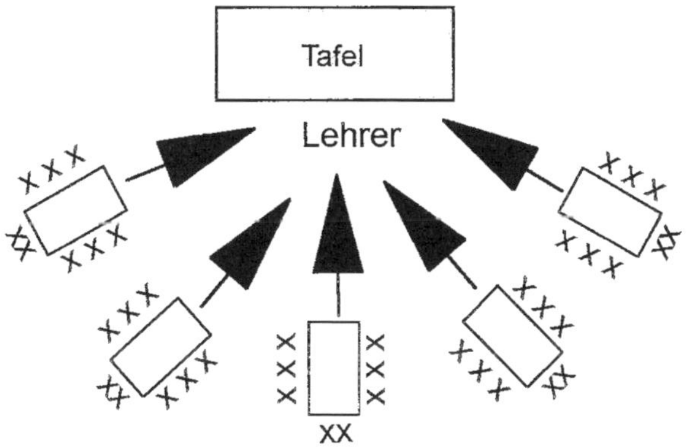

Abb. 5.7: Hufeisengruppen

5.3.4. Übungen zur Förderung von Entscheidungsfindung und Problemlösung

5.3.4.1. Brainstorming

Es handelt sich hier um die wohl bekannteste und am häufigsten genutzte Prozedur zur Anregung des kreativen Denkens. Die Brainstorming-Methode wurde 1938 von Osborn (Grom, 1976) als Reaktion auf das häufig bei geschäftlichen Problemen anzutreffende eingegrenzte Denken entwickelt. In der Tat handelt es sich nur um einen Teil des kreativen Problemlöseprozesses, nämlich die Entwicklung von Ideen. Im Ganzen, umfasst die Methode die folgenden Stadien:

- Fakten finden: Die Definition und Präzisierung des Problems: Vorbereitung und Sammlung sowie Analyse der relevanten Daten.

- Ideen finden: Produktion und Entwicklung von Ideen
- Lösungen finden: Evaluation provisorischer Lösungen und Auswahl sowie (praktische) Umsetzung der ausgewählten Ideen.

Die vier klassischen Regeln für Brainstorming von Alex Osborn (1953 zit.nach Grom, 1976, S. 52) besagen:

1. Kritik findet später statt
2. Freies Gedankenspiel ist willkommen. Je ungezwungener Einfälle sind, desto besser: Es ist leichter, sie wieder auf die Erde herunterzuholen als sie „hochzudenken"
3. Es kommt auf die Menge an. Je größer die Anzahl der Vorschläge, desto wahrscheinlicher, dass unter ihnen ein „Gewinner" ist
4. Suche nach Verbesserung und Kombination der Vorschläge zu neuen Ideen. Neben der Beisteuerung eigener Einfälle sollen die Teilnehmer Anregungen geben, wie die Vorschläge der anderen verbessert oder wie zwei oder mehr zu einem neuen Vorschlag kombiniert werden können.

Wie diese Regeln erkennen lassen, ist das ursprüngliche Brainstorming ganz auf die Lösung von praktischen Problemen ausgerichtet: Wenn man Einfälle für eine Werbeaktion für Verbesserung des Klassenklimas, für die Gestaltung eines Festes oder eines Raumes sucht.

Darüber hinaus kann Brainstorming immer dann angewandt werden, wenn eine angstfreie, spontane, d. h. echte und kreative Atmosphäre nötig ist:

- Beim Suchen und Formulieren von Themen und Lernzielen;
- Beim Bewusstmachen und Sammeln von Erfahrungen, Problemen und Auffassungen, z. B. als Stoffsammlung für eine Diskussion über Konflikte oder für ein Rollenspiel.

Eine typische Brainstorming-Sitzung umfasst die folgenden Schritte:

1. Der Lehrer/Leiter bemüht sich um eine saubere Definition des Problems.
2. Vorbereitung der Randbedingungen, so dass eine offene Kommunikation stattfinden kann; der Leiter führt eine Warm-up-Sequenz durch. Zu diesem Zweck legt er ein Objekt, z. B. einen Plastikbecher, einen Ziegelstein usw. in die Mitte des Raumes und lädt die Teilnehmer ein, spontan ihre Ideen zu äußern, wie man diesen Gegenstand praktisch nutzen könnte.
3. Der Leiter bringt allen Teilnehmern die Regeln in Erinnerung. Eine Tafel oder Pinnwand ist vorbereitet, um die Beiträge sichtbar zu notieren. Anschließend regt er alle Teilnehmer an, ihre eigenen Ideen und Gedanken zu äußern.

4. Die Ideen können durch dieselbe Gruppe, durch eine andere Gruppe oder eine Mischform aus beiden bewertet werden. In einem ersten Schritt empfiehlt es sich, zu fragen, welches die ungewöhnlichste oder extravagenteste Idee der Liste darstellt.
5. Es folgt der Versuch, diesen Beitrag auf seine praktische Anwendbarkeit hin zu überprüfen. Andere Ideen können als praxisrelevanter klassifiziert werden und nachfolgend anhand ihrer Kosten, Einfachheit, Akzeptanz usw. klassifiziert werden.
6. Schließlich folgt eine Diskussion, die die Überprüfung der Anwendbarkeit bzw. Umsetzbarkeit der gewählten Lösungen zum Ziel hat.

Brainstorming ist eine häufig und erfolgreich erprobte Methode zur kreativen Lösung von Alltagsproblemen. Im Kontext von Schule und Hochschule, die üblicherweise kreative Aktivitäten propagieren, aber in der Praxis wenig zu deren Unterstützung beitragen, ist diese Methode – speziell im Kontext von Projekten und offenen Problemstellungen – sinnvoll anwendbar.

Bei der Anwendung erweist es sich als vorteilhaft, dass das Brainstorming einfach zu erlernen ist und Spaß macht. Die Methode kann auf viele praktische Probleme übertragen werden; eine technische Vorbereitung ist nicht erforderlich. Werden die genannten Regeln beachtet, braucht niemand Angst zu haben, sich zu blamieren oder kritisiert zu werden.

5.3.4.2. Ideensalat

Der Ideensalat ähnelt im Kern dem Brainstorming. Auch hier wird davon ausgegangen, dass mehr Ideen und Informationen zusammengetragen werden, wenn zunächst jeder seine Gedanken für sich äußert. Dies geschieht ohne jegliche Bewertung durch die anderen Teilnehmer. Da die schriftliche Ideensammlung Ausgangspunkt vieler Gespräche sein kann, trägt der Ideensalat zum einen dazu bei, verschiedene Lösungsmöglichkeiten für schwierige und komplexe Probleme zu sammeln; zum anderen ermöglicht es diese Methode, das Wissen aller Teilnehmer zu bestimmten Sachverhalten und Wissensbereichen zu erfassen.

Wie alle Varianten des Brainstorming kann der Ideensalat zu Beginn einer Lernsequenz eingesetzt werden, um das Vorwissen zu erfassen oder am Ende, um den Lernerfolg zu überprüfen. Nicht geeignet ist der Ideensalat bei sehr großen Gruppen, da dann die Auswertung der schriftlichen Äußerungen kaum mehr möglich ist. Hier müssen entweder andere Verfahren herangezogen werden oder aber die Großgruppe in mehrere kleinere Gruppen unterteilt werden, die den Ideensalat jeweils separat durchführen.

Der Ideensalat besteht aus drei Phasen.

1. In der ersten Phase erhält jeder Teilnehmer ein leeres Blatt, das in mehrere gleich große Abschnitte unterteilt ist. Es müssen so viele Abschnitte sein wie

Impulse oder Fragen gestellt werden. Zu jedem Impuls/jeder Frage schreiben die Lernenden ihre Einfälle, Lösungsvorschläge, Ideen, Wünsche oder Vorstellungen auf. Dabei muss vorgegeben werden, welcher Abschnitt des Blattes welcher Frage/welchem Impuls gewidmet ist. Die Blätter werden dann aufeinandergelegt und so zerschnitten, dass die Abschnitte mit den Einfällen zum Impuls A auf einem Stapel liegen, die Abschnitte mit Einfällen zu Impuls B auf einem zweiten Stapel usw.

2. In einer zweiten Phase bilden die Teilnehmer Gruppen. Es müssen so viele Gruppen sein wie Stapel vorhanden sind. Jede Gruppe bearbeitet nun einen Stapel, indem sie Doppelnennungen aussortiert, die Einfälle systematisiert, ordnet, kategorisiert und dokumentiert.
3. In einer dritten Phase stellen die Gruppen die Ergebnisse vor. Danach kann eine Diskussion über einzelne Vorschläge oder Wünsche erfolgen. Da diese Ideen schriftlich geäußert wurden, sind sie weitgehend anonym, so dass sich über einzelne Aspekte leichter diskutieren lässt.

Um die erste Phase zu vereinfachen, können bereits zugeschnittene verschieden farbige Kärtchen ausgeteilt werden; jeder Teilnehmer verfügt über je ein Kärtchen einer bestimmten Farbe. Die Anzahl der Farben entspricht genau der Anzahl vorhandener Fragen/Impulse. Der Leiter legt fest, welche Farbe welchen Impuls bzw. welche Frage repräsentiert. Am Ende der Brainstorming-Phase werden nun die Kärtchen nach ihrer Farbe eingesammelt und in der zweiten Phase auf die Gruppen verteilt. Der Vorteil des Verfahrens: Das Zerschneiden der Blätter entfällt, was die Organisation des Ideensalats erleichtert.

Durch die erste Phase erhalten die Teilnehmer die Möglichkeit, ihr Wissen und ihre Einfälle zu intensivieren und sie in Worte zu fassen. In der zweiten Phase sind sie selbst an der Ordnung, Systematisierung und Kategorisierung beteiligt, so dass sie sich als aktive Personen erleben. Dadurch nimmt in der Regel auch die Motivation zu, die Ergebnisse zu ordnen und vorzutragen. In dieser Phase wird überwiegend kooperativ gearbeitet. Das Vorgehen in der Gruppe muss gemeinsam abgestimmt werden, eine Einigung auf die Art der Ordnung und die Vorstellung der Ergebnisse muss erzielt werden. Mehr noch als in der zweiten Phase stehen Austausch und Diskussion im Zentrum. Die einzelnen Gruppen müssen ihre Ergebnisse gegenseitig vorstellen und auf Fragen eingehen. Meist schließen sich daran auch vertiefende Gespräche und Diskussionen an.

5.3.4.3. Methode 6 – 3 – 5

Die Methode 6 – 3 – 5 besagt, dass 6 Teilnehmer je 3 Ideen in 5 Minuten aufschreiben sollen. Die Methode eignet sich dazu, Ideen jeglicher Art zu sammeln, ob es darum geht, ein Programm zusammenzustellen, ein Problem richtig zu definieren oder Lösungsmöglichkeiten zu finden.

Die 6-3-5 Methode sieht den folgenden Ablauf vor:

- Das Problem, das es zu lösen gilt, wird von einer 6er Gruppe genau formuliert und in das 635-Formblatt jedes Teilnehmers eingetragen.
- Jeder der sechs Personen trägt ihren Namen und drei Lösungsansätze auf dem Formblatt ein.
- Innerhalb von 5 Minuten werden zu einem vorgegebenen Thema drei Ideen aufgeschrieben.
- Nach 5 Minuten tauschen die Teilnehmer die Blätter, lesen die Vorschläge des anderen durch, lassen sich zu neuen Ideen anregen und schreiben drei weitere in 5 Minuten auf.
- Diese Prozedur wird so lange durchgeführt, bis jeder seinen Bogen wieder zurück erhält.
- Plenum: alle Gruppe tragen ihre Vorschläge vor.
- Diese werden für alle sichtbar aufgelistet und geordnet.

Die Regeln entsprechen weitgehend jenen der Brainstorming-Methode; sie müssen deshalb nicht mehr ausführlich behandelt werden.

- ◆ Während der Sitzung darf nicht gesprochen werden
- ◆ Kritik an den Vorschlägen ist nicht gestattet
- ◆ Auch die unmöglichsten Ideen dürfen aufgeschrieben werden
- ◆ Erst wenn die Ideen aufgelistet sind, folgt die kritische Aussprache.

5.3.4.4. Synektik

Synektik ist eine strukturierte Methode der Problemlösung die von Gordon (1961, 1971 zit. nach Jaques, 1984, S. 129f.) entwickelt wurde. Synektik erweist sich als besonders hilfreich, wenn es gilt, Blockaden beim kreativen Denken zu überwinden. Zur Anwendung kommen Analogien und Metaphern, die eine Vielzahl von Ideen aktivieren können. Die psychologisch relevanten Stadien sind:

- ◆ Verwicklung und Lösung: eine enge Wechselbeziehung zwischen persönlichen Haltungen, Ideen, Kenntnissen usw. und dem Problem sowie dessen Lösung.
- ◆ Zurückstellung: Vermeidung der Gefahr von vorschnellen und oberflächlichen Lösungen.
- ◆ Spekulation: Die Freiheit, Ideen frei fließen zu lassen.
- ◆ Hedonistisches Verhalten: Gefühle, die in Verbindung mit einer Lösung zu Tage treten, geben Hinweise darauf, in welche Richtung die Diskussion verlaufen sollte.

Die operationalen Mechanismen der Methode sind in der folgenden Tabelle 5.4. zusammengefasst (Jaques, 1984, S. 129f.).

Tab. 5.4: Die Synektik-Methode

Phasen des kreativen Prozesses	Ablauf der Methode „Synektik“
Intensive Beschäftigung mit dem Problem	– Problemanalyse und -definition („Diskutieren“, „Ausreden lassen“, „Konflikte lösen in einer Klasse“) – Spontane Lösungen – Neuformulierung des Problems
Entfernung vom Problem	– Direkte Analogie, z. B. aus der Natur, Geschichte, Politik („Zuhören ist wie ...“) – Symbolische Analogie („Ein Bild finden“)
Herstellung von Denkverbindungen	– Analyse der direkten Analogie – Übertragung auf das Problem („Sozialkompetenz in meiner Klasse“)
Überprüfung und Ausgestaltung der Ideen	– Entwicklung von Lösungsansätzen

Der Leiter ist gut beraten, sich an den folgenden Regeln zu orientieren:

1. Niemals in Konkurrenz mit dem Team treten. Die Ideen eines Gruppenmitgliedes sind ernst zu nehmen.
2. Den Gruppenmitgliedern zuhören: Um die Sichtweise eines Teilnehmer zu verstehen, kann er dessen Perspektive umschreiben oder paraphrasieren.
3. Niemand darf in die Defensive gedrängt oder abgewertet werden: Alles, was gesagt wird, ist wertvoll; es ist die Aufgabe des Leiters diesen Wert herauszufinden.
4. Das Energieniveau hoch halten: Der Leiter sollte interessiert und engagiert wirken und dies auch körperlich zum Ausdruck bringen.
5. Jedes Mitglied in das Team integrieren: Wortreichen Mitgliedern sollte nach einem Beitrag rasch gedankt werden; wenn nötig sollten sie in ihrem Drang gebremst werden; zurückhaltende Mitglieder sind zu motivieren.
6. Das Team nicht manipulieren: Der Leiter sollte sich zurückhalten, auch wenn er eigene Ideen für angemessener hält; seine Aufgabe ist es, die Mitglieder über ihren aktuellen Zustand im Synektik-Prozess zu informieren.

Synektik ist sowohl eine Technik der Problemlösung als auch eine Methode zur Förderung der Kreativität. Durch die Anwendung zahlreicher bewusster, vorbewusster und unbewusster psychologischer Mechanismen, erscheint die Technik bestens geeignet, konzentriertes und spontanes Arbeiten ebenso wie die Wechselbeziehung zwischen rationalen und emotionalen Aspekten zu stimulieren. Ein weiterer Vorteil ist die klar strukturierte Abfolge, die die Teilnehmer dazu anhält, intensiv zu arbeiten. Andererseits ist Synektik eine anspruchsvolle Methode, die den Gruppenmitgliedern beachtliche Fertigkeiten und viel Zeit abverlangt (Jaques, 1984, S. 129f.).

5.3.5. Übungen und Aufgaben für Leserinnen und Leser

Auch Probleme lösen will geübt sein. Die folgende Übung zeigt exemplarisch, wie spielerisch, sinnvolle Kompetenzen entwickelt werden können. Die Leserin oder der Leser wird leicht Beispiele finden, die den Interessen ihrer bzw. seiner Lerngruppe eher entspricht.

- Lernende sammeln Informationen darüber, was sie am Samstagabend tun können. Die gewählten Aktivitäten, sollen mit Hilfe einer „vernetzten Mind Map" veranschaulicht werden.
- Jedes Team vergleicht die Liste der Aktivitäten mit anderen Teams.
- Der Lehrer/Leiter teilt mit, dass jedes Team 200 Euro für den Samstagabend zur Verfügung hat.
- Die Teammitglieder müssen nun entscheiden, was sie mit dem Geld anfangen wollen.
- Verschiedene Vorschläge werden diskutiert. Ein Schriftführer listet die geplanten Aktivitäten auf und notiert, was sie jeweils kosten.
- Ein Berichterstatter teilt die Entscheidungen des Teams der ganzen Gruppe oder Klasse mit. Wichtige Punkte werden an der Tafel festgehalten.
- Alternative: jedes Team hat 100 Euro zur Verfügung und muss entscheiden, wie mit diesem Budget für das ganze Team ein Mahl zubereitet werden kann.

6. Durchführung kooperativer Lernprogramme

In diesem Kapitel werden die folgenden Fragen beantwortet:

1. Welche theoretischen Perspektiven kooperativen Lernens lassen sich unterscheiden?
2. Was sind die inhaltlichen Grundzüge der aktuellen theoretischen Zugänge zum kooperativen Lernen?
3. Wie spiegeln sich die theoretischen Konzepte in praktischen Lernprogrammen wider?
4. Welche bereits erprobten Beispiele und Anwendungen können diese Lernprogramme veranschaulichen?

6.1. Überblick

Es gibt im wesentlichen zwei theoretische Perspektiven, die für die Erforschung der Kooperation grundlegend sind (Johnson & Johnson, 1998): der kognitive und der sozial-behaviorale Zugang.

In den folgenden Abschnitten werden diese beiden Zugänge zum kooperativen Lernen aus jeweils mehreren Perspektiven dargestellt. Darüber hinaus wird auf spezifische Lernprogramme verwiesen, die jeweils an einem Beispiel näher erläutert werden. In einer ersten Annäherung lässt sich konstatieren, dass die genannten Zugänge zum kooperativen Lernen den Fokus der Betrachtung auf jeweils andere Anliegen und Bedingungen der Lernerkooperation richten. Während die kognitiven Zugänge vorzugsweise die Frage nach dem Wie des Wissenszuwachses, also primär nach dem Lernen selbst stellen, beschäftigen sich die sozial-behavioralen Zugänge eher mit der Frage, warum sich Lernende in Kooperationsgruppen zusammenfinden und warum diese Gruppen zusammen bleiben. Selbstverständlich gibt es hinsichtlich dieser Aspekte auch Überschneidungen zwischen beiden Zugängen. Abbildung 6.1. stellt beide Perspektiven einander gegenüber. Die Erläuterung der Teilbereiche erfolgt im Text.

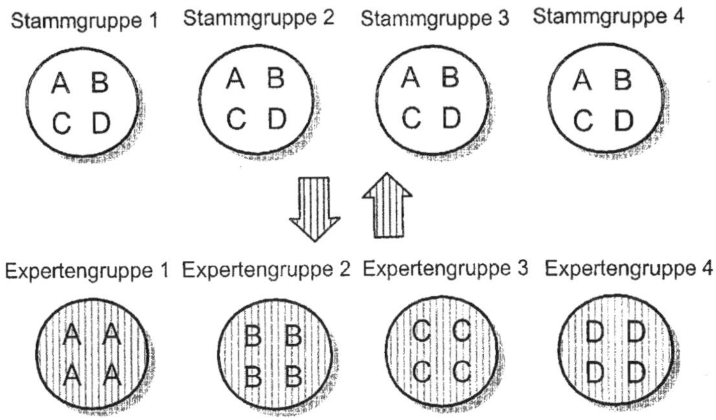

Abb. 6.1: Theoretische Perspektiven des kooperativen Lernens

6.1.1. Perspektive der kognitiven Entwicklung

Die Perspektive der Kognitiven Entwicklung basiert im wesentlichen auf den Ansätzen von Piaget and Vygotsky.

Obwohl Piagets Theorie den Schwerpunkt hauptsächlich auf individuelle Aspekte der kognitiven Entwicklung legt, hat sie systematische empirische Untersuchungen darüber angeregt, wie soziale Wechselwirkungen die kognitive Entwicklung des Einzelnen beeinflussen. Die Arbeiten im Umfeld von Piaget (1928, 1965) gehen von der folgenden Prämisse aus: Wenn Individuen mit der Umgebung kooperieren, kommt es zu sozial kognitiven Konflikten, die ein kognitives Ungleichgewicht hervorbringen, das seinerseits Fähigkeiten zur Perspektivenübernahme („perspective-taking ability“) und zur kognitiven Entwicklung anregt.

Während sich die sozial-kognitive Annäherung auf die individuelle Entwicklung im Kontext sozialer Wechselwirkung konzentriert, fokussiert der sozial-kulturelle Ansatz die kausalen Beziehungen zwischen sozialer Wechselwirkung und individueller kognitiver Veränderung. Für die Arbeiten von Vygotsky (1978) ist grundlegend, dass Wissen im Kern sozial organisiert ist; es resultiert aus sozial-kooperativen Aktivitäten des Lernens, Verstehens und Problemlösens. Den Überlegungen Vygotskys (1978) zufolge entspringt die individuelle Dimension der sozialen und ist deshalb als zweitrangig zu sehen. Im Verlauf der Internalisierung werden diese sozialen Prozesse (innerhalb der Zone der proximalen Entwicklung) umgewandelt und dadurch in ihrer Struktur und Funktion verändert und stellen schließlich interne psychische Prozesse dar.

6.1.2. Die sozial-behaviorale Perspektive

Im Unterschied zur kognitiven Entwicklung stehen hier weniger Gruppenprozesse, dafür mehr Ziele, Aufgaben und Ergebnisinterdependenzen im Zentrum. Unter der Akzentuierung der sozialen Kohäsion haben vor allem Lewin und sein Schüler Morton Deutsch, wesentliche Gedanken zur sozialen Wechselbeziehung formuliert. Dabei geht Deutsch über die Überlegungen von Lewin hinaus und begründet eine Theorie der Kooperation und des Wettbewerbs (Deutsch, 1962).

Nach Deutsch (1962, 1973) tritt Kooperation auf, „... wenn Mitglieder einer Gruppe auf ein gemeinsames Ziel hinarbeiten ('share common goals') und die Bewältigung des Ziels für den einzelnen nur erreichbar ist, wenn auch die anderen Gruppenmitglieder ebenfalls das Ziel erreichen." (O'Donnell & O'Kelly, 1994, S. 326; Johnson & Johnson, 1989). Diese Abhängigkeit der Gruppenmitglieder voneinander wird als „positive Interdependenz" bezeichnet.

Soziale Wechselbeziehung ist zum einen von sozialer Abhängigkeit zu unterscheiden (z.B. werden die Resultate einer Person von den Handlungen einer zweiten Person beeinflusst, aber nicht umgekehrt); zum anderen bestehen Unterschiede zum Terminus „soziale Unabhängigkeit" (z.B. die Resultate des Einzelnen werden nicht durch die Aktivitäten des jeweils anderen determiniert). Zwei Formen sozialer Wechselbeziehung lassen sich voneinander abgrenzen: Kooperation und Konkurrenz. Das Fehlen von sozialer Unabhängigkeit und Abhängigkeit führt zu individualistischen Aktivitäten.

Verhaltenstheoretische Überlegungen im Rahmen der sozial-behavioralen Perspektive fokussieren darüber hinaus den Einfluss von Gruppenverstärkungen und Belohnungen im Lerngeschehen. Der soziale Austausch zwischen unabhängigen Individuen wird durch Begriffe wie „Gruppenkontingenzen", „Imitation" und „Balance" von Kosten und Nutzen beschrieben.

Vor dem Hintergrund der beiden grundlegenden theoretischen Entwicklungslinien sind einige kooperative Lernprogramme in der letzten Zeit besonders intensiv studiert worden. Sie sollen im folgenden eingehender beschrieben werden. Wie aus Tabelle 6.1. hervorgeht, handelt es sich dabei um fünf Perspektiven.

Tab. 6.1: Perspektiven des Kooperativen Lernens

Was wird betrachtet?	**Motivationale Perspektive**	**Sozial-Kohäsive Perspektive**	**Kognitive Elaboration**	**Kognitive Entwicklung nach Piaget**	**Kognitive Entwicklung nach Vygotzky**
Ziele / Anreize	Belohnung wichtig	Belohnung unwichtig	Belohnung unwichtig	Belohnung unwichtig	Belohnung unwichtig
Gruppengröße	Groß (4–6)	Groß (4–6)	Klein (2–4)	Klein	Zweiergruppe
Gruppenzusammensetzung	Heterogen	Heterogen	Heterogen z. T. homogen	Heterogen	Heterogen
Aufgaben	Wiederholen	Einüben, Integrieren	Einüben, Integrieren	Explorieren	Fertigkeiten
Rolle des Lehrers	Chef	Helfer	Helfer	Helfer	Modell/ Anleiter
Potentielle Probleme	Rolle der Belohnung; Gruppengröße	Mangelnde soziale Fertigkeiten; Soziales „Loafing"	Mangelnde Unterstützung; Ungleiche Partizipation	Inaktivität; Ausbleiben kognitiver Konflikte; Mangelnde Unterstützung; Problem, sich in das Denken des Einzelnen hineinzuversetzen	
Wie zu lösen?	Einfache Aufgaben; soziale Kohäsion; Messung der individuellen Verbesserung (nicht der absoluten Leistung)	Gruppenarbeit; Konfliktlösestrategien; Diskussion des Gruppenprozesses	Vermittlung von Hilfestellungstechniken, Vorführen des Hilfegebens; Vorstrukturierung der Interaktion	Strukturierte Kontroverse	Unterweisung im gegenseitigen Hilfegeben

In den folgenden Abschnitten sollen die Perspektiven der Kooperation zunächst in den wesentlichen Grundzügen erläutert und anschließend an einem Beispiel weiter veranschaulicht werden. Abbildung 6.2. gibt einen Überblick zu den weiteren Ausführungen.

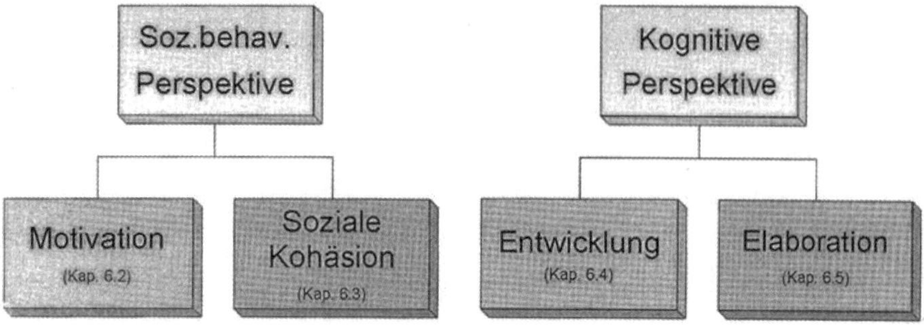

Abb. 6.2 Perspektiven kooperativen Lernens

6.2. Motivationale Perspektive

6.2.1. Student Teams Achievement Divisions – STAD

Ein häufig im Unterricht praktiziertes kooperatives Lernprogramm wurde von Robert Slavin (1983, 1995) entwickelt. Er hat ihm die Bezeichnung STAD (engl. Student Teams Achievement Divisions) gegeben. Beim STAD-Programm sind zwei zentrale Prinzipien wirksam: gemeinsame Gruppenziele und individuelle Verantwortlichkeit. Das Interdependenz-Prinzip bedeutet, dass durch die Gruppenbelohnung eine wechselseitige positive Abhängigkeit zwischen den Gruppenmitgliedern aufgrund gemeinsamer Belohnungs- und Zielstrukturen entsteht. Jeder Teilnehmer kümmert sich stets auch um die Fortschritte der anderen.

Das Prinzip der individuellen Verantwortlichkeit besagt, dass ein Gruppenmitglied für seine Beiträge und Leistungen selbst verantwortlich ist. Die individuell erfassten Prüfungsleistungen werden abschließend zu einem Gruppenergebnis zusammengefasst.

Die Durchführung einer STAD-Sequenz benötigt für gewöhnlich vier Unterrichtseinheiten und durchläuft folgende beliebig oft wiederkehrende Lernzyklen:

1. Unterricht: Das zu bearbeitende Thema wird eingeführt. Der Lehrer/Leiter präsentiert und erläutert Begriffe, Zusammenhänge usw.
2. Gruppenarbeit: Die Lernenden prägen sich die Lerninhalte ein. Sie setzen sich – beispielsweise auf der Grundlage von Arbeitsblättern – in der Arbeitsgruppe mit den anstehenden Aufgaben auseinander.
3. Überprüfung: Die Ergebnisse werden individuell überprüft. Dazu bearbeiten die Teilnehmer einzeln Prüfungsaufgaben.

4. Anerkennung der Gruppe: Die Ergebnisse werden zu Gruppenwerten aufsummiert. Grundlage des Gesamtwertes der Gruppe sind die individuellen Fortschritte. Durch Vergleich sämtlicher Gruppen lässt sich das jeweils erfolgreichste Team bestimmen, dessen Leistungen öffentlich anerkannt werden.

Bevor der Leiter mit dem Gruppenunterricht beginnt, hat er bereits wiederholt in seinem Unterrichtsfach Leistungsüberprüfungen durchgeführt. Aus den Ergebnissen errechnet sich für jeden Teilnehmer ein Mittel- oder „Basiswert". Auf diese Basiswerte wird der Lehrer/Leiter zurückgreifen, wenn er jede Gruppe so zusammenstellt, dass sich darin jeweils Mitglieder unterschiedlicher Leistungsstufen finden.

Die optimale Gruppe besteht aus vier bis fünf Teilnehmern und ist möglichst leistungsheterogen. Zur Gruppenbildung schlägt Slavin (1995) folgendes Vorgehen vor: Die Gruppe wird nach ihren früheren Leistungen absteigend geordnet. Die Liste beginnt mit den leistungsstärksten Mitgliedern und endet mit den leistungsschwächeren. Danach wird die Liste in vier Abschnitte unterteilt; jeweils ein Lernender einer jeden Leistungsstufe wird einer Gruppe zugeordnet. Überzählige ordnet man als fünfte Mitglieder den Gruppen zu. Auch Geschlecht und ethnische Herkunft können auf diese Weise ausgewogen verteilt sein.

In einem nächsten Schritt des STAD-Programms werden die Unterrichtsinhalte präsentiert. Anschließend folgt die Gruppenarbeit. Dazu hat der Lehrer/Leiter Arbeitsblätter mit Aufgaben bzw. Anweisungen vorbereitet, die eine Anwendung des zuvor Dargestellten erfordern. Jedes Mitglied der Arbeitsgruppe setzt sich mit den Aufgaben zunächst allein auseinander und vergleicht sodann die eigenen Antworten mit denen der übrigen Gruppenmitglieder. Kommt keine Übereinstimmung zustande oder treten in der Bearbeitungsphase Schwierigkeiten auf, wird versucht, das „Problem" durch Zusammenarbeit zu lösen. Der Leiter soll nur in Ausnahmefällen zu Rate gezogen werden.

Die einzelnen Gruppen setzen die Beschäftigung mit den Arbeitsblättern solange fort, bis sie in der Gewissheit übereinstimmen, dass alle Mitglieder sämtliche Aufgaben beherrschen (die 45-Minuten-Dauer einer normalen Unterrichtsstunde müsste allerdings unter dieser Bedingung aufgehoben werden).

Nachdem die Gruppenarbeit beendet ist, erfolgt eine Überprüfung des Gelernten. Dazu nehmen die Mitglieder aller Arbeitsgruppen an einem informellen (vom Lehrer/Leiter erstellten) Test teil. Die Prüfung orientiert sich am einzelnen Teilnehmer. Eine Zusammenarbeit ist in dieser Phase nicht vorgesehen.

Es schließt sich die Auswertung der Tests durch den Lehrer/Leiter an. Er vergleicht dabei das Ergebnis eines jeden Teilnehmers mit dessen Basiswert.

Das Hauptziel der von Slavin entwickelten Methode besteht darin für jeden Teilnehmer zu ermitteln, inwieweit sich seine Leistungen verbessert haben. Je mehr das individuelle Testergebnis den eigenen Basiswert übertrifft, desto mehr „Fortschrittspunkte“ (engl: „improvement points“) werden zuerkannt. Die Anzahl der Fortschrittspunkte hängt, wie bereits erwähnt, nicht von einer sozialen Bezugsnorm, sondern vom Grad der individuell aufgebrachten Anstrengung ab. Wenn beispielsweise ein Schüler von einem Basiswert von 65 ausgegangen ist und im Test nach der Gruppenarbeit 70 Punkte erreicht, erhält er den gleichen Punktestand wie ein anderer Schüler, der seine Leistung von 80 auf 85 erhöht hat.

Der Lehrer/Leiter errechnet abschließend den Gesamtwert einer Gruppe, indem er die individuellen Fortschrittspunkte addiert und die Summe durch die Anzahl der Mitglieder teilt. Durch Vergleich sämtlicher Gesamtwerte lässt sich nunmehr ermitteln, welche Gruppe den Wettbewerb gewonnen hat. Hervorzuheben ist, dass es hier nicht um einen individuellen, sondern um einem Gruppenwettbewerb geht. Die „Gewinner der Woche“ werden öffentlich bekannt gegeben. In gewissen zeitlichen Abständen, etwa alle zwei Wochen, werden die Fortschrittspunkte aktualisiert, nachdem weitere Gruppenarbeiten stattgefunden haben und das Ergebnis ihrer Bemühungen wiederholt überprüft worden ist. Nach etwa fünf oder sechs Wochen stellt der Lehrer/Leiter neue STAD-Teams zusammen. Damit erhalten Gruppenmitglieder, die wiederholt geringe Gesamtwerte erreicht haben, die Gelegenheit, in veränderten Zusammensetzungen bessere Gruppenleistungen zu erreichen.

6.2.2. Ein Beispiel aus dem Erdkundeunterricht

Ein Lehrer gibt einen Überblick zum europäischen Kontinent. Dabei kommt er auf den Kontinent Europa, auf die Landschaften Europas, auf die Vegetation und das Klima und auf die Entstehungsgeschichte und Topographie zu sprechen. Er erläutert diese Themen mit Hilfe des Schulbuches und verschiedenen Karten, Skizzen, Grafiken, Tabellen und Bildern. Zum Üben und Wiederholen des Stoffes und zur Vorbereitung einer Leistungsprüfung möchte er eine Gruppenrallye durchführen. Hierfür muss er zunächst entsprechendes Material herstellen. Beispielsweise können Arbeitsblätter mit bestimmten Aufgaben erstellt oder auch Aufgaben aus dem Schulbuch zur Bearbeitung angegeben werden. Zu jeder Aufgabe muss es ein Lösungsblatt mit dem Lösungsweg geben, so dass die Schüler die Aufgaben überprüfen und die Ergebnisse nachvollziehen können. Danach gilt es, zwei Tests, die sich in ihrem Schwierigkeitsgrad und in der Anzahl der Aufgaben gleichen und dem Anforderungscharakter der bearbeiteten Aufgaben entsprechen, zu entwickeln.

In dieser Phase erklärt der Lehrer seinen Schülern noch einmal den Sinn und Zweck der Gruppenrallye (STAD) und verdeutlicht den Ablauf der Methode.

Danach erfolgt der Vortest (1. vorbereiteter Test), auf dessen Basis die Schüler leistungsheterogenen Gruppen zugewiesen werden können.

Nach der Gruppenbildung bearbeiten die entstandenen Teams die vom Lehrer vorbereiteten Arbeitsblätter. Lösungen werden gemeinsam gesucht, Unverstandenes gegenseitig erklärt, weitere Informationen eingeholt. Die Schüler üben, fragen einander, erklären und kontrollieren sich so lange, bis jedes Gruppenmitglied die Aufgaben auf den Arbeitsblättern lösen kann. Die Gruppenarbeit nimmt ca. 2–3 Stunden in Anspruch.

In der folgenden Stunde wird dann der Test zur Überprüfung des Lernfortschritts (2. Test) durchgeführt. Im ersten Schritt berechnet der Lehrer die individuellen Fortschritte aller Schüler aus der Differenz der Prüfungspunkte (Ergebnis 2. Test) und den Basiswerten (Ergebnis 1. Test). Die Fortschrittswerte sind auf ein Maximum von 10 Punkten begrenzt; bei schlechterem Abschneiden werden keine Minuspunkte verteilt.

Zur Berechnung der Gruppenwerte addiert der Lehrer die Fortschrittspunkte von vier Schülern jeder Gruppe. Die Belohnung erfolgt in Form von Zertifikaten oder einer Veröffentlichung an der Wandtafel. Im Anschluss an die Rallye wird eine Metareflexion durchgeführt. Daraus gewonnene Erkenntnisse werden in späteren STAD-Sequenzen genutzt.

Aufgaben / Fragen zur Selbstreflexion

1. Welche beiden Dimensionen beinhaltet das STAD-Programm?
2. Welche Rolle spielt die individuelle Anstrengung bei dieser Methode?
3. Wie bewerten Sie diesen Ansatz? Wo sehen Sie die Vorteile? Wo erkennen Sie Nachteile?
4. Führen Sie eine Metakommunikation mit Ihrer Klasse nach der Gruppenrallye durch und notieren Sie sich, wo die Schüler Probleme hatten und was ihnen besonders gut gefallen hat.

6.3. Perspektive der sozialen Kohäsion

In der Sichtweise der sozialen Kohäsion beruht Kooperation auf dem Interesse einzelner Personen, die Einzelleistungen bei der Arbeit zu verknüpfen und einem gemeinsamen Ziel unterzuordnen (Johnson, 1991). Das Gefühl der Verantwortung für andere und der Wille zu helfen, mündet in eine Gruppenidentifikation, die ihrerseits eine positive Interdependenz begründet. Um Missverständnissen vorzubeugen: Mit dem Gefühl der Verantwortung ist eher Altruismus, nicht aber ein etwaiges Gefühl des „Verpflichtetseins" gemeint. Techniken, die den Gruppenzusammenhalt auf einer solchen altruistischen Basis besonders ernst nehmen, sind z. B. das Gruppenpuzzle („Jigsaw-Technik" nach Aronson, 1978), das Gemeinsame Lernen („Learning together" nach Johnson, 1991) und Kleingruppenprojekte („Groupinvestigation“ nach Sharan & Hertz-Lazarowitz, 1980).

6.3.1. Das Gruppenpuzzle

Die Jigsaw-Methode, zu deutsch Puzzle-Technik, wurde in den 1970er Jahren von Aronson vorgeschlagen. Sie funktioniert nach dem Prinzip der sozialen Kohäsion. Lernende helfen einander, weil ihnen etwas an der Gruppe liegt. Es ist daher auch ein Anliegen dieser Technik, die prosozialen Verhaltensweisen der Teilnehmer zu fördern.

Das Gruppenpuzzle will nicht nur Möglichkeiten anbieten, wie das Lernen zu organisieren ist, es will bedeutsame, sinnvolle Lernerfahrungen anregen. Die Teilnehmer müssen vom Wert ihrer eigenen Beiträge zum Gruppengeschehen und von der Bedeutung der anderen Teilnehmer überzeugt sein. Diese Überzeugungen entwickeln sich über einen längeren Zeitraum hinweg, wenn sie an persönlich relevanten, authentischen und anregenden Aktivitäten teilhaben. Je mehr die Lernenden in das Gruppengeschehen integriert sind, desto besser wird es ihnen gelingen, ihr Denken zu artikulieren, anderen zuzuhören, unterschiedliche Gedanken zu integrieren und nach Anwendungsmöglichkeiten zu suchen.

Nach Aronson (1984) fördert das Gruppenpuzzle die Zusammenarbeit durch eine sogenannte „strukturierte Interdependenz“. Die Teilnehmer sind nicht durch Wettbewerb, sondern durch spezifische Aufgabenstellungen voneinander abhängig. Üblicherweise umfasst eine Puzzlegruppe vier bis sechs Mitglieder. Ein typisches Gruppenpuzzle ist sowohl im Rahmen traditioneller als auch im Kontext reformpädagogisch angelegter Bildungspläne anwendbar.

6.3.1.1. Ablauf des Gruppenpuzzles

Vier Phasen lassen sich unterscheiden:

1. Einführung: Der Lehrer/Leiter organisiert heterogene Kern- oder Basisgruppen (Stammgruppen, bestehend aus 4–6 Teilnehmern). Dann führt er Themen, Texte, Informationen oder Materialien ein. Er erläutert, warum das Thema wichtig ist und wie es mit dem bisher Gelernten zusammenhängt. Wichtig ist es, die Teilnehmer zu motivieren.
2. Expertengruppen: In den Stammgruppen wählen sich die Gruppenmitglieder aus den vorgeschlagenen Aufgaben eine aus und wechseln dann in die Expertengruppe. Was die Aufgabe anbelangt, handelt es sich um homogene Gruppen: jene Teilnehmer setzen sich zusammen, die die gleiche Aufgabe gewählt haben. Dort arbeiten sie gemeinsam an dem gewählten Thema. Sie stellen sich gegenseitig Fragen, machen sich Notizen oder lösen anstehende Probleme. Wichtig ist dabei stets die Überlegung, wie sie anschließend als Experte ihr Wissen in der Puzzle-Gruppe weitergeben. Voraussetzung für den

Erfolg ist die Offenheit der Teilnehmer. Sie müssen sich austauschen, sich gegenseitig unterstützen und ihre Ideen einbringen, damit anschließend alle als Experten in die Puzzle-Gruppen gehen können.

3. Puzzle-Gruppen: Die Teilnehmer treffen sich wieder in ihren (heterogenen) Basisgruppen. Dort berichten sie nacheinander über ihre Arbeit in den Expertengruppen. Wichtig ist die Diskussion und die Vertiefung der Präsentationen. Dabei müssen offen gebliebene Fragen geklärt werden, so dass am Ende eines Expertenvortrags jedes Mitglied der Kerngruppe den Zusammenhang verstanden hat.
4. Dieses Verständnis wird dann in der Evaluationsphase überprüft. Hier erhalten die Experten Aufschluss darüber, wie sie ihr Wissen vermittelt haben. Außerdem kann die Gruppe darüber sprechen, wie sie insgesamt zusammengearbeitet hat. Schließlich werden die Einzelergebnisse integriert und reflektiert. Beispielsweise präsentieren die Mitglieder die Ergebnisse ihrer Basis- oder ihrer Expertengruppe. Der Lehrer/Leiter unterstützt die Reflexion der Ergebnisse durch zielgerichtete Fragen zur Gruppenarbeit, zur Gruppendynamik oder zu notwendigen Veränderungen in zukünftigen Gruppensequenzen.

Für die Darstellung der Ergebnisse stehen verschiedene Möglichkeiten zur Auswahl:

- ein Test mit Fragen zu den jeweiligen Expertengruppen, die von allen Teilnehmern beantwortet werden müssen.
- die Basisgruppen veröffentlichen ihre Ergebnisse mit Hilfe einer Wandzeitung.
- die Ergebnisse werden durch eine Mind-Map oder eine andere Form der grafischen Wissensdarstellung verdeutlicht, die jeder Teilnehmer einzeln anfertigt.

Letztlich ist es das Ziel des Gruppenpuzzles, den Informations- und Wissenserwerb in einem Team zu unterstützen. Obgleich Wissen gemeinsam erarbeitet wird, hängt es von jedem einzelnen Teilnehmer ab, wie effizient der Informationserwerb verläuft. Die Teilnehmerinnen und Teilnehmer können nur dann erfolgreich arbeiten, wenn sie zusammen arbeiten und sich aufeinander verlassen können.

Das Gruppenpuzzle empfiehlt sich besonders für die Einführung neuer Themenbereiche und Unterrichtseinheiten. Es versteht sich von selbst, dass Expertengruppen nur als solche verstanden werden können, wenn der Großteil der Informationen für alle Lernenden relativ neu ist. Da dies bei Übungs- und Wiederholungsaufgaben kaum der Fall sein dürfte, sind solche Aufgaben weniger für die Durchführung eines Gruppenpuzzles geeignet.

Zum besseren Verständnis des Wechselspiels zwischen Stammgruppen und Expertengruppen soll dieses Kernelement des Gruppenpuzzles nun noch einmal illustriert werden.

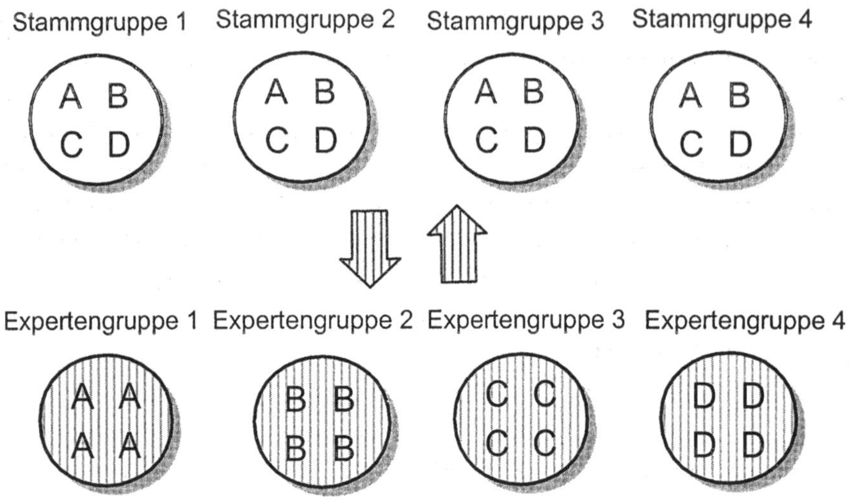

Abb. 6.3: Stammgruppen und Expertengruppen

Da der Austausch in den Stammgruppen oft nicht den erwünschten Erfolg bringt, wurde das Gruppenpuzzle mittlerweile erweitert, bzw. einzelne Elemente besonders betont:

1. Die Weitergabe des Wissens in den Stammgruppen wird systematisch vorbereitet. Haben die Experten ihr Wissen erarbeitet, sollen sie sich überlegen, wie sie dieses sinnvoll und ansprechend präsentieren können. Dabei können sie Visualisierungshilfen vorbereiten, einzelne Handlungsschritte planen usw.

2. Außerdem bereiten die Experten Verarbeitungsaufgaben vor. Gemeint sind Kontrollfragen, Übungsaufgaben, zu bearbeitende Fallbeispiele oder kognitive Landkarten. Damit verläuft die Arbeit in den Expertengruppen künftig zweistufig: Erst die Sachfragen, dann die didaktische Arbeit.

3. Jeder einzelne Lerner erhält eine Rückmeldung über den persönlichen Lernzuwachs. Dazu werden zu Beginn des Gruppenpuzzles die Vorkenntnisse erfasst. Am Ende der Übung wird der Leistungsstand erneut festgestellt.

Bisherige Erfahrungen zeigen, dass diese drei Änderungen zu signifikanten Verbesserungen der Ergebnisse des Gruppenpuzzles führen (Huber, 1999).

6.3.1.2. Beispiel 1: Gemeinschaftskundeunterricht

Im folgenden wird die Methode des Gruppenpuzzles an einem Beispiel aus der 7. Klasse veranschaulicht.

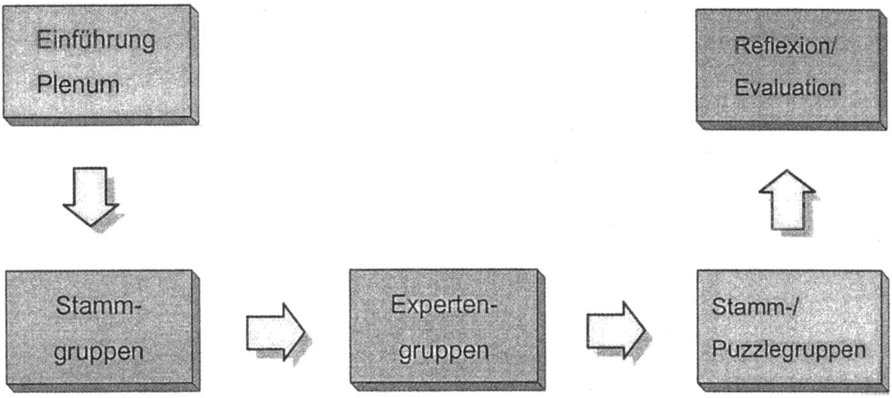

Abb. 6.4: Ablauf des Gruppenpuzzles

- Der Lehrer erklärt zunächst ausführlich wie ein Gruppenpuzzle funktioniert. (siehe Abbildung 6.4.)
- Er führt Begriffe wie Stamm- und Expertengruppen ein und erläutert genau das schrittweise Vorgehen.
- Die Schüler der einzelnen Gruppen erhalten die Texte 1–4 (siehe Abbildung 6.5.), so dass in jeder Stammgruppe alle Texte vorhanden sind. Die präsentierten Texte stammen aus verschiedenen Gemeinschaftskundebüchern des 7. Schuljahres für Realschulen.
- Die Schüler mit den gleichen Texten treffen sich in den Expertengruppen und bearbeiten ihre Texte. Anschließend treffen sich die Schüler in den Stammgruppen und tauschen die neu gewonnenen Informationen aus.

Text 1

Leben in der Gemeinschaft

Fast 4,5, Milliarden Menschen bevölkern zur Zeit unseren Planeten Erde. Sie alle leben in Nationen, Ländern, Städten, Gemeinden und Gruppen zusammen. Der Mensch wird - im Gegensatz zu den meisten Tieren als hilfloses Wesen geboren und ist somit auf andere zwingend angewiesen. Dies ist ein Grund dafür, daß das menschliche Leben nur als Zusammenleben möglich ist. Dabei hat jeder Mensch Kontakte mit einer mehr oder weniger großen Zahl von Mitmenschen. Sowohl zu Hause als auch in der Schule, am Arbeitsplatz oder in der Freizeit, überall kommt er mit anderen zusammen.
Jeder einzelne ist Teil seiner Umwelt, in die er hineingeboren ist. Niemand könnte sich ganz dem Kontakt mit seinen Mitmenschen entziehen. Die Notwendigkeit, gemeinsam das Leben zu gestalten, führt zur Gemeinschaft von Menschen. Kameradschaft, Freundschaft und Partnerschaft sind Bestandteile dieser Gemeinschaft. Das gute Verhältnis von Menschen untereinander kann bewirken, daß die Personen in einer Gemeinschaft aufeinander eingehen, sich untereinander helfen.

Text 2

Was ist eine Gruppe?

In jeder Schulklasse verstehen sich einige Schüler besonders gut. Sie arbeiten im Gruppenunterricht lieber zusammen als mit anderen. Sie sind in der Pause zusammen und treffen sich auch außerhalb der Schulzeit. Solche Verbindungen zwischen zwei oder mehr Menschen, die regelmäßig und andauernd Beziehungen zueinander haben, nennt man Gruppen.
Eine Gruppe wird erkennbar durch das gemeinsame Handeln meherer Menschen in einer bestimmten Zeit und in bestimmten räumlichen Verhältnissen. Die Gruppe verfolgt dabei gemeinsame Ziele und entwickelt ein Wir-Bewußtsein. Daraus entsteht ein Verantwortungsbewußtsein für die Gruppe. Meist verhalten sich ihre Mitglieder nicht nach genau festgelegten formellen Regeln. Es gibt aber auch Gruppen, die sehr viel fester gefügt sind. Wer zu einer Schulklasse gehört, muß ein bestimmtes Alter haben, in die gleiche Schule gehen, Leistungen erbringen, die für die Klassenstufe vorgesehen sind, und sich an die Regeln halten, die für die Schule oder Klasse gelten.

Text 3

Wir können nur in Gruppen (über)-leben!

Was würde das Kleinkind machen ohne die Pfeile seiner Eltern? Wie könnte ein Auszubildender einen Beruf ohne die Anleitungen seines Meisters erlernen? Kleinkind und Auszubildender sind abhängig von ihren Bezugspersonen. Auch ein Fußballspieler ist abhängig von seinen Mannschaftskameraden wie der Schüler abhängig ist von seinem Lehrer. Grundsätzlich können wir aber verschiedene Formen der Abhängigkeit unterscheiden: diejenigen, in die man sich freiwillig begibt, und diejenigen, die naturgegeben sind.

Es gibt Gruppen, in die wir hineingeboren werden (Familie), Gruppen, bei denen unsere Mitgliedschaft verpflichtend ist (Schule), und Gruppen, in die man freiwillig eintritt (Verein). Zwar ist dort unser Beitritt freiwillig, aber auch in diesen Gruppen (Sportvereine) werden bestimmte Erwartungen an uns gestellt, die wir einhalten müssen.

Text 4

Verschiedene Gruppen:

In unserer Gesellschaft wachsen fast alle Kinder in einer Familie auf. Viele besuchen den Kindergarten und nahezu alle eine Schule. Jeder von uns hat Verwandte, Nachbarn, Freunde oder Bekannte. Wir organisieren uns in Vereinen oder in Gruppen, wo wir z.B. gemeinsam Briefmarken sammeln, wandern, Tischtennis spielen und vieles andere unternehmen können. Auch als Erwachsener gehört man verschiedenen Gruppen an. So werden in einem Betrieb mit mehreren tausend Beschäftigten meist Gruppen von wenigen Personen zusammengestellt, die in bestimmten Arbeitsbereichen tätig sind. Es bilden sich Gruppen von Kollegen, die gemeinsam zum Essen gehen oder nach dem Dienst zusammen Karten spielen.

Das Gruppenverhalten wird geprägt duch die gemeinsamen Ziele, welche die Gruppe sich stellt. Fast alle Menschen gehören mehreren Gruppen an. In manchen Gruppen bleiben sie ihr ganzes Leben lang, andere Gruppen verlassen sie nach einiger Zeit wieder. Die Gruppen prägen auch das Verhalten der einzelnen Mitglieder.

Abb. 6.5: 4 Texte als Puzzleteile

Im Folgenden wird ein Beispiel wiedergegeben, wie sich Schüler in einer Stammgruppe während des Gruppenpuzzles gegenseitig ihre Texte erläuterten. Die Sprecher sind jeweils durch den Anfangsbuchstaben ihres Vornamens gekennzeichnet.

M1: Es steht in meinem Text, dass der Mensch von Geburt an ein hilfloses Wesen ist und eine Mutter braucht, weil es sich selbst keine Milch und so kochen kann. Auch in der Schule, am Arbeitsplatz, in der Freizeit oder zu Hause ist es besser, wenn man jemanden hat, mit dem man etwas zusammen machen kann. Es geht in der Gemeinschaft besser, da man in der Gemeinschaft besser aufeinander eingehen kann und einander helfen kann. Der Mensch braucht andere Menschen, um leben zu können. Er braucht Kameradschaft, Freundschaft usw.. Ohne dies kann er nicht leben, weil er auch auf andere Menschen angewiesen ist. Menschen müssen füreinander sorgen, einer kann nicht alles machen, deshalb muss der Mensch in der Gemeinschaft leben.

A1: In Text 2 steht drin, dass eine Gruppe aus zwei oder vier Menschen besteht, die sich fast immer treffen, in der Pause oder in der Freizeit oder sonstwo. Wenn diese sich regelmäßig treffen und auf Dauer und sich gut verstehen, dann spricht man von einer Gruppe. Zum Beispiel in einer Clique, da hat es ja auch Mädchen und Jungen, die sich gut kennen und verstehen. Die Gruppe hat auch gemeinsame Ziele. Sie übernehmen Verantwortung für sich und die Gruppe, d. h. jeder hilft jedem.

H1: Jetzt kommt Text 3. Das Grundprinzip dieses Textes ist, dass der Mensch nur in Gruppen überleben kann. Es gibt verschiedene Arten von Gruppen. Es gibt die Familie, in diese Gruppe wird man hineingeboren und egal, wo man ist, man gehört immer zur Familie. Bei einem Verein ist es so, wenn du nicht mehr willst, dann bleibst du halt weg. Das sind dann Wahlgruppen und das war das wichtigste in meinem Text.

W1: Text 4: Hauptthema dieses Textes ist, was es für Gruppen gibt. Die habe ich mir herausgeschrieben:

Alltagsgruppen, in die der Mensch hineinkommt, wie Schule, Kindergarten usw.

Dann Gruppen, die man wählt: Wandergruppen, Sportgruppen oder so.

Dann Gruppen, in die man hineinwächst: Verwandte, Bekannte, Nachbarn. Alle Menschen gehören verschiedenen Gruppen an.

A2: Sind die dann gegeneinander?

W2: Nein, d. h. nur, dass es verschiedene Gruppen gibt, zu denen ein Mensch gehört, z. B. hat jeder eine Familie, Freunde, geht in die Schule usw..

M2: Ich verstehe H.'s Text noch nicht ganz!

H2: Wir können nur in Gruppen überleben, weil wir alleine sterben würden an Einsamkeit, weil wir ohne die Hilfe anderer alles alleine machen müssen und das nicht können. Damit es uns gut geht, brauchen wir andere Menschen.

A3: Kannst du deinen Text nochmals zusammenfassen?

M3: Die Menschen sollen in Gruppen hineinfinden, sie brauchen diese Gruppen, damit sie nicht alleine sind, damit sie Hilfe und Unterstützung erhalten.

Anschließend versuchten die Mitglieder aller Gruppen gemeinsam die Texte als Merksätze zusammenzufassen. Folgender Text kam als Tafelanschrieb zustande:

Die Menschen bilden zusammen eine Gemeinschaft, ohne die niemand leben kann. Jeder von uns hat im Verlauf eines einzigen Tages mit verschiedenen Menschen zu tun. Er gehört zu verschiedenen Gruppen und erlebt unterschiedliche Situationen. Gruppen sind also Verbindungen zwischen zwei oder mehr Personen, die regelmäßig und andauernd Beziehungen zueinander haben.

Man unterscheidet drei Arten von Gruppen:

- *naturgegebene Gruppen (z. B. Familie)*
- *Pflichtgruppen (z. B. Schule)*
- *Wahlgruppen (z. B. Verein)*

6.3.1.3. Beispiel 2: Probleme der Zusammenarbeit

In der Perspektive der sozialen Kohäsion ist die positive Gruppeninterdependenz entscheidend. Das folgende Beispiel veranschaulicht, wie Schüler lernen können, mit Problemen in der Lerngruppe fertig zu werden.

1. Einführung

Der Lehrer bittet die Schüler der Kern- oder Basisgruppen Probleme zu identifizieren, die bei der Zusammenarbeit entstehen können. Nach einer Periode des Nachdenkens und des Sammelns in kleinen Gruppen, werden die Ideen in der Klasse geordnet. Dabei entstehen drei Kategorien:

- ◆ Gruppendynamik: ungleich verteilte Beiträge, Probleme bei der Konsens- und Entscheidungsfindung, mangelnde Verantwortlichkeit des Einzelnen
- ◆ Aufgabenbearbeitung: Arbeitsverweigerung Einzelner; Verstehens- und Kommunikationsprobleme, fehlende Balance zwischen Lernprodukt und Lernprozess, Ziele werden nicht erreicht, unzureichende Bewertung und Reflexion der Ergebnisse
- ◆ Soziale Fertigkeiten: Dominanz Einzelner, Kommunikationsprobleme, Bewertung und Beurteilung kommen zu kurz

Jede Gruppe wählt eine der Kategorien und verfasst eine kurze Fallstudie, um das Problem zu illustrieren. Zur Weiterarbeit analysiert die Lerngruppe 4 Fälle, die eng mit den zuvor thematisierten Problembereichen verknüpft sind. In den Kerngruppen wählt jeder Schüler einen Fall, der in den Puzzlegruppen weiter bearbeitet wird:

1. Gruppendynamik – Isolation: Deine Gruppe soll kooperativ ein Problem lösen. Alle Mitglieder erhalten die Möglichkeit, bedeutsame Beiträge machen zu können. Ein Mädchen bemüht sich besonders. Sie bringt viele Beiträge und trägt in bedeutsamer Weise zur Problemlösung bei. Die anderen Mitglieder scheinen ihr allerdings kaum zuzuhören; ihre Anregungen und Vorschläge werden nicht akzeptiert. Sie fühlt sich isoliert. Welche Lösung schlägst du vor?
2. Aufgaben – Arbeit wird nicht erledigt: Deine Gruppe hat die Aufgabe eine Thema kooperativ zu erarbeiten. Ein Zeitrahmen zur Aufgabenbearbeitung wird festgelegt. Alle Teilnehmer wissen davon. Die Teilnehmer versuchen die Arbeit zu organisieren, aber mit fortschreitender Zeit wird deutlich, dass das Ziel nicht erreicht werden kann. Was kannst du tun?
3. Soziale Fertigkeiten – Diskussion: Während der Arbeit an einer Gruppenaufgabe stellst du fest, dass die Mitglieder deiner Gruppe die Beiträge der anderen Mitglieder ablehnen oder unangemessen kritisieren. Zu Beginn schien es ein Spaß zu sein, und es war eine lebhafte Diskussion, aber dann wird es immer schlimmer. Die Mitglieder scheinen nicht mehr an der Kooperation interessiert zu sein. Es geht nur noch darum, zu „gewinnen" oder die eigenen Argumente durchzusetzen. Welche Lösungen fallen dir ein?
4. Soziale Fertigkeiten – Ablehnung: Deine Gruppe soll ein Brainstorming durchführen. Jedes Mitglied wird dazu ermuntert, die eigenen Ideen offen einzubringen. Bewertungen durch andere sind nicht erlaubt. Aber: Peter liefert eine Idee, auf die sofort Aussagen wie „Wie dumm, so etwas zu sagen!" oder „das ist doch blöd" folgen. Dies hat zur Konsequenz, dass Peter keine weiteren Ideen mehr einbringt und sich von der Gruppe abwendet. Was kannst du tun?

2. Expertengruppe

Die Mitglieder nutzen ein Modell der Entscheidungsfindung, das sie im Unterricht gelernt haben: Sie entwickeln Kriterien für gute Entscheidungen, formulieren alternative Lösungen und gewichten die Konsequenzen. Am Ende wählt die Gruppe Problemlösungen, die den Kriterien entsprechen.

3. Berichte in der Kerngruppe

Die Mitglieder treffen sich wieder in den Kerngruppen, um ihre möglichen Entscheidungen zu präsentieren. Jeder Teilnehmer berichtet über (Teil)Ergebnisse und beantwortet Fragen.

4. Integration und Bewertung

Die Schüler werden gebeten, ein einseitiges Reflexions-Papier anzufertigen. Jeder soll ein Problem, das ihn persönlich betroffen hat, wählen und dazu einige Gedanken (oder Lösungen) aufschreiben. Die Schüler fertigen jeder für sich einen Plan an, was sie zukünftig tun werden, wenn sie mit ähnlichen Problemen konfrontiert werden. Falls die erste Lösung nicht greift, können zuvor entwickelte Alternativpläne zum Zuge kommen.

Die Schüler besprechen ihre Niederschriften in den Kerngruppen und heften ihre Reflexionspapiere in den Gruppenordner. Diese werden zwei Wochen später ergänzt durch Gedanken darüber, wie tragfähig sich ihre Entscheidungen in realen Problemsituationen erwiesen haben und welche weiteren Veränderungen erforderlich sind.

6.3.1.4. Zusammenfassung: Gruppenpuzzle

Es bleibt festzuhalten, dass die Aktivitäten des Gruppenpuzzles natürliche Formen der Zusammenarbeit durch drei Schwerpunktsetzungen unterstützen

- umfangreiche Partnerarbeit
- strukturierte Partnerarbeit
- Eigene Einschätzungen überdenken, da Erkenntnisse der Gesamtgruppe genutzt werden können (vgl. Huber, A., 1999).

Die zentralen Elemente des Gruppenpuzzles sind in der folgenden Tabelle zusammengefasst.

Vertreter/innen	Aronson und Kollegen
Beschreibung der Methode	Das Lernen findet in Basis- und Expertengruppen statt. Jede Expertengruppe verfügt nur über einen Teil des Gesamtmaterials. Die Basisgruppen sind so zusammengesetzt, dass darin für jeden Teil des Gesamtmaterials mindestens ein Experte vertreten ist. In den Basisgruppen sollen sich die Lernenden gegenseitig ihr Expertenwissen vermitteln. Noten werden für individuelle Leistungen vergeben. Außerdem werden Maßnahmen zur Gruppenbildung durchgeführt.
Lernvorgaben	• Aufgabenspezialisierung • Gruppenbildungsmaßnahmen
Lernaufgaben und Lernziele	Wird für die Aneignung von Wissen in den Sozial- und Naturwissenschaften und im Literaturunterricht eingesetzt. Es muss auf jeden Fall schriftliches Material in narrativer oder deskriptiver Form vorhanden sein, das sich aufteilen lässt.
Alter der Lernenden	Ab 3. Klasse
Gruppengröße	Fünf bis sechs Personen
Gruppenzusammensetzung	Heterogene Gruppenzusammensetzung (Leistungsstand, Geschlecht, ethnische Zugehörigkeit)

6.3.2. Kleingruppenprojekte

Ein zweites Beispiel für eine Methode, die sich aus der Perspektive der sozialen Kohäsion in Gruppen entwickelt hat, ist die Technik der Kleingruppen-Projekte nach Sharan und Hertz-Lazarowitz (1980). Der Einsatz ist für die unterschiedlichsten Lernbereiche gedacht. Die Methode ist bereits in der Grundschule (ab der dritten Klasse) erfolgreich. Die Größe der Gruppen kann von zwei bis sechs Teilnehmern variieren. Die Gruppen untersuchen unterschiedliche Aspekte eines gemeinsamen Rahmenthemas, das in der Gesamtgruppe behandelt wird. Dabei muss jede Arbeitsgruppe ihren eigenen Durchführungsplan entwerfen.

Die Aufgabenstruktur sollte komplex und vielschichtig sein. Gewählte Probleme sollten eine Vielzahl von Lösungen und Perspektiven beinhalten und zur Diskussion anregen. Die Kooperation erfolgt nicht nur innerhalb der Gruppe, sondern wird auch zwischen den Gruppen durch eine umfassende Übersicht am Ende des Projekts angestrebt. Voraussetzung hierfür sind einfache Lesefähigkeiten sowie die Fähigkeit zur Kooperation, zum Analysieren und Integrieren.

Auch für den Lehrer/Leiter ist die Methode anspruchsvoll: er leitet die Teilnehmer an, klärt Probleme und sorgt für die Festlegung der Lernthemen und der Gruppen. Themen können ausgewählt werden durch die traditionelle Frage-Antwort-Methode, in kleinen Diskussionsgruppen oder durch komplexe Gruppentechniken. Die gesammelten Vorschläge fasst man in Kategorien zusammen. Dadurch wird das Thema in einen größeren Rahmen eingeordnet und verschiedene Dimensionen werden beleuchtet. Geben die Gruppenmitglieder nur wenige Vorschläge ab, weil sie ein geringes Vorwissen über das Thema haben, sollte der Leiter zuvor eine „Info- Ecke" einrichten.

6.3.2.1. Ablauf des Kleingruppenprojekts

Der Ablauf dieses lernerorientierten kooperativen Ansatzes lässt sich wie folgt zusammenfassen (King, 1993; Huber, 1991, S.172)

1. Lernerorientierte Plenumsdiskussion: Der Lehrende stellt als erstes das Thema vor, das erarbeitet werden soll. Zugleich werden die Lernenden angeregt im Plenum ihre Ansicht zu einem bestimmten Thema vorzutragen und zu diskutieren. Ziel dieser Aussprache ist eine Klärung der eigenen Interessen an diesem Thema: Was will ich lernen? Was interessiert mich?
2. Arbeitsgruppen: Gruppen aus je 4 oder 5 Mitgliedern werden gebildet.
3. Auswahl des Arbeitsschwerpunkts: In den Gruppen werden Themen und Inhalte bestimmt, mit dem sich jedes Mitglied identifizieren kann. Die Mitglieder einigen sich darauf, worin das Ergebnis der gemeinsamen Arbeit bestehen soll. Weiter müssen die Teilnehmer bestimmen, welche Hilfsmittel sie benötigen und welche Tätigkeiten auszuführen sind.

4. Auswahl von Unterthemen: Die Arbeitsgruppen untergliedern ihr Thema in Unterthemen. Jedes Gruppenmitglied übernimmt ein Teilthema.
5. Ausarbeitung der Unterthemen: Die Lernenden arbeiten alleine an ihrem speziellen Thema: Es kann darum gehen, ein Video vorzubereiten, ein Experiment oder eine Befragung durchzuführen, eine Präsentation vorzubereiten usw. In regelmäßigen Abständen vergewissern sie sich in der Gruppe über den Stand der Arbeit. Hierzu können Protokolle oder Zusammenfassungen angefertigt werden.

   Diese Phasen können durch die folgenden Anregungen optimiert werden:
   - „Lernstationen gewährleisten die Versorgung mit Lernmaterial in verschiedenen Bereichen des Klassenzimmers.
   - Um Überschneidungen zu vermeiden, macht jede Gruppe ihr Vorgehen in einem zentralen „Klassenarbeitsplan" zugänglich.
   - An jedem Tag hat ein „Bewertungs- und Rückmeldezentrum" etwa 15 bis 20 Minuten geöffnet. Dort können Schüler den Lehrer um Hilfe bitten.
   - Sobald Kommunikationsprobleme auftreten, kann der Lehrer die Arbeit unterbrechen, um den Schülern Diskussionsprinzipien zu vermitteln. Kooperative Fähigkeiten können auch innerhalb des Kontextes geübt werden, so dass Schüler erkennen, dass sie diese Fähigkeiten für ihre Zusammenarbeit tatsächlich benötigen.
6. Präsentation der Unterthemen: Die einzelnen Lernenden stellen ihre Ausarbeitung in ihren Gruppen vor. Jedes Gruppenmitglied sollte sich die Erfahrungen und das Wissen jedes anderen aneignen können. Anschließend diskutiert die Arbeitsgruppe ihren Themenschwerpunkt als Expertengruppe. Gemeinsamkeiten, Querverbindungen und Unterschiede werden herausgestellt.
7. Vorbereitung der Team-Präsentation: Die Lernenden fassen die Unterthemen zu einem gemeinsamen Thema zusammen. Eine Gesamtpräsentation wird vorbereitet. Die Gesamtpräsentation kann Rollenspiele, Videodarbietungen, Folien, Demonstrationen usw. beinhalten.
8. Team-Präsentationen: Die Arbeitsgruppen stellen ihre Inhalte, Themen oder Problemlösungen mit Hilfe der gewählten Mittel und Medien vor.
9. Bewertung: Hier geht es zunächst darum, Kriterien der Bewertung zu erstellen. Drei Bewertungsebenen sind möglich:
   - Teampräsentationen: die Klasse oder das Team bewertet selbst ihre Ergebnisse und Lernprozesse
   - Bewertung der individuellen Beiträge zur Team-Leistung (kann durch die Arbeitsgruppe oder das Individuum vorgenommen werden)
   - Besprechung und Kritik der Unterthemen (erfolgt zumeist durch die Arbeitsgruppe).

Zur Bewertung des Lerngeschehens sowie der darin involvierten Denkprozesse bieten sich zwei Varianten an:

- Eine Möglichkeit der Evaluation besteht darin, die Lernenden zu bitten, sich mit einem Problem zu beschäftigen und dann ihre Entscheidungen zu verteidigen oder zu begründen.
- Alternativ dazu können die Lernenden gebeten werden, ihr eigenes Lernen zu reflektieren und den Prozess, in dem sie ihre Sichtweise konstruiert haben zu dokumentieren. Dies könnte mit Hilfe eines Lerntagebuchs oder einer Lernkurve geschehen. Dabei muss immer die Verknüpfung zwischen Lerninhalt und -prozess gesehen werden.

Die skizzierten Anregungen können als Versuch angesehen werden, wissenschaftliche Methodik in den Lernprozess einzubeziehen und den Verlauf des Wissenserwerbs stärker in Rechnung zu stellen.

Wie werden Lernleistungen in Kleingruppenprojekten erfasst und bewertet? Bislang wurden verschiedene Möglichkeiten erprobt: Sinnvoll erscheint es, die einzelnen Gruppenmitglieder bereits während ihrer Arbeit zu beobachten. Bei der Entwicklung von Prüfungsfragen sollte die Komplexität des Lernverlaufs berücksichtigt werden, nicht nur das Abfragen der Fakten.

Auch alternative Bewertungsansätze sind möglich, wie z.B. eine Bewertung durch Klassenkameraden. Dazu reicht jede Gruppe die wichtigsten Gedanken zu ihrer Arbeit ein. Der Test beinhaltet dann von jeder Gruppe jeweils zwei Fragen. Nach dem Test korrigiert jede Gruppe „ihre“ Fragen in den Prüfungsbögen der anderen Gruppen. Eine andere Methode ist die der Selbstbewertung, mit dem Ziel, Objektivität gegenüber den eigenen Anstrengungen zu fördern. Jeder Teilnehmer rekonstruiert, wie er selbst zum Lernfortschritt beigetragen hat, fasst seine individuellen Aktivitäten zusammen. Diese Art der Evaluation wird allerdings erst für die sechste oder siebte Klasse empfohlen.

6.3.2.2. Beispiel 1: Übungsprogramm „Zuhören lernen“

Das erste Beispiel eines Kleingruppenprojekts stammt von Sharan und Sharan (1976, S. 59) und thematisiert das Training angemessener kommunikativer Fertigkeiten.

Bei der folgenden Übung sollen die Schüler ihre Aufmerksamkeit beim Gruppengespräch gegenseitig nachprüfen.

- Der Lehrer schreibt drei oder vier Diskussionsthemen an die Tafel, von denen anzunehmen ist, dass sie das Interesse der Kinder wecken.
- Die Klasse wird in Dreiergruppen aufgeteilt, wobei die Gruppen so weit wie möglich voneinander entfernt sitzen sollten.
- Der Lehrer erklärt, dass jede Gruppe eines der Themen an der Tafel wählen muss.
- Die Gruppen diskutieren nun das von ihnen gewählte Thema, wobei die folgende Regel gilt: „Jeder Sprecher muss die Bemerkungen des vorhergehenden Sprechers zusammenfassen, bevor er mit seiner eigenen Aufgabe beginnen darf. Wenn jemand meint, seine Gedanken seien nicht genau zusammengefasst, muss er es sagen."
- Die Diskussionen dauern ungefähr fünf Minuten und werden dann vom Lehrer beendet. Anschließend diskutiert jede Gruppe drei Minuten lang darüber, wie gut die Mitglieder gegenseitig bei ihren Aussagen zugehört haben.
- Die gesamte Gruppe diskutiert über die Übung. Die folgenden Fragen können das Gespräch initiieren:

– War es schwierig die Ausführungen deines Vorredners zusammenzufassen?
– Lag die Schwierigkeit darin, dass die Aussage selbst unverständlich war, oder lag es an der Dauer der Aussage und der Zahl der Gedanken, die darin zum Ausdruck gebracht wurden?

- Jeder Teilnehmer fragt die anderen, ob sie Schwierigkeiten hatten, ihn zu verstehen.
- Auch sollten sich die Gruppenmitglieder selbst die Frage vorlegen, ob sie den Aussagen anderer Leute gewöhnlich ebenso aufmerksam zuhören wie bei dieser Übung.
- Die Gesamtgruppe bespricht Möglichkeiten, wie man die Verständigung untereinander verbessern könnte.

Am Ende der Übung steht ein gemeinsamer Abschlussbericht, wozu die Koordination aller Gruppen notwendig ist. Die Teilnehmer jeder Gruppe finden sich zu einem Koordinierungsgremium zusammen. Sie berichten über die Gruppenarbeit und koordinieren die Zeitpläne. Es sind die verschiedensten Darbietungsmöglichkeiten zugelassen:

- Ausstellungen
- Modelle
- Experimente
- (Psycho)dramatische Aufführungen.

Abb. 6.6: Übungsprogramm „Zuhören lernen"

6.3.2.3. Beispiel 2: Geschichtsunterricht

Eine 9. Klasse befasst sich in Geschichte mit dem Thema Nationalsozialismus. In einem Blitzlicht und einem mündlichen Brainstorming haben die Schüler verschiedene Bereiche genannt, über die sie etwas erfahren wollen: Widerstand, Jugend, Judenverfolgung, Person Hitlers, Ideologie Hitlers, Verlauf des Krieges, Begründungen für den Krieg, Machtbereiche, Auswirkungen auf heute usw.

Aus diesen Vorschlägen werden folgende Themen ausgewählt:

- Biografie Hitlers
- Hitlers Ideologie
- Jugend im Nationalsozialismus
- Widerstand im 3. Reich
- Judenverfolgung
- der zweite Weltkrieg in Stichworten
- Rechtsradikalismus heute.

Die Schüler werden nun aufgefordert, sich dem Thema ihrer Wahl anzuschließen. Allerdings wird darauf geachtet, dass die Gruppen möglichst leistungsheterogen sind.

Nun entwerfen die Gruppen ihre Handlungspläne, indem sie Unterthemen für einzelne Mitglieder oder Paare festlegen, die Hilfsmittel und das Vorgehen bestimmen und Probleme formulieren. Was soll untersucht werden? Warum? Wie? Woher bekommt man Informationen? Welche Bedeutsamkeit hat das Thema für mich?

Beispiel:

Zum Thema Jugend im Nationalsozialismus liegen folgende Teilthemen vor:

- Schule und der Einfluss des Nationalsozialismus
- Auswirkungen auf die Freizeit
- Hitlerjugend
- Aufgaben der Jugendlichen
- Jugendbücher, die sich mit diesem Thema beschäftigen
- Das Buch: Die Welle.

Die Schüler bearbeiten ihre Themen zunächst in Teilgruppen. Informationen können bereitgestellten Büchern, Filmen, alten Fibeln und Zeitungen sowie Interviews mit Großeltern entnommen werden. Diese Teilgruppen treffen sich immer wieder, um das Vorgehen neu abzusprechen. Abschließend werden die Ergebnisse zusammengetragen und auf Plakaten dokumentiert. Die Gruppen tauschen nun ihre Ergebnisse aus.

Am Ende entsteht eine Plakatausstellung zum Thema „Nationalsozialismus und seine Auswirkungen auf unsere Gesellschaft heute“. Diese Ausstellung wird anderen Schülern zugänglich gemacht.

6.3.2.4. Zusammenfassung: Kleinprojekte in Gruppen

Gruppenprojekte stellen einen Ausnahmefall unter den Techniken der sozialen Kohäsion dar. Der bisherige Kenntnisstand unterstreicht die positiven Wirkungen auf die Lernleistung. Obwohl keine Gruppenbelohnungen gegeben werden, beruht die Methode doch auch auf Gruppenzielen und individueller Verantwortlichkeit. Es liegt nahe, diesen motivationalen Aspekt als einen zusätzlichen

Mechanismus anzusehen, der neben dem sozialen Zusammenhalt der Gruppe wirksam ist. (vgl. Huber, A., 1999)

Vertreter/innen	Geht zurück auf John Dewey (1970) und wurde weiterentwickelt und untersucht von Shlomo Sharan und Yael Sharan
Beschreibung der Methode	Kleinprojekte in Gruppen laufen in sechs Schritten ab. ◆ Die Lehrkraft schlägt zunächst ein Thema vor, zu dem verschiedene Interessengebiete identifiziert werden. ◆ Vor dem Lernen werden Gruppen gebildet und kommunikative und soziale Fertigkeiten trainiert. ◆ Die Gruppenmitglieder planen ihr Vorgehen bei der Bearbeitung ihres Interessengebietes. Dazu gehört es festzulegen, wer was bis wann erledigt hat. ◆ Die Gruppenmitglieder bearbeiten anschließend ihre Aufgaben selbständig und tragen dann ihre Ergebnisse in der Gruppe zusammen: Sie bereiten einen gemeinsamen Abschlussbericht und eine Präsentation vor. ◆ Die Präsentation erfolgt vor der ganzen Klasse und soll neben Vortragselementen auch aktivierende Elemente für die Zuhörer enthalten. ◆ Zum Abschluss findet eine Evaluation der Gruppenbeiträge, der Zusammenarbeit und der Lernergebnisse statt. Für die Bewertung der Lernergebnisse können Fragen vorgegeben werden, die von den Gruppenmitgliedern eingereicht worden sind. Auch individuelle Beiträge zur Gruppenarbeit können bewertet werden.
Lernvorgaben	◆ Aufgabenspezialisierung ◆ Gruppenbildungsmaßnahmen und Training sozialer Fertigkeiten
Lernaufgaben und Lernziele	Wird für die Aneignung und Anwendung von Wissen in Sozial-, Natur- und Sprachwissenschaften eingesetzt.
Alter der Lernenden	Ab 2. Klasse
Gruppengröße	Von zwei bis sechs Personen
Gruppenzusammensetzung	Nach Interesse

6.4. Perspektive der kognitiven Entwicklung

Stand bisher die sozial-behaviorale Betrachtung des kooperativen Lernens („Motivation“ und „soziale Kohäsion“) im Zentrum, wenden wir uns nun einer kognitiven Sichtweise zu, wobei „Elaboration“ und „Entwicklung“ unterschieden werden (siehe Abbildung 6.2.). Ein prominentes Beispiel der kognitiven Entwicklungsperspektive ist die konstruktive Kontroverse.

6.4.1. Konstruktive Kontroverse

Die Methode der konstruktiven Kontroverse nach Johnson und Johnson (1989) basiert auf dem kognitiven Entwicklungsansatz von Piaget und will das akademische Lernen durch strukturierte intellektuelle Kontroversen fördern. Johnson und Johnson (1979) nehmen darüber hinaus an, dass der Prozess der Kontroverse selbst zum Beherrschen der Lerninhalte führt.

Im Zentrum steht eine strukturierte Argumentationsmethode, bei der die Beteiligten zu beiden Seiten eines kontroversen Themas Stellung nehmen. Am Ende sollen die Teilnehmer einen Konsens über die zunächst divergierenden Definitionen und Problemlösungen dieses Themas finden. Sie erfahren auf diese Weise viele mögliche Perspektiven desselben Wissens. Indem sie ihre Position des Konzeptes vor den anderen verteidigen, diese aber auch wiederum ihre Positionen vertreten, praktizieren die Lernenden Konflikt-Management-Fähigkeiten.

6.4.1.1. Ablauf der Konstruktiven Kontroverse

Bei der Anwendung dieser Methode werden sieben Schritte unterschieden:

1. Zur Anregung konstruktiver Kontroversen kann in der üblichen Lerngruppe ein komplexer Sachverhalt zunächst einmal gemeinsam so strukturiert werden, dass die verschiedenen Dimensionen für alle erkennbar werden.
2. Anschließend werden Gruppen zu je vier Personen gebildet.
3. Jeweils ein Lerntandem wendet sich einem Teilgebiet einer kontroversen Frage- bzw. Problemstellung zu. Jedes Tandem arbeitet seinen Teil aus. In Partnerarbeit klären die Teilnehmer die eigene Position, suchen Argumente zur Stützung der eigenen, aber auch zur Entkräftung der vermeintlichen Gegenargumente des anderen Paares.
4. Anschließend werden die Inhalte in der Vierer-Gruppe zusammengetragen und diskutiert. Hier wird die Kontroverse ausgetragen.
5. Nach einer festgelegten Zeitspanne wechseln die Lernpaare die Seite und argumentieren aus der Sicht des oppositionellen Paares.
6. Um konstruktive Debatten und die Präsentation vor der Gesamtgruppe zu unterstützen, erhalten die Gruppen die Zusatzaufgabe, am Ende ein gemeinsames Kommunique, eine Presse-Erklärung, eine Wandzeitung etc. zu erarbeiten.
7. Bei Bedarf erhält jedes Gruppenmitglied einen Testbogen, anhand dessen es sein Verständnis überprüfen kann.

Bei der „Konstruktiven Kontroverse“ handelt es sich um eine kooperative Lernstrategie, die sich auch zur Anwendung in großen Gruppen eignet. Die Rolle des Lehrers besteht darin, Aufgaben auszuwählen, welche die Kooperation fördern. Zudem erleichtert er das Arbeiten durch Unterstützung und Erklärungen.

Soll die Methode der „Konstruktiven Kontroverse“ wirksam eingesetzt werden, müssen mehrere Voraussetzungen erfüllt sein. Lerngegenstände sollten mehrere Dimensionen aufweisen, zu unterschiedlichen Sichtweisen herausfordern oder alternative Formen der Auseinandersetzung oder gar widersprüchliche Interpretationen zulassen. Sind diese Voraussetzungen gegeben, dann kann jedes Gruppenmitglied seinen Fähigkeiten und Interessen entsprechend etwas zum gemeinsamen Lernprozess beitragen (Huber, 1991).

6.4.1.2. Beispiel 1: Geschichts- und Gemeinschaftskundeunterricht

In einer 10. Klasse wird im Geschichts- und Gemeinschaftskundeunterricht das Thema Europa behandelt. Folgende Teilthemen werden dabei angesprochen: Politische Einheit Europas, wirtschaftlicher Zusammenschluss Europas, die Europäische Union, Europa heute.

In den Themenbereichen wirtschaftlicher Zusammenschluss und Europa heute wird immer wieder die Thematik rund um die Einführung des Euro angesprochen und Informationen dazu verteilt und besprochen. Es wird deutlich, dass die Frage der Einführung des Euro eine Frage ist, die durchaus kontrovers diskutiert werden kann.

Zu dieser Frage wird nun eine Konstruktive Kontroverse durchgeführt. Dazu unterteilt der Lehrer die Klasse in Gruppen zu je vier Personen. Innerhalb einer Vierergruppe vertritt ein Lerntandem die Staatschefs der Europäischen Union, die ihren Gegnern glaubhaft machen wollen, dass die Einführung des Euros viele Vorteile für Europa und speziell auch für Deutschland bringen wird. Das andere Lerntandem stellt eine Gruppe deutscher Abgeordneter dar, die gegen die Einführung des Euro in Deutschland sind und die mit Gegenargumenten vorgehen wollen.

Beide Tandems arbeiten nun ihre Argumente aus. Sie können sich mit Hilfe von Arbeitsblättern und dem Schulbuch auf ihre Argumentation vorbereiten, so dass sie ihre Argumente belegen und bekräftigen und die Argumente der Gegner entkräften können.

Nun setzen sich die Tandems einander gegenüber und tragen ihre Kontroverse aus. Nach ca. 15–20 Minuten wird ein Rollentausch vorgenommen. Danach versuchen beide Lerntandems, ihre jeweiligen Argumente übersichtlich in Plakatform darzustellen und sie der Gesamtklasse zu präsentieren. Abschließend werden die Argumente jeder Seite nochmals zusammengefasst.

6.4.1.3 Beispiel 2: Handlungsfeld Hochschule

Das zweite Beispiel entstammt dem Handlungsfeld Hochschule. Entsprechend dem typischen Ablauf einer Konstruktiven Kontroverse haben die Studierenden folgende Aufgaben zu erledigen:

1. Im vorausgehenden Unterricht werden Akzente und Modelle der Instruktionspsychologie gemeinsam so strukturiert, dass zwei verschiedene Dimensionen erkennbar werden: Herkömmlicher Unterricht und sozial-konstruktivistische Vorstellungen.
2. Anschließend bilden sich Gruppen zu je vier Personen. Die Zusammensetzung dieser Gruppen wird von den Kursleitern nicht beeinflusst.
3. Ein Lerntandem wendet sich dem Teilgebiet „Traditioneller Unterricht“, das andere dem „Sozialen Konstruktivismus“ zu. Jedes Tandem arbeitet seinen Teil aus. In Partnerarbeit klären die Teilnehmer die eigene Position, suchen Argumente zur Stützung der eigenen, aber auch zur Entkräftung der vermeintlichen Gegenargumente des anderen Paares.
4. Anschließend werden die Inhalte in der Vierer-Gruppe zusammengetragen und diskutiert. Die Kontroverse wird ausgetragen.
5. Nach einer festgelegten Zeitspanne wechseln die Lernpaare die Seite und argumentieren aus der Sicht des oppositionellen Paares. Hat ein Tandem sich bislang mit dem traditionellen Unterricht beschäftigt, so konzentriert es sich nun auf den „Sozialen Konstruktivismus“.
6. Die Ergebnisse der Gruppenarbeiten werden auf Pin-Wänden als Lernplakate oder Mind-Maps präsentiert.

Grundlage der Kontroverse ist das folgende Arbeitsblatt.

Herkömmliche Wissensvermittlung	Sozialer Konstruktivismus
Wissen als festes Informationsgefüge, das vom Lehrer auf den Schüler übertragen wird	Wissen als sich entwickelnde Interpretationen, die in der Diskussion konstruiert werden
Lehrer als Autorität für Expertenwissen	Lehrer als Teilnehmer und Berater. Jeder ist Experte und kann einen Beitrag leisten
Der Lehrer ist verantwortlich für die Steuerung des Lernens; er gibt Informationen, verteilt Aktivitäten und stellt Aufgaben	Lehrer und Lernende teilen die Verantwortung für die Anregung und Steuerung der Lernaktivitäten
Lehrer erklärt, überprüft das Verstehen und beurteilt die Korrektheit der Antworten	Lehrer ist Diskussionsleiter, stellt Fragen, sucht Klärung, fördert den Dialog, hilft bei der Lösung von Konflikten
Lernen als Reproduktion. Lernende erinnern das und geben das wieder, was der Lehrer mitteilt	Lernende versuchen neuen Informationen Sinn zu geben, indem sie sie mit früherem Wissen in Beziehung setzen; im Dialog wird gemeinsames Wissen konstruiert
Der Diskurs bzw. Austausch betont die einfache Beantwortung von Fragen; der Schwerpunkt liegt auf der korrekten Antwort	Der Diskurs betont die reflexive Diskussion; Fragen divergieren, dienen der Entwicklung von Verstehen. Der Schwerpunkt liegt auf der Unterstützung des Denkens
Einfache Wiedergabe festgelegter Schritte oder Rezepte	Anwendung authentischer (für den Alltag relevanter) Probleme

Abb. 6.7: Arbeitsblatt zur konstruktiven Kontroverse

6.4.1.4. Zusammenfassung: Strukturierte akademische Kontroverse

Die Methode der strukturierten Kontroverse basiert auf dem kognitiven Entwicklungsansatz von Piaget und will das akademische Lernen durch strukturierte intellektuelle Kontroversen fördern. Johnson und Johnson (1979) gehen davon aus, dass der Prozess der Kontroverse selbst zum Beherrschen der Lerninhalte führt. (vgl. Huber, A., 1999)

Vertreter/innen	David und Roger Johnson an der Universität von Minnesota
Beschreibung der Methode	• Die Teilnehmer/innen werden in Gruppen zu je vier Personen aufgeteilt. • Innerhalb der Gruppen werden Paare gebildet, die sich mit den konträren Positionen (These und Antithese) des Themas beschäftigen. • Jedes Paar soll seine Position anschließend möglichst überzeugend in der Gruppe präsentieren. • Nach den Präsentationen folgt eine Diskussion, in deren Verlauf die Paare ihre Rollen wechseln und für die Gegenseite argumentieren. • Zum Abschluss sollen die Gruppenmitglieder zu einem gemeinsamen Konsens (Synthese) finden. • Damit die Methode erfolgreich ist, sollten den Studierenden, falls sie nicht darüber verfügen, wichtige interpersonale Fertigkeiten vermittelt werden.
Lernvorgaben	• Aufgabenspezialisierung • Interaktionsstrukturierungen (genaue Vorgabe wer wann was in der Gruppe tun soll)
Lernaufgaben und Lernziele	Erwerb von Wissen und Argumentationsfertigkeiten; Meinungsbildung; Voraussetzung ist, dass ein kontroverses Thema vorliegt
Alter der Lernenden	Ab 6. Klasse
Gruppengröße	Vier Personen (zwei Dyaden)
Gruppenzusammensetzung	Heterogene Zusammensetzung

6.4.2. Reziproke Lehre

Reziprokes Training ist eine Methode des kooperativen Lehrens, in dem Lehrer und Schüler eine Diskussion über einen Text führen. Die von Palincsar und Brown (1984) entwickelte Methode stellt eine Anwendung des Vygotsky-Prinzips dar. Ziel ist die Förderung des Leseverständnisses.

6.4.2.1. Ablauf der Reziproken Lehre

Das Programm der reziproken Lehre sieht die folgenden Schritte vor (Brand-Gruwel et al., 1998, S. 66):

1. In einer kleinen Gruppe lesen die Teilnehmer einen kurzen informativen Text.

2. Dieser wird anschließend diskutiert.
3. Während der Diskussion werden die unten genannten Lesestrategien trainiert.
4. Anfangs leitet der Lehrer die Diskussion, wendet die relevanten Strategien an und zeigt den Lernenden, wie sie zu nutzen sind.
5. Mit zunehmender Kompetenz der Lernenden lenkt bzw. modelliert die Lehrperson immer weniger; sie gibt allenfalls korrigierendes Feedback und hilft den Teilnehmern, wann immer es erforderlich ist.
6. Schließlich übernehmen die Lernenden die Rolle als Diskussionsleiter und teilen sich die Verantwortung für den Lernprozess.

Vier Strategien übernehmen die wichtigen Funktionen der Förderung, Überwachung und Bewertung des Verstehens:

- Hinterfragen bzw. Fragen formulieren: Die Lernenden erwerben die Fähigkeit, Fragen an den Text zu formulieren, die sich auf die wichtigsten Informationen des Abschnittes konzentrieren. Diese Technik schließt die Fähigkeit ein, wichtige und unwichtige Informationen zu unterscheiden und zentrale Ideen zu identifizieren.
- Klärung von Inkonsistenzen oder Nichtverstandenem. Diese Technik macht es notwendig, dass die Lernenden bei schwierigen Textpassagen innehalten. Sie lernen zu fragen, was ein Wort oder ein Satz bedeutet und wie er im jeweiligen Kontext zu verstehen ist.
- Zusammenfassen: Nachdem der Text oder einzelne Teile gelesen wurden, geht es darum, die wichtigsten Informationen in einem oder zwei Sätzen in eigenen Worten zusammenzufassen.
- Vorhersagen: Hier soll angegeben werden, wie es im Text weitergeht, nachdem ein Abschnitt gelesen wurde. Später können die Vorhersagen mit den tatsächlichen Textinhalten verglichen werden.

Die kooperative Struktur des Ansatzes kommt an mehreren Stellen zum Ausdruck: Eine Kleingruppe diskutiert einen Textausschnitt, wobei ein Lehrer/Leiter und jeweils ein Lernender abwechselnd die Diskussion leiten. Später, d. h. mit fortschreitender Kompetenz übernehmen die Lernenden ganz die Lehrerrolle. Ihre Aufgabe besteht dann darin, die Diskussion so zu lenken, dass die oben genannten Strategien zur Verständnisförderung in der Kleingruppe zum Einsatz kommen. Die Mitglieder der Kleingruppen werden dabei immer wieder angeregt, sich gegenseitig zu unterstützen. Der Lehrende dient im Training sowohl als Modell als auch als Trainer und Berater.

Gelingt die Kooperation und ist die Aufgabe als Gruppenaufgabe formuliert, so haben diese und andere Varianten des reziproken Lernens sowohl kognitive als auch sozial-affektive Vorteile (Konrad, 2000): Die in Gruppeninteraktionen häufig auftretenden kognitiven Konflikte ebenso wie das aktive Erklären von

Sinnzusammenhängen können dazu beitragen, dass die Gruppenmitglieder sich mit unterschiedlichen Sichtweisen auseinandersetzen, den eigenen Standpunkt elaborieren und somit ein tieferes Verständnis der bearbeiteten Inhalte entwikkeln (Renkl, 1996).

Empirische Belege für diese Einschätzung finden sich etwa bei Brown und Palincsar (1989), die untersuchten, ob sich die kooperativen Komponenten des Reciprocal Teaching (der Rollentausch und die Diskussionen innerhalb der Kleingruppen) gegenüber anderen Verfahren als überlegen erweisen. Es zeigte sich, dass sich alle Gruppen, mit Ausnahme der Kontrollgruppe ohne jede Instruktion, in ihren Leistungen verbessern konnten. Der größte Lernerfolg wird erzielt,

- wenn die Lernenden sowohl explizit angeleitet werden als auch Modelle erhalten,
- wenn sie sowohl üben können als auch schrittweise Eigenverantwortung für ihr Lernen übernehmen müssen.

Reziproke Lernumgebungen folgen einem gemäßigten Konstruktivismus (neuer Konstruktivismus nach Gerstenmaier & Mandl, 1995). Sie übernehmen vom Konstruktivismus die Einsicht in die Bedeutung von handelndem Lernen in komplexen Situationen und Problemräumen. Gleichzeitig wird unterstellt, dass ein Lerner hierfür adäquate mentale Modelle oder andere elaborierte kognitive Strukturen braucht. Der Erwerb solcher Modelle lässt sich durch Instruktion (z. B. Modelling) erleichtern, welche das benötigte Wissen explizit darstellt und organisiert. Abgelehnt wird der erkenntnistheoretische Relativismus des extremen Konstruktivismus.

6.4.2.2. Beispiel 1: Lernen mit Texten an der Hochschule

Das folgende Anwendungsbeispiel verdeutlicht in leicht modifizierter Form die Anwendung der reziproken Lehre durch Lerntandems (Konrad, 1997; Konrad & Traub, 1999). Grundlegend für die Übung ist ein Studientext zum Thema: „Lernen in Gruppen".

Der Verlauf der Partnerarbeit wird durch auf Kärtchen niedergeschriebene Fragen gesteuert. Eine erste Fragerunde soll bereits vor der Textlektüre stattfinden.

1. Fragenkomplex: Vor dem Lesen

Bitte nehmen Sie die erste Karte und befragen Sie Ihren Partner

Partner A

- Was ist die Aufgabe? Was sollen wir genau tun?
- Worum geht es vermutlich in diesem Text? Worüber wird informiert?
- Welchen persönlichen Nutzen erhoffst du dir von der Bearbeitung dieses Themas?

Partner B

- Wie können wir am besten vorgehen? Was schlägst du vor?
- Was willst du genau erreichen? Wie soll das Ergebnis aussehen?
- Wie fühlst du dich? Wie ist deine Motivation jetzt?

Nach diesem ersten Austausch sind die Teilnehmer angehalten, den Text abschnittweise zu lesen und sich dabei an den vorgegeben Fragen zu orientieren.

Die Teilnehmer lesen den 1. Abschnitt.

2. Fragenkomplex: Nach dem ersten Abschnitt

Bitte nehmen Sie die zweite Karte und befragen Sie Ihren Partner

Partner A

- Gibt es einen Begriff, den du dir nicht erklären kannst?
- Welche Beispiele fallen dir zu dem ein, was da steht?
- Kannst du daraus schon Schlussfolgerungen (z. B. für deinen zukünftigen Beruf) ziehen?

Partner B

- Welches sind die wichtigsten Punkte in diesem Abschnitt?
- Was sind deine persönlichen Erfahrungen mit Partner- oder Gruppenarbeit?
- Bist du mit dem, was da steht einverstanden?

Die Teilnehmer lesen den 2. Abschnitt.

3. Fragenkomplex: Nach dem 2. Abschnitt

Bitte nehmen Sie die dritte Karte und befragen Sie Ihren Partner.

Partner A

- Gibt es Begriffe, die dir sinnlos oder unverständlich vorkommen?
- Worum wird es wohl im nächsten Abschnitt gehen?
- Wie geht es dir gerade? Wie steht es mit deiner Motivation?

Partner B

- In welcher Beziehung steht das, was da steht zu dem, wie du denkst bzw. was du weißt?
- Ist unsere Strategie die beste Vorgehensweise? Gibt es andere Wege?
- Was waren in diesem Abschnitt für dich die zentralen Punkte?

Die Teilnehmer lesen den 3. Abschnitt.

4. Fragenkomplex: Nach dem Lesen

Bitte nehmen Sie die vierte Karte und befragen Sie Ihren Partner.

Partner A

- Bist du zufrieden, mit dem was wir erreicht haben? Wie bewertest du das, was wir in der letzten Stunde gemacht haben?
- Was müssten wir deiner Meinung nach noch machen, um den Text besser zu verstehen?
- Könntest du jetzt über den Text referieren?

Partner B

- Was fehlt? Was müsste deiner Meinung nach in dem Text noch behandelt werden?
- Was von dem, was wir jetzt gemacht haben, kannst du praktisch verwenden?
- Was weißt du jetzt Neues? Was war dir bisher noch nicht so klar?

6.4.2.3. Beispiel 2: Geschichtsunterricht

Unser zweites Beispiel entstammt dem Geschichtsunterricht einer 8. Klasse zum Thema „Vereinigte Staaten von Amerika“. Die Schüler teilen sich in Gruppen auf. Jede Gruppe erhält den folgenden Text:

> *Aus der Unabhängigkeitserklärung der 13 Kolonien (1776):*
> *Wir, die Vertreter der Vereinigten Staaten von Amerika, versammelt im allgemeinen Kongress, rufen den höchsten Richter der Welt zum Zeugen für die Rechtlichkeit unserer Absichten. Im Namen und in Vollmacht des guten Volkes dieser Kolonien geben wir feierlich bekannt und erklären, dass diese Vereinigte Kolonien sind und von Rechts wegen sein sollen freie und unabhängige Staaten, dass sie von jeder Untertanenpflicht gegen die britische Krone befreit sind, dass jeder politische Zusammenhang zwischen ihnen und dem Staate Großbritannien völlig losgelöst sein soll, dass sie als freie und unabhängige Staaten die volle Macht besitzen: Krieg zu führen, Frieden zu schließen, Bündnisse einzugehen, Handelsbeziehungen anzuknüpfen und alle anderen Handlungen und Dinge vorzunehmen, die unabhängige Staaten von Rechts wegen tun dürfen.*

(English Historical Documents. Oxford 1969, S. 879)

Diese Unabhängigkeitserklärung soll nun in der Gruppe diskutiert und erläutert werden. Bei einem durchgeführten Beispiel formulierten die Schüler zunächst einmal folgende Fragen:

- „Wer ist mit höchstem Richter der Welt gemeint?"
- „Warum ist es wichtig, Gott als Zeugen aufzurufen?"
- „Was ist die wichtigste Aussage des Textes?"
- „Was bedeutet es, unabhängige Staaten zu sein?"
- „Welche Beziehung besteht zwischen den Vereinigten Staaten und Großbritannien?"
- „Warum will Amerika unabhängig von Großbritannien sein?" usw.

Die Schüler klären nochmals den Begriff Kolonie und die Bedeutung eines Untertanes. Außerdem taucht in der Diskussion der Begriff Souveränität auf, der ebenfalls erläutert werden muss.

Nachdem diese Fragen geklärt wurden, regt der Diskussionsleiter an, den Text in eigenen Worten zusammenzufassen.

Dabei entstand die folgende Zusammenfassung:

> *Die Vertreter des amerikanischen Volkes geben vor Gott an, dass die Vereinigten Staaten von Amerika unabhängig sind von Großbritannien und über eine eigene Souveränität verfügen. Deshalb haben sie das Recht Krieg zu führen, Handelsbeziehungen einzugehen, Frieden zu schließen, Bündnisse einzugehen usw. Sie dürfen alles tun, was andere unabhängige Staaten auch tun dürfen.*

Die Schüler diskutieren nun, welche Vorteile und Nachteile diese Unabhängigkeitserklärung für das amerikanische Volk hat und welche Bedeutung für deren Zukunft.

Im Anschluss daran überlegen sich die Schüler, was sonst noch in der Unabhängigkeitserklärung stehen könnte und vergleichen ihre Vermutungen dann mit einem weiteren Dokument. Während dieser Aufgabenbearbeitung bleibt der Lehrer im Hintergrund, die Schüler arbeiten selbständig, suchen in weiteren Quellen und Büchern nach Antworten auf ihre Fragen, diskutieren geleitet von einem vorher bestimmten Diskussionsleiter und bringen ihre Ergebnisse am Ende ins Klassenplenum ein.

6.4.2.4. Zusammenfassung: Reziprokes Lehren

Das Reziproke Lehren und Lernen orientiert sich an den Vorstellungen von Vygotsky und dient der Förderung des Leseverständnisses. (vgl. Huber, A., 1999)

Vertreter/innen	Palinscar und Brown
Beschreibung der Methode	Der Lehrer macht den Lernenden einer Kleingruppe vor, wie man einen Text verstehen kann. Dazu werden vier Strategien vermittelt: • Fragen zum gelesenen bzw. gehörten Textabschnitt stellen • eine Zusammenfassung geben • Unklarheiten klären • Voraussagen zum kommenden Textabschnitt machen. Der Lehrer macht vor, wie man eine Diskussion über einen Textabschnitt führt. Er wechselt sich dabei mit jeweils einem Schüler ab. Mit zunehmender Kompetenz der Lernenden macht sich der Lehrer überflüssig und fungiert lediglich noch als unterstützender Beobachter. Die Teilnehmer selbst sollen sich später dabei abwechseln, die Lehrerrolle zu übernehmen. Die Leistungen der Lernenden werden in individuellen Tests und durch Prozessbeobachtungen erfasst.
Lernvorgaben	• Interaktionsstrukturierungen • Vermittlung von Lernstrategien • Begleitung beim Erwerb dieser Strategien
Lernaufgaben und Lernziele	Lese- und Hörverständnis, Strategiebeherrschung, Wissenserwerb
Alter der Lernenden	Ab 1. Klasse
Gruppengröße	Zwei und größer
Gruppenzusammensetzung	Keine Angaben

6.5. Perspektive der kognitiven Elaboration

Eine zweite kognitive Variante kooperativen Lernens stellt die „Elaboration“ dar. Als bedeutsamer Ansatz im Rahmen der Perspektive der kognitiven Elaboration können die kooperativen Skripte angesehen werden.

6.5.1. Kooperative Skripte

Eine Technik mit Schwerpunkt auf den kognitiven Prozessen während der Interaktion in Gruppen stellen die Kooperativen Skripte („scripted cooperation“) nach Dansereau (1988) dar. Charakteristisch für den Ansatz ist, dass den Lernenden in Form eines Lernskriptes detaillierte Anweisungen gegeben werden, wann sie welche Lernaktivitäten einsetzen sollen.

Es handelt sich um eine Lernstrategie für Dyaden. Die Methode ist auf alle Themengebiete anwendbar, aber besonders gut zum Verständnis technischer und prozeduraler Inhalte geeignet.

1. Im ersten Schritt lesen die Teilnehmer einen Textabschnitt und legen ihn dann beiseite. Nun übernehmen sie Rollen als Erinnerer und Zuhörer. Ziel ist es, die wichtigsten Informationen aus dem Text zu lernen.
2. Der Erinnerer fasst den Text zusammen, der Zuhörer korrigiert die Fehler und ergänzt fehlende Informationen. Auf diese Weise können beide den Text elaborieren, mit vorhandenem Wissen verknüpfen und sich den Inhalt durch verschiedene Gedächtnishilfen einprägen.
3. Zum nächsten Durchgang erfolgt ein Rollentausch.

Ein häufig zitiertes Beispiel stellt das sogenannte „MURDER“-Skript („Set your <u>M</u>ood; Read for <u>U</u>nderstanding; <u>R</u>ecall; <u>D</u>igest Information; <u>E</u>xpand Knowledge, and <u>R</u>eview Mistakes“) dar. Das prototypische „MURDER“-Skript ist für zwei Personen für das Lernen von Texten im Umfang von 500–2500 Wörtern gedacht und stellt die Modifizierung einer individuellen Textlernstrategie für dyadische Lernsituationen dar. Die Lernenden werden dabei gebeten, einen Text Abschnitt für Abschnitt zu lernen. Sie sollen zunächst beide den zu lernenden Abschnitt lesen und dabei versuchen, die Hauptideen zu erfassen. Danach versucht ein Lernpartner, den Textabschnitt wiederzugeben. Die andere Person hat die Aufgabe auf Fehler und Lücken in der Wiedergabe hinzuweisen. Anschließend elaborieren beide Personen den Lernstoff so, dass sie ihn besser behalten können. Mögliche Lernaktivitäten sind dabei zum Beispiel die Verknüpfung des Lernstoffes mit dem eigenen Vorwissen, das Finden von Analogien oder aber das Generieren von Bildern. Schließlich gehen die beiden Lernpartner den Abschnitt nochmals durch, bevor sie zum nächsten Abschnitt weitergehen, den sie nun in vertauschten Rollen lernen sollen.

Der Vorteil dieser Methode lässt sich wie folgt zusammenfassen:

- Die Methode fördert eine Vielzahl von funktionellen Informationsprozessen.
- Die orale Zusammenfassung erleichtert die Organisation der Informationen.
- Die Lernenden machen metakognitive Erfahrungen.
- Die wechselnden Rollen der Partner garantieren gleichberechtigte Teilnahmegelegenheiten.

O'Donnell & Dansereau führten 1992 eine Untersuchung mit Studierenden der Universität von Texas durch. Beim Einsatz Kooperativer Scripte lernten Erinnerer und Zuhörer mehr als allein arbeitende Studenten. Der Erinnerer aber lernte noch mehr als der Zuhörer. Die Autoren folgern, dass die Lernenden, die anderen elaborierte Erklärungen geben, den größten Nutzen aus der gemeinsamen Arbeit ziehen.

Kritisiert wird an den kooperativen Skripten eine gewisse Vagheit, da nicht festgestellt wird, ob wirklich der gesamte Textinhalt komplett erfasst wurde. Eine Möglichkeit, die Vollständigkeit der Zusammenfassung des Textes zu gewährleisten, könnte die Einführung sogenannter „Expertengruppen", wie sie in der Puzzle-Technik üblich sind, darstellen. Außerdem wurde die Technik der Kooperativen Skripte bisher meist nur bei Studierenden (am College) angewandt. Bei einem Einsatz in Klassen mit jüngeren Schülern wäre vermutlich eine Betreuung durch den Lehrer nötig.

6.5.1.1. Zusammenfassung: Kooperative Lernskripte

Kooperative Lernskripte unterstützen ein strukturiertes Lernen in Dyaden. Die Methode ist auf alle Themengebiete anwendbar, aber besonders gut zum Verständnis technischer und prozeduraler Inhalte geeignet. (vgl. Huber, A., 1999)

Vertreter/innen	Donald Dansereau, Angela O'Donnell und Kollegen
Beschreibung der Methode	Das Lernen findet in Dyaden statt. Den Partnern wird für das Lernen ein Skript vorgegeben. Das Skript enthält detaillierte Anweisungen, wann die Lernenden welche Art von Lerntätigkeiten einsetzen sollen. Das Vorgehen beim Lernen wird geübt. Abschließend werden individuelle Tests zur Überprüfung des Lernerfolgs vorgegeben.
Lernvorgaben	Interaktionsstrukturierungen (genaue Vorgabe der Lernaktivitäten durch Lernskripte)
Lernaufgaben und Lernziele	Natur- und Sozialwissenschaften, Mathematik, Wissenserwerb und Erwerb von Fertigkeiten
Alter der Lernenden	Universitätsstudierende, Oberstufenschüler und -schülerinnen
Gruppengröße	Dyaden
Gruppenzusammensetzung	Zufallszuweisung zu geschlechtshomogenen Dyaden

6.5.2. Kooperatives Textverstehen und Textproduzieren

Das Cooperative Integrated Reading and Composition Writing/Language Arts Programm (CIRC) von Madden, Slavin, Farnish, Livingston, Caldern und

Stevens (1996, Madden; Stevens & Slavin 1986) ist als sehr komplex zu bezeichnen. Es vereint mehrere Methoden, unter anderem das Prozessmodell für den Aufsatzunterricht nach Graves und Graves (1985) sowie das CIRC-Reading. Das Programm dient der Verbesserung von Wortschatz und Rechtschreibverständnis. Die Arbeit erfolgt in leistungsheterogenen Gruppen, der Lehrer unterweist die Schüler auf gleichem Leistungsniveau. Während der Gruppenarbeit wird überwiegend in heterogenen Teams gearbeitet.

Befürworter des Ansatzes vertreten die Annahme, dass Lernende selbst dann ihre Leistung verbessern, wenn sie die Aufsätze anderer Lernender bewertet haben. Weiterhin wird die Fähigkeit der Schüler, Verantwortung für die Selbststeuerung der Gruppen zu übernehmen, gefördert. Im folgenden soll das CIRC-Reading näher betrachtet werden.

6.5.2.1. Prinzipielle Merkmale des CIRC Programms

Das CIRC Programm umfasst drei grundlegende Elemente:

1. Textbezogene Aktivitäten
2. Direkte Instruktion des Leseverstehens
3. Integriertes Sprechen und Schreiben

Am Beispiel des Leseunterrichts in der Schule lassen sich die Aktivitäten in heterogenen Lernteams wie folgt darstellen:

A. *Basis-Gruppen*

In den Klassen werden die Schüler entsprechend ihren Lesefertigkeiten 2 oder 3 Lesegruppen zugeordnet (8–15 Personen pro Gruppe), die als Basisgruppen (später: Expertengruppen) fungieren. Basisgruppen sind damit leistungshomogen.

B. *Teams*

Auf der Grundlage der Basisgruppen werden Teams gebildet. Zu einem Team gehören Tandems aus jeder Lese- bzw. Stammgruppe. Man spricht von Puzzle-Gruppen. Die Teams setzen sich aus guten und schwachen Lesern zusammen, sie sind demnach leistungsheterogen.

Die meisten Aktivitäten innerhalb der Teams werden in Lernpartnerschaften durchgeführt, andere erfolgen im Team. Die überwiegende Zeit arbeiten die Teams unabhängig vom Lehrer.

C. *Textbezogene Aktivitäten*

Die Schüler arbeiten mit Hilfe von Textbüchern, z.B. den üblichen Lesebüchern. Texte werden in lehrergesteuerten Gruppen bzw. Unterrichtssequenzen eingeführt. Während dieser Sitzungen setzen die Lehrenden Schwerpunkte, führen neue Begriffe ein oder wiederholen frühere Texte.

Nachdem diese Teilbereiche eingeführt wurden, stehen eine Reihe von Aktivitäten im Rahmen der Teams zur Auswahl:

- Partner-Lesen: Zunächst werden die Texte still alleine gelesen; dann werden sie laut dem Partner vorgelesen; die Partner wechseln sich abschnittweise ab; der Zuhörer korrigiert jeweils die Fehler.
- Strukturierung der Texte und textbezogenes Schreiben: Die Schüler erhalten zu den Geschichten bestimmte Fragen, die sich auf die Grammatik und / oder Struktur beziehen (z. B. Charakteren, Problem, Problemlösung). Nach der Hälfte der Lektüre werden die Partner gebeten, inne zu halten und die Charakteren, Probleme usw. des Textes zu identifizieren. Am Ende des Textes (z. B. der Geschichte) werden die Fragen erneut beantwortet. Sie erhalten außerdem zusätzliche Aufgaben, z. B. „ein anderes Ende der Geschichte finden".
- Neue Begriffe: Die Schüler erhalten eine Liste mit neuen, schwierigen Begriffen, die in dem Text vorkommen und die sie korrekt lesen müssen. Diese Aufgabe wird in den Lernpartnerschaften erledigt.
- Wortbedeutungen: Die Schüler erhalten eine Liste mit Begriffen, die nicht zu ihrem üblichen Vokabular gehören. Sie werden gebeten, in Lexika die Bedeutung der Worte nachzuschlagen. Dann müssen sie Sätze schreiben, die die Bedeutung der Begriffe veranschaulichen.
- Zusammenfassung: Nachdem die Texte gelesen und diskutiert wurden, sollen die Schüler die Kerngedanken ihren Lernpartnern erläutern. Der Partner verfügt über eine (vom Lehrer vorbereitete) Liste der wesentlichen Gedanken, die zur Korrektur verwendet werden kann.

D. Überprüfung durch den Partner

Die Lernpartner erhalten zu den Unterrichtssequenzen bestimmte Aufgabenblätter, die der Überprüfung dienen. Sie können über das Ausmaß und den Zeitpunkt der Beantwortung weitgehend selbst entscheiden.

E. Tests

Nach längeren Unterrichtssequenzen bearbeiten die Schüler Verstehens-Tests zu den Texten. Sie werden gebeten, sinnvolle Sätze zu bestimmten Begriffen zu schreiben und sie sollen bestimmte Begriffe in Anwesenheit des Lehrers laut vorlesen. Die Partner dürfen sich bei diesen Tests gegenseitig helfen.

F. Direkte Instruktion zum Leseverstehen

An einem Tag in der Woche erhalten die Schüler eine strategische Unterweisung durch den Lehrer: Schlussfolgerungen vornehmen, Kernideen identifizieren, Ideen bzw. Kerngedanken vergleichen oder kontrastieren. Diese Fertigkeiten werden auch in den Teams geübt.

G. Unabhängiges Lesen

Jeder Lerngruppe steht ein Bestand an altersgemäßer Literatur zur Verfügung. Täglich werden die Schüler dazu angeregt, 20 Minuten lang in einem Buch ihrer Wahl zu lesen. In eigenen Sitzungen („Buch-Club"), die alle zwei Wochen stattfinden, berichten sie darüber, was sie gelesen haben.

H. Schreib-Workshops

Während dreier Stunden pro Wochen wird das Schreiben geübt. In bestimmten Lernsequenzen informieren die Lehrer über Techniken und Methoden des Schreibens: Ideen finden, Brainstorming, Schreibstil usw. Die meiste Zeit beschäftigen sich die Schüler damit, eigene Geschichten zu scheiben, zu revidieren und zu veröffentlichen. Partner-Konferenzen unterstützen diese Tätigkeiten.

6.5.2.2. Zusammenfassung: Kooperativer Lese- und Schreibunterricht

Der kooperative Lese- und Schreibunterricht umfasst drei grundlegende Elemente: Textbezogene Aktivitäten, direkte Instruktion des Leseverstehens und integriertes Sprechen und Schreiben. Das Programm baut auf den flexiblen Einsatz homogener und heterogener Gruppen (vgl. Huber, A., 1999).

Vertreter/innen	Johns Hopkins University, Slavin und Kollegen
Beschreibung der Methode	Die Lernenden arbeiten in leistungshomogenen Dyaden bzw. Triaden und leistungsheterogenen Teams zusammen, bestehend aus zwei Dyaden bzw. Triaden. Daneben gibt es Unterrichtseinheiten, die sich an die gesamte Klasse richten und solche, die sich an Untergruppen von Lernenden auf gleichem Leistungsniveau richten. Außerdem sollen die Lernenden für sich alleine Bücher lesen und darüber Berichte schreiben. In den Dyaden bzw. Triaden oder Teams finden verschiedene Aktivitäten statt, z. B. gegenseitiges Vorlesen, Erstellen von Zusammenfassungen, Üben der Rechtschreibung, Beantworten von Fragen zum Text, gegenseitige Leistungskontrollen und das Schreiben, Revidieren und Editieren von Aufsätzen. Die Teams erhalten Punkte basierend auf individuellen Tests, Aufsätzen und Buchberichten. Je nach erreichter Punktzahl werden verschiedene Auszeichnungen vergeben (z. B. Superteam, großartiges Team). Die Teammitglieder bearbeiten Materialien und Tests, die ihrem Leistungsstand angemessen sind; so wird gewährleistet, dass alle die gleiche Chance auf Erfolg haben.
Lernvorgaben	• Gruppenbelohnungen auf der Grundlage individueller Leistungen (individuelle Testergebnisse) • Gleiche Chancen auf Erfolg (Anpassung der Aufgabenschwierigkeit an den Leistungsstand) • Anpassung der Instruktion an individuelle Bedürfnisse (Unterricht durch Lehrperson für leistungshomogene Teilgruppen)
Lernaufgaben und Lernziele	Wird eingesetzt, um das Leseverständnis, das Rechtschreiben und das Schreiben von Aufsätzen zu üben
Alter der Lernenden	Klassenstufen 2–6
Gruppengröße	Zwei Dyaden oder Triaden (d. h. vier bis sechs Personen)
Gruppenzusammensetzung	Leistungshomogene Dyaden oder Triaden und leistungsheterogene Teams (bestehend aus homogenen Dyaden bzw. Triaden)

6.6. Unterstützungsstrategien kooperativer Lernprogramme

Um die Effektivität der kooperativen Lernprogramme zu erhöhen müssen diese durch geeignete Lehr-Lernstrategien unterstützt werden. Beim Gruppenpuzzle zum Beispiel erhöht sich der Lernerfolg, wenn neben der Aneignung von Wissen und der wechselseitigen Vermittlung noch weitere Verarbeitungsschritte durchgeführt und in den beiden anderen Phasen die Lernenden durch entsprechende Strategien sich einmal leichter Expertenwissen aneignen und dieses erfolgreicher weiter geben können. Damit verfestigt sich das Wissen sowohl bei den Experten als auch bei den Zuhörern.

Auch bei der Gruppenrallye und dem Gruppenturnier ist der vorherige Erwerb von Lernstrategien vorteilhaft für die jeweiligen Übungssequenzen.

Als Lernstrategien können die Fragekärtchen, wie sie bei der reziproken Lehre (vgl. 6.4.2) zur Anwendung kommen, eingesetzt werden oder aber Schlüsselbegriffskärtchen vorbereitet werden. Als weitere Lernstrategien können die Zusammenfassung von Texten, das Finden von Überschriften zu einzelnen Abschnitten, das Entwickeln von Mindmaps und dergleichen fungieren.

Ziel all dieser Lernstrategien ist es, die einzelnen Phasen der kooperativen Lernprogramme zu unterstützen und damit die Aneignung des Expertenwissens, die wechselseitige Weitergabe, die Verarbeitung und die Übungssequenzen zu unterstützen und Lernen damit erfolgreicher zu gestalten.

Im folgenden werden wir beispielhaft einige der Lernstrategien kurz erläutern und anschließend die Möglichkeiten der Integration in die kooperativen Lernprogramme darstellen.

6.6.1. Arbeit mit Begriffskärtchen

Mit Hilfe von Begriffskärtchen wird der Wissenserwerb unterstützt. Dabei schreiben die Lehrenden die zentralen Begriffe des Lerninhalts auf Kärtchen. Eine sinnvolle Begriffszahl liegt bei 10 bis 15 Begriffen. Die Lernenden erhalten in den Expertenteams diese Begriffe. Nachdem sie den Text gelesen und diesen grob verstanden haben, können die Begriffskärtchen eingesetzt werden. Jeder Lernende sortiert die Begriffe nach bekannt / unbekannt.

Auf die eine Seite werden alle jene Begriffe gelegt, die erklärt werden können, auf die andere Seite die Begriffe, die noch erklärungsbedürftig sind. Dieses Sortieren leistet jeder Lernende für sich selbst. Danach versucht die Gruppe gemeinsam die noch unklaren Begriffe zu klären. Die Lernenden unterstützen sich hier gegenseitig, schauen im Text oder in Skripten nach und kommen so zur Klärung aller Begriffskärtchen. Als Erleichterung können zur Ergänzung von Begriffskärtchen auch Bilder oder Symbole verwendet werden. Möglich ist es auch, Kurzerklärungen auf die Rückseite der Kärtchen zu notieren, so dass sich die Lernenden daran orientieren können.

Ziel dieser Phase ist es, dass alle Lernenden alle Begriffe erklären können und damit wirklich Experten über den vorgegebenen Lerninhalt sind. Damit können die Lernenden ihre Wissenslücken schließen und sich vergewissern, dass der Lerninhalt tatsächlich verstanden wurde.

Die Lernenden können sich mit Hilfe der Begriffe nochmals abfragen und so ihr Wissen überprüfen. Möglich wäre es auch, aus diesen Begriffen ein sinnvolle Struktur zu legen, so dass deutlich wird, wie die Begriffe miteinander zusammen hängen.

Diese Arbeit mit den Begriffskärtchen kann in der Aneignungshase des Gruppenpuzzles eingesetzt werden. Dort helfen sie dem Lernenden, den Expertenstatus zu erreichen. Bei der Gruppenrallye oder dem Gruppenturnier können diese Begriffskärtchen während der Übungsphase eingesetzt werden. Eine gegenseitige Erklärung und das anschließende Abfragen mit Hilfe der Begriffskärtchen gibt Sicherheit und lässt Lernlücken und Erklärungsbedarf leicht erkennen.

In den Verarbeitungsphasen können dann alle Kärtchen zusammen genommen und gemeinsam versucht werden, eine Struktur zu legen. Damit kann der gesamte Lerninhalt strukturiert, zusammengefasst und übersichtlich dargestellt werden.

6.6.2. Mindmapping

Im Mittelpunkt des Mindmaps steht immer das Thema. Dieses wird in die Mitte eines Papierbogens geschrieben und mit einem Kreis versehen.

Von diesem Kreis gehen Verzweigungen ab, die das Thema in seine einzelnen Bereiche auffächern. Für einen Gedanken oder Einfall oder einen Wissensaspekt schreibt der Lernende ein Stichwort auf einen Ast. Stichworte, die als Oberbegriffe gelten können, werden auf die Äste in Großbuchstaben geschrieben, Unterbegriffe werden auf kleinere Verzweigungen in Kleinbuchstaben geschrieben. Dabei kann auch mit Symbolen gearbeitet werden.

Gedanken aller Art, Ideen und Informationen sowie Problemstellungen können mit der Mindmap-Methode festgehalten werden. Es ist am besten, zunächst alles so aufzuzeichnen, wie einem die Ideen einfallen, später sollen diese dann geordnet werden. Dabei stellen die Oberbegriffe übergeordnete Sachverhalte dar, die Unterbegriffe untergeordnete Sachverhalte. Sie bestehen in der Regel jeweils nur aus einem Wort oder Symbol, um die Übersichtlichkeit zu gewährleisten.

Mit Hilfe des Mindmaps können die Lernenden den Textinhalt besser strukturieren und damit behalten. Sie können in der Übungsphase mit solchen Maps arbeiten, aber auch um sich zum Experten über einen Lerninhalt zu machen. Mit Hilfe der Mindmap kann der Lerninhalt gut an andere vermittelt werden. Dabei erklärt jeweils ein Lernender seine Mindmap den anderen. Auch für den wechselseitigen Austausch ist die Erklärung mit Hilfe einer Mindmap eine gute unterstützende Maßnahme. Eine weitere Aufgabe im Bereich der Verarbeitung könnte sein, dass die Lernenden aus ihren jeweiligen Mindmaps eine gemeinsame Map entwickeln, die alle Aspekte des gesamten Lernthemas beinhaltet.

6.6.3. Fragen stellen und stellen lassen

Eine weitere mögliche Unterstützungsstrategie besteht darin, den Lerninhalt durch entsprechende Fragen zu strukturieren und zu gliedern. Dies kann durch die Lernenden selbst geschehen, die Fragen können aber auch vom Lehrenden vorgegeben werden.

Dazu erhalten die Lernenden neben dem Text auch Fragekärtchen. Die Fragen sollten dabei so formuliert werden, dass sich immer eine Frage auf einen Abschnitt des Textes oder auf einen Sachverhalt bezieht. Die Lernenden lesen zunächst den Text und nehmen sich dann die Fragekärtchen vor. Durch Beantwortung der Fragen, lernen die Schülerinnen und Schüler den Lerninhalt kennen und ihn zu durchschauen. Damit wird der Lerninhalt schrittweise vermittelt und durchgearbeitet, die Fragen geben auch schon eine gewisse Struktur vor.

Nach der ersten Runde des Durchgehens der Fragen, können im weiteren Verlauf auch hier wieder gegenseitiges Abfragen und Erklären stehen.

Diese Fragekärtchen können sowohl in Übungsphasen, als auch zur Aneignung von Expertenwissen und als Verarbeitungsstrategie eingesetzt werden.

Möglich ist es auch, die Lernenden für jeden Textabschnitt eine eigene Überschrift finden zu lassen und sich anschließend den Inhalt des Abschnittes gegenseitig zu erklären. Durch das Finden von Überschriften wird der Lerninhalt strukturiert und damit übersichtlicher.

Allen diesen Strategien gemeinsam ist eine Unterstützung der kooperativen Lernprogrammen. Sie helfen den Lernenden, sich Lerninhalte kompetent anzueignen, zu vermitteln und gemeinsam zu verarbeiten. Ohne diese Unterstützung sind manche Lernende in kooperativen Lernprogrammen überfordert.

Wenn Lernende diese Strategien kennen gelernt und unter Anleitung angewandt haben, können sie auf diese auch selbständig zurückgreifen.

Sinnvoll ist es allerdings, diese Lernstrategien im „herkömmlichen Unterricht“ einzuführen und zu trainieren, so dass die Lernenden während des kooperativen Lernkonzepts darauf zurückgreifen können.

6.7. Übungen und Anwendungen für Leserinnen und Leser

Aufgaben/Fragen zur Selbstreflexion:

1	Versuchen Sie die Gruppenbewegungen im Gruppenpuzzle (alternativ: im kooperativen Lese- und Schreibunterricht oder der pädagogisch-psychologischen Konstruktiven Kontroverse) in einer Skizze zu veranschaulichen!
2	Welche Überlegungen stecken hinter dem Gruppenpuzzle?
3	In welchen Lernsituationen eignet sich der Einsatz des Gruppenpuzzles?
4	Führen Sie eine Metakommunikation mit ihrer Klasse nach dem Gruppenpuzzle durch und notieren Sie sich, wo die Klasse Probleme hatte und was ihr besonders gut gefallen hat!

Partnerinterview zur Klärung

Partner A	Welche Elemente des Kooperativen Lesens und Schreibens (CIRC) leuchten Ihnen besonders ein?
Partner B	Wie bewerten Sie diesen Ansatz?
Partner A	Sind die Ideen oder Impulse in der Grundschule oder der Hauptschule nutzbar?
Partner B	Können die Lese-Probleme in der Schule damit gelöst werden?
Partner A	Fehlt etwas? Würden Sie etwas ergänzen?
Partner B	Kennen Sie andere Modelle, die ein ähnliches Anliegen verfolgen?

7. Weitere Formen der Kooperation

Neben den in Kapitel 5 und 6 beschriebenen kooperativen Lernprogrammen gibt es noch weitere kooperative Formen, die wir im folgenden vorstellen wollen. Im Unterschied zu den oben ausgeführten Varianten der Kooperation handelt es sich nicht um hinführende oder vorbereitende Formen der Kooperation, sondern um eigenständige Anwendungen. Das Hauptaugenmerk richtet sich auf Übungen und Aufgabenstellungen, die sowohl mit einem Partner bearbeitet werden können als auch im Rahmen des Gruppenunterrichts Anwendung finden. Beide Varianten spielen in der Schule, aber auch in der Hochschule eine zentrale Rolle. Beispielsweise wird der Projektunterricht nur funktionieren, wenn dabei im Lerntandem oder im Team gearbeitet werden kann. Auch in der Freiarbeit sind kooperative Lernformen wichtig, da viele Materialien nur zusammen mit anderen Schülern bearbeitbar sind.

Leserinnen und Leser erhalten in den nächsten Abschnitten Antworten auf die folgenden Fragen:

1. Welche Formen strukturierter Partnerarbeit tragen zum kooperativen Unterricht bei?
2. Welche Varianten des Gruppenunterrichts lassen sich unterscheiden?
3. Welche kooperativen Elemente finden dort Verwendung?
4. Bei welchen Personen und in welchen Lernphasen sind diese Methoden sinnvoll anwendbar?

7.1. Partnerarbeit

Die Partnerarbeit lässt sich relativ leicht und schnell organsieren. Zwei Schüler bearbeiten eine Aufgabe gemeinsam. Die Aufgabe muss also so gestellt werden, dass sie wirklich nur gemeinsam bearbeitet oder gelöst werden kann. Dabei kann die Zusammensetzung der Partnergruppen homogen oder heterogen erfolgen, je nach Zielsetzung. Es können auch längerfristig zusammen arbeitende Paare – sogenannte Patenschaften – eingeführt werden, wobei dann vor allem das Helfersystem eine wichtige Rolle spielt. Gemeint sind Patenschaften, in denen leistungsstärkere Schüler mit leistungsschwächeren zusammentreffen. Sie arbeiten über einen längeren Zeitraum im Team, wobei der stärkere Schüler den schwächeren im Lernen unterstützt. Durch die Partnerarbeiten können sowohl Sozialkompetenzen als auch Lern- und Handlungskompetenzen gefördert werden.

Klassische Beispiele für das Einsetzen von Partnerarbeit sind sogenannte Partnerdiktate im Fremdsprachenunterricht und in Deutsch. Auch beim Abfragen von Vokabeln oder dem Einmaleins sind solche Partnerarbeiten hilfreich.

Schließlich sind Lerndyaden dann sinnvoll einsetzbar, wenn es darum geht, Argumente zu sammeln, Meinungen auszutauschen oder sich gegenseitig über etwas zu vergewissern, bevor man es im Plenum bespricht.

7.2. Partnerinterview

Beim Partnerinterview handelt es sich auch um eine Variante der Partnerarbeit. Im Partnerinterview läuft die Partnerarbeit sehr strukturiert ab, die einzelnen Schritte sind genau vorgegeben, so dass ein Abweichen von der organisatorischen Planung nicht möglich ist. Inhaltlich ist das Partnerinterview dagegen offen. Durch das Partnerinterview können verschiedene kommunikative Ziele wie genaues Zuhören, genaue sprachliche Formulierung und das Eingehen auf die Äußerungen des Partners geübt werden. Als inhaltliche Zielsetzungen gelten die Bearbeitung von Problemen, das Wiederholen von Lerninhalten und auch das Erfassen von Vorwissen und Interessen. Das Partnerinterview lässt sich in drei Phasen gliedern:

In einer ersten Phase werden Paare gebildet. Diese Paarbildung kann nach dem Zufallsprinzip (Sitzordung) oder verbunden mit Kennenlernübungen erfolgen. Innerhalb eines Paares wird festgelegt, wer Partner A und wer Partner B ist. In der Schule können vom Lehrer von Fall zu Fall Vorgaben gemacht werden, z. B. Partner A ist derjenige, der den größeren Radiergummi hat, der jünger ist usw.

Die Paare erhalten in der zweiten Phase ein Fragenblatt, auf dem eine bestimmte Anzahl von Fragen stehen. Die Partner stellen sich abwechselnd diese Fragen. Partner A stellt alle Fragen mit geraden Zahlen, Partner B alle mit ungeraden Zahlen. Der andere Partner muss die an ihn gestellte Frage beantworten. Die Antworten können schriftlich festgehalten werden. Für gewöhnlich werden die Teilnehmer die Antworten des jeweils anderen Partners ergänzen. Auch ein Nachschlagen in Unterlagen ist durchaus möglich.

In einer dritten Phase bringen dann die Paare ihre Antworten ins Plenum ein. Dort können sie weiter diskutiert und Unklarheiten beseitigt werden. Das Einbringen der Antworten kann auch in anderer Weise geschehen, z. B. durch Dokumentation an einer Wandzeitung. Wichtig ist, dass die Antworten in einem weiteren Schritt zum Unterrichtsthema gemacht werden.

Der Vorteil des Partnerinterviews liegt darin, dass alle Lernenden zum Sprechen kommen. Beide Partner haben die gleichen Redeanteile, beide Partner tragen gleichermaßen zur Lösung bei. Dadurch, dass jeweils nur zwei Personen miteinander arbeiten, minimieren sich Auftritts- und Leistungsängste, das Knüpfen von Kontakten wird erleichtert. Im Sinne einer Vergewisserungsphase dient es auch der Orientierung bei Entscheidungsprozessen und liefert ein Meinungsbild. Besonders wichtig ist, dass die Lernenden in ihrem Lern- und Arbeitstempo arbeiten können. Sie sollen sich mit den einzelnen Fragen so lange beschäftigen wie dazu Bedarf besteht. Das folgende Beispiel illustriert den Verlauf eines Partnerinterviews zum Thema „Gesundheit“.

Beispiel: Partnerinterview zur Gesundheitsvorsorge

Partner A	Welchen Stellenwert hat „Gesundheit“ in deinem Leben?
Partner B	Was tust du ganz gezielt für deine Gesundheit?
Partner A	Welche Maßnahmen zur Gesundheitsvorsorge sind dir bekannt?
Partner B	Fühlst du dich ausreichend über Fragen der Gesundheit informiert?
Partner A	Welche Stärken und Schwächen haben Programme zur Gesundheitsvorsorge (z. B. Antirauch-Kampagnen)?
Partner B	Wie würdest du deine Mitschüler/Kommilitonen über Fragen der Gesundheit informieren?

7.3. Partnerpuzzle

Das Partnerpuzzle ist eine Variation des Gruppenpuzzles (siehe Abschnitt 6.3.1.). Hier werden nur zwei Texte/Informationspapiere an die beteiligten Personen ausgegeben. Die Teilnehmer gehen in Lerntandems zusammen. Partner 1 befasst sich mit Text A, Partner 2 mit Text B. Dieses Paar stellt das Stammtandem dar.

Nachdem jede Person sich mit seinem Text beschäftigt hat, sucht sie sich einen Partner, der ebenfalls diesen Text bearbeitet hat und bildet mit diesem ein Expertentandem. Dort wird so gearbeitet wie in der Expertengruppe beim Gruppenpuzzle. Im Anschluss an diese Phase trifft sich wieder das Stammtandem und erläutert sich gegenseitig den vorher bearbeiteten Text. Der Test zur Überprüfung des Wissens kann so eingesetzt werden wie beim Gruppenpuzzle, nur dass eben die Ergebnisse zweier Partner zusammengezählt werden. Das Partnerpuzzle ist weniger aufwändig als das Gruppenpuzzle und zudem flexibler im Unterricht einsetzbar.

7.4. Lerntempo-Duett

Die Klasse wird in zwei Teilgruppen aufgeteilt. Die eine Gruppe erhält Text A, die andere Text B zugeteilt. Folgende Arbeitsaufgabe wird erteilt:

„Lies den Text genau durch und kläre für dich Begriffe, die du nicht verstehst mit Hilfe des Lexikons. Versuche den Text für dich zusammenzufassen und erstelle anschließend eine 'kognitive Landkarte' (Gedächtnishilfe zum Text) in Wort und Bild.

Wenn du damit fertig bist, stehe auf und gehe an die Tür. Warte dort so lange, bis ein Mitschüler/Kommilitone aufsteht, der den zweiten Text gelesen hat."

Nun sollen diese beiden Personen, die unterschiedliche Texte bearbeitet haben, sich in einer Partnerarbeit gegenseitig ihre Texte und ihre „kognitive Landkarte" erklären. Im Anschluss daran lesen sie jeweils den anderen Text in Einzelarbeit durch, ohne eine Zusammenfassung oder „kognitive Landkarte" anzufertigen.

Danach gehen die Teilnehmer wieder mit ihrem jeweiligen Partner zusammen und diskutieren eine oder mehrere Fragen, die vom Lehrer/Leiter zu den beiden Texten formuliert werden. Die Beteiligten arbeiten dabei in ihrem eigenen individuellen Lerntempo. Damit können sie die Informationen individuell verarbeiten und gleichzeitig ihr Verständnis des Textes überprüfen. Wie Erfahrungen in der Schule, aber auch in der Erwachsenenbildung nahelegen, ist diese Methode sehr effektiv und erfordert wenig Vorbereitung. Besonders hervorzuheben ist die eigenständige Auseinandersetzung mit einem Text, die selbständige Aufnahme und Verarbeitung von Wissen und die Weitergabe des Gelernten an eine andere Person in Partnerarbeit.

7.5. Nachdenken in Zweiergruppen

Mit dieser Methode, die im englischen Sprachraum unter der Bezeichnung „Think-Pair-Share" bekannt geworden ist, werden Fertigkeiten der Teilnehmer zur Problemlösung und zum höhergeordneten Denken unterstützt. Zugleich wird das aktive Lernen gefördert. Die Technik kann in vielfältigen Zusammenhängen angewandt werden. Besonders bewährt hat sie sich im Umgang mit schriftlichen Vorlagen (z. B. Lerntexte):

1. Nach einer Einführung durch den Lehrer/Leiter erhalten die Lernenden eine kurze Zeitspanne (üblicherweise weniger als eine Minute), um sich eine Antwort zu überlegen. Um die aktive Beteiligung zusätzlich zu unterstützen, sollten die Lernenden die Antworten schriftlich festhalten und anschließend sammeln.
2. In einem nächsten Schritt bilden die Teilnehmer Paare und besprechen ihre Antwort auf die eingangs formulierte Frage.
3. Abschließend teilen die Tandems ihre Lösung der Klasse oder Gesamtgruppe mit. Als Regel gilt: es ist sinnvoll, höchstens sechs Antworten vor der gesamten Lerngruppe zu präsentieren (Cottell, Jr. & Millis, 1993, S. 49).

Die Think-Paire-Share Methode hat Vorteile sowohl für Lehrende als auch für Lernende:

- Die Teilnehmer erhalten Zeit, ihre Antwort zu überdenken, bevor eine Diskussion darüber beginnt.
- Es besteht Gelegenheit, eigene Überlegungen und Antworten mit einem Lernpartner zu diskutieren, ehe sie der ganzen Klasse mitgeteilt werden.
- Die Methode unterstützt die Kommunikationsfähigkeit. Alle Teilnehmer erhalten die Möglichkeit, ihre Gedanken mit einer anderen Person auszutauschen, was sich günstig auf ihre Selbstbeteiligung auswirkt und Sicherheit sowie Vertrauen in die eigene Leistungsfähigkeit gibt.
- Die aktive Beteiligung aller Teilnehmer wird unterstützt. Auch Lernende, die sich für gewöhnlich im Unterricht zurückhalten, nehmen am Lerngeschehen teil.
- Schließlich erhalten die Lehrenden mehr Zeit zum Nachdenken. Folglich können sie sich darauf konzentrieren, anspruchsvollere Fragen zu formulieren; sie können die Reaktionen darauf länger beobachten und die Antworten genauer analysieren.

Ein Beispiel aus der Schule:

- Eine Lernsequenz kann mit einem Kurzvortrag des Lehrers oder einer Textlektüre beginnen.
- Dann formuliert der Lehrer eine Frage, die Teilnehmer erhalten eine Minute Zeit, um eine Antwort zu formulieren. Zur Vertiefung werden den Schülern Übungen vorgelegt, mit denen sie sich 10 Minuten beschäftigen.
- Am Ende bilden sich Paare, die ihre Antworten (nach einem kurzen Austausch) dem Plenum oder der Klasse vorstellen.

7.6. Nachdenken in Vierer-Gruppen

Eine Variante der „Think-Pair-Share“-Methode ist das Nachdenken in Vierergruppen („Think-Pair-Square“). Sie stellt eine sinnvolle Alternative dar, wenn Gruppeninteraktionen erwünscht sind und die oft recht unfruchtbaren Klassendiskussion vermieden werden sollen. Im Rahmen der Think-Pair-Square-Technik erhalten die Teilnehmer Gelegenheit, ihre Antworten genau zu überlegen und sich mit einem Lernpartner auszutauschen. Anders als bei der Think-Pair-Share Methode werden die Resultate der Partnerarbeit nicht der Gesamtgruppe sondern einer Vierergruppe mitgeteilt. Der folgende Ablauf ist möglich:

- Im Anschluss an einen Kurzvortrag, einer Textlektüre oder einer Filmvorführung formuliert der Leiter eine Frage oder gibt einen Lernimpuls.
- Die Teilnehmer erhalten eine Minute Zeit, um eine Antwort zu formulieren.
- Zur Vertiefung erhalten die Lernenden Übungen, mit denen sie sich 10 Minuten beschäftigen.

- Es bilden sich Vierergruppen, in denen sich die Teilnehmer gegenseitig informieren.

7.7. Gruppenturnier

Das Gruppenturnier stellt eine methodische Variante des STAD-Programms (siehe Abschnitt 6.2.1. und 6.2.2.) oder des Gruppenpuzzles (siehe Abschnitt 6.3.1.) dar. Im Gruppenturnier tritt an die Stelle des zweiten Tests und dem Festhalten der individuellen Bezugsnorm ein Turnier. In diesem stehen die Schüler als Vertreter ihrer jeweiligen Lerngruppe im Wettkampf mit gleich starken Mitgliedern anderer Gruppen.

Didaktische Überlegungen lassen den Einsatz des Gruppenturniers am Ende von Lernsequenzen, z. B. am Ende einer Unterrichtseinheit, besonders geeignet erscheinen. Es bietet sich aber auch als Wiederholungsmethode an, z. B. vor Prüfungen oder zur Auffrischung alten Unterrichtsstoffs. Das Gruppenturnier weist bereits einen starken Spielcharakter auf, den Kinder und Jugendliche sehr schätzen. Da eine intensive Auseinandersetzung mit einem vertrauten Stoffgebiet oder allgemein Wiederholungen meist sehr zäh ist, stellt das Gruppenturnier eine Chance dar, der aufkommenden Langeweile entgegenzuwirken.

Die Methode umfasst zwei Phasen:

1. Nach einem Vortest, der den Leistungsstand der Lernenden misst und einer kurzen Einführung im Klassenunterricht, arbeiten die Kinder oder Jugendlichen in leistungsheterogenen Kleingruppen. Diese bestehen im Idealfall aus vier Personen.
2. In einer zweiten Phase findet dann das eigentliche Turnier statt, in dem der Wissensstand der Lernenden überprüft wird. Für dieses Turnier stehen Frage- und Antwortkärtchen zur Verfügung. Jeder Teilnehmer muss versuchen, möglichst viele dieser Kärtchen zu gewinnen. Auch diese Phase spielt sich in Kleingruppen ab. Es sitzen immer ca. vier Spieler um einen Tisch, auf dem eine bestimmte Anzahl Kärtchen liegen. Im Rotationsverfahren beantworten die Beteiligten die auf den Kärtchen stehenden Fragen und dürfen sie bei richtiger Antwort behalten.

Bezogen auf den schulischen Unterricht weist das Gruppenturnier die folgenden Merkmale auf:

- Klassenunterricht: Im herkömmlichen, meist eher frontalen Unterricht wird in den Gegenstandsbereich eingeführt bzw. eine Kurzwiederholung des Stoffes durchgeführt.
- Gruppenlernen: In kleinen heterogen zusammengesetzten Gruppen üben Schüler kooperativ den Unterrichtsstoff. Dazu stehen Schulbücher und Arbeitsblätter zur Verfügung. Die Organisation dieser Gruppenarbeitsphase bleibt den Lernenden überlassen. Ziel ist es, dass alle Mitglieder der Gruppe den Wiederholungsstoff ausreichend beherrschen.

- Turniere: Die Schüler verteilen sich auf die Turniertische. An Tisch 1 sitzen die vier Lernenden, die im Vortest am besten abgeschnitten haben, an Tisch 2 die in der Leistungsstärke nachkommen usw.. Es gibt so viele Turniertische wie Vierergruppen in der Klasse existieren. Auf den Tischen befinden sich Kärtchen mit Fragen zum Unterrichtsstoff. Auf der Rückseite steht die jeweilige Antwort. Sieger am Gruppentisch ist der Spieler, der die meisten Kärtchen gewonnen hat. Die Kärtchen differenzieren nach Schwierigkeitsgrad. An Tisch 1 liegen die Kärtchen mit dem höchsten Schwierigkeitsgrad usw.. Nach Abschluss einer ersten Turnierrunde können die Gruppentische neu zusammengesetzt werden.
- Rückmeldung an die Gruppe: Die Lernenden der Ausgangsgruppe zählen ihre Kärtchen zusammen; die Gruppe, die die meisten Kärtchen gewonnen hat, ist Tagessieger. Wichtig ist darüber hinaus die Reflexion über die vorhergehende Gruppenarbeit und über das „Spiel" an den Turniertischen.

Nach einer ersten Turnierphase kommen die Mitglieder einer Gruppe wieder zusammen, um ihre gewonnenen Kärtchen zu zählen. Nun kann es durchaus sein, dass das Mitglied, das am „schwächsten" Tisch saß, die meisten Kärtchen gewonnen hat. Seine Zuordnung und sein Einsatz an diesem Tisch hat sich für die Gruppe gelohnt. In einem zweiten Durchgang bestimmen die Schüler erneut, wer wohin geht. Wichtig ist, dass die Phase der Einteilung immer wieder mit der Klasse reflektiert wird, so können mögliche Rivalitäten am ehesten vermieden werden.

Zur Vorbereitung des Gruppenturniers muss die Lehrperson zunächst einmal einen Vortest ausarbeiten. Es handelt sich dabei um Fragen über das zu wiederholende Wissensgebiet.

Beispiel:

Fragekarte:

Thema Ritter und Burgen: *Wie wurde auf einer Burg die Zugbrücke bewegt?*

Antwortkarte:

Ein Gewicht von Steinen drückte sie nach oben.

Ein einfaches Punktesystem erleichtert die Auswertung. Für die Gruppenarbeitsphase muss die Lehrperson Arbeitsblätter vorbereiten oder Übungen aus dem Schulbuch heraussuchen. Die Lösungen und die Lösungswege sollten in einem eigens vorbereiteten Kontrollblatt jeder Gruppe zur Verfügung stehen. Für die Turnierphase müssen viele Kärtchen geschrieben werden. Auf die Vorderseite der Karte wird die Frage, auf die Rückseite die Antwort geschrieben. Dabei müssen die Fragen in ihrem Schwierigkeitsgrad variieren. Zur Kennzeichnung der Tische müssen Tischkärtchen angefertigt werden.

Übrigens lässt sich das Gruppenturnier auch ganz ohne die Einteilung in heterogene Gruppen durchführen. Gruppen, die sich beliebig zusammensetzen, üben gemeinsam. Dann wird in jeder Gruppe gelost, wer Spieler A, B, C oder D ist. Alle A's gehen an Tisch 1, alle B's an Tisch 2 usw.. So fällt der Leistungsgedanke nicht so sehr ins Gewicht. Auf den Vortest kann hier gegebenenfalls verzichtet werden.

Eine dritte Variante wäre die, nur die Turnierphase zu übernehmen. Nach einer Übungs- und Wiederholungsphase im üblichen Unterricht setzen sich die Schülerinnen und Schüler in Gruppen zusammen. In jeder Gruppe wird die gleiche Anzahl an Kärtchen ausgeteilt. Dabei können sich die Fragen pro Gruppe unterscheiden (hier können anschließend die Kärtchen ausgetauscht werden) oder gleich sein. Die Gruppen spielen jetzt nur die Turnierphase. Wer am Ende die meisten Kärtchen der ganzen Klasse gewonnen hat, ist Tagessieger. Es liegt auf der Hand, dass der Materialienaufwand hier geringer ist. Im Grunde müssen nur die Kärtchen für die Turnierphase hergestellt werden.

7.8. Runder Tisch

Viele Jugendliche und Erwachsene wagen deshalb keine persönlichen Gedanken und Gefühle zu äußern, weil sofort eine kritische Diskussion darüber beginnt. Damit nun vor der kritischen Auseinandersetzung auch eine angstfreie, persönliche Äußerung und ein gegenseitiges Verstehen gefördert werden, kann für die erste Gesprächsphase die Spielregel aufgestellt werden, dass zuerst jeder reihum einfach sagt, was er meint und empfindet.

Die Methode „runder Tisch" erfordert als Material für jede Gruppe ein einzelnes Blatt Papier. Die Gruppenmitglieder beantworten die jeweils aktuelle Frage oder lösen das anstehende Problem, indem sie ihre Gedanken laut ausformulieren, während sie sie aufschreiben. Als Regel gilt: Die Teilnehmer dürfen bei der Formulierung ihrer Gedanken nicht gestört werden. Während das Papier den Uhrzeigersinn nach um den runden Tisch wandert, sind nur Verständnisfragen zugelassen.

Die ungestörte Beantwortung der Frage unterstützt die Ausbildung sozialer Kompetenzen und fördert das Interesse an der Meinung des anderen. Anstatt eines Papieres kann auch eine Folie verwendet werden, die anschließend auf dem Projektor präsentiert wird. Um eine Zusammenfassung zu erhalten, werden zwei Reporter gebeten, ihre Erkenntnisse zu notieren um sie dann der Lerngruppe mitzuteilen.

Wichtig ist, dass der Leiter eine Frage oder ein Problem formuliert, das multiple Antworten gestattet oder anregt. Lernende, die mit kooperativen Methoden vertraut sind, werden die Elaboration („tiefe Verarbeitung“) als Anregung und Herausforderung erleben. Voraussetzung dafür sind ansprechende Fragen oder Impulse. Beispiele:

- Welches sind die Vorteile, welches die Nachteile eines offenen Unterichts?
- Unter welchen Umständen ist selbstgesteuertes Lernen angemessen? Wann ist es weniger gut geeignet?
- Welche Strategien und Methoden eignen sich dazu, Probleme zwischen einzelnen Gruppenmitgliedern zu lösen?

7.9. Sprechende Schaltkreise

„Sprechende Schaltkreise“ unterstützen die volle Partizipation der Mitglieder kooperativer Lerngruppen. Ihr Einsatz ist vor allem dann angezeigt, wenn kontroverse Ansichten vorherrschen. Bei dieser Methode verfügt jeder Teilnehmer über einen sprechenden Chip. Gemeint ist ein Gegenstand (z. B. Puppe, Holzfigur, Stein), den er abgeben muss, wenn er eine Information an die Gruppe weitergibt oder einen Diskussionsbeitrag liefert. Wichtig ist dabei, dass jeder nur dann sprechen darf, wenn alle anderen Gruppenmitglieder aufmerksam sind. Haben alle Teilnehmer gesprochen, nehmen sie ihre „sprechenden Chips“ wieder auf und die nächste Diskussionsrunde beginnt.

„Sprechende Schaltkreise“ fördert das Zuhören und den zwischenmenschlichen Austausch. Vor allem Gruppenmitglieder, die dazu neigen sich vorschnell zu äußern, überlegen genau, was sie zu sagen haben, bevor sie sich einbringen, zumal sie das Rede-Recht anschließend wieder abgeben müssen. Auch zurückhaltenden Personen kommt diese Methode sehr entgegen, da sie sich in dieser Umgebung sicher fühlen können.

7.10. Aufsätze verfassen

Die von Sherman (1991, zit. nach Cottell, Jr. & Mills, 1993, S. 53) entwickelte Methode eignet sich vor allem für jüngere Lernende. Als Vorbereitung auf eine entsprechende Sitzung werden die Teilnehmer gebeten, einen Text zu lesen (z. B. aus einem Fach- oder Lesebuch). Ausgehend von dem gewählten Text sollen sie eine Frage formulieren, die anschließend in Form eines Aufsatzes beantwortet wird. Vor dem eigentlichen Gruppenunterricht bereiten die Teilnehmer zwei Arbeitsblätter vor: eines enthält sowohl die Antwort als auch die Frage, das andere zeigt lediglich die Frage. Letztgenanntes wird im Unterricht (zufällig gebildeten) Lerntandems übergeben, die sie beantworten sollen.

Nach dieser Schreibphase lesen die Tandems den im Unterricht entstandenen Aufsatz ihres jeweiligen Partners. Dann stellen sie Vergleiche mit den zu Hause vorbereiteten Geschichten an. Gemeinsamkeiten und Unterschiede werden diskutiert. Um die individuelle Verantwortlichkeit zu erhöhen, können die Ergebnisse bewertet werden. Auch eine Klassendiskussion kann sich anschließen.

7.11. Kooperative Überprüfung

Eine kooperative Lern-Überpüfung kann traditionelle Formen der Überprüfung/Reflexion ergänzen. Üblicherweise werden die Lernenden gebeten, Fragen zum Lerninhalt in den Unterricht einzubringen. Allerdings sind diese Fragen häufig oberflächlich und schlecht vorbereitet.

Auch in der kooperativen Lernüberprüfung bringt jede Person eine Frage zum Lernmaterial in den Unterricht. Aber anders als in der traditionellen Form – liefern die Gruppenmitglieder die Antworten selbst. Fällt einzelnen Lernenden keine Frage zum Lernmaterial ein, sind sie angehalten eine Examens- bzw. Prüfungsfrage für die anderen Gruppenmitglieder vorzubereiten. Weil sich die Lernenden mit den Fragen, die sie finden, aktiv auseinandersetzen, werden sie eher herausfordernde oder anspruchsvolle Fragen formulieren. Wer eine Prüfungsfrage formuliert, wird erkennen, welche Informationen noch erfragt oder welche Kenntnisse noch erworben werden müssen (Cottel, Jr. & Millis, 1993, S. 55).

Eine eher interaktive Form der Frageformulierung kann mit der folgenden Aufgabe erreicht werden (Holt, Chips & Wallace, 1991):

- Jeder Teilnehmer schreibt eine Frage auf eine Seite und die Antwort auf die andere Seite eines Blattes.
- Ein Teilnehmer eines Teams (bestehend aus vier Personen) sammelt die Fragen ein und gibt sie an ein anderes Team weiter.
- Nun arbeiten die Paare innerhalb der Teams weiter: Jedes Paar greift zwei Fragen auf. Partner 1 stellt Partner 2 zwei Fragen; Partner 3 stellt Partner 4 die beiden anderen Fragen. Partner 2 fragt dann Partner 1; Partner 4 fragt Partner 3. Die beiden Paare wechseln dann die Fragen und besprechen den Prozess.
- Anschließend wird geprüft, ob die Antworten korrekt sind.
- Wurden alle vier Fragen beantwortet, tauscht das Team die Fragen mit einem anderen Team. Die Teilnehmer setzen diesen Prozess fort bis alle Teams alle Fragen beantwortet haben.

7.12. Schneeball-Gruppen

Ausgangspunkt dieser Methode sind einzelne Lernende und Lerntandems. Diese können leicht ausgeweitet werden, indem sich Partnergruppen zu Vierergruppen und Vierergruppen zu Achtergruppen zusammen schließen, die anschließend dem Plenum zu einem gewählten Thema Bericht erstatten. Dieses Verlaufsmuster in Gruppen wird als Schneeball bezeichnet.

Die Methode der Schneeballgruppen dient der fortschreitenden Entwicklung oder Ausarbeitung von Ideen. Vor einer Diskussion gibt sie den Teilnehmern Raum, für sich selbst nachzudenken, später begünstigt sie eine lebendige Partizipation in einem Plenum.

Die Technik erweist sich als sinnvoll, wenn es darum geht, das Verstehen und die aktive Teilnahme zu unterstützen. Allerdings wird dasselbe Thema wiederholt diskutiert, was bei einigen Teilnehmern zu Langeweile führen kann. Eine Sequenz von zunehmend anspruchsvolleren Aufgabenstellungen erscheint häufig notwendig. Nachteilig kann sich ferner bemerkbar machen, dass das konzentrierte Arbeiten in einigen Gruppen unterbrochen oder gestört wird. Außerdem benötigt der häufige Wechsel der Interaktionsformen recht viel Zeit. Abbildung 7.1. illustriert eine mögliche Aufgabenstellung.

Einzelne		Fasse deine Probleme beim Aufsatzschreiben in einer Liste zusammen
Lerntandems		Vergleicht eure Listen miteinander (5 Minuten)
Vierergruppe	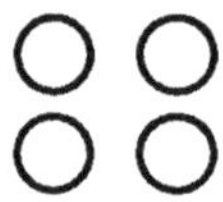	Vergleicht eure Probleme und erstellt Kategorien (Problembündel) (15 Minuten)
Achtergruppe	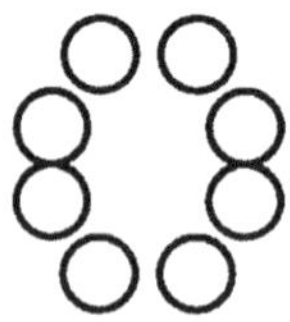	Formuliert Lösungsvorschläge (20 Minuten)
Gesamt-Gruppe		Diskutiert und reflektiert die Ergebnisse und Methoden

Abb. 7.1: Schneeballgruppen

8. Durch kooperatives Lernen träges Wissen vermeiden

8.1. Was ist träges Wissen

Träges Wissen beschreibt das Phänomen, dass Wissen nur schwer in effektives Handeln umgesetzt werden kann. Dabei ist das Wissen prinzipiell vorhanden, es kann aber im konkreten Fall nicht abgerufen und in einer angemessenen Situation zum Einsatz gebracht werden.

Kognitionspsychologen sehen das Kernproblem darin, dass neue Informationen nicht in bestehendes Vorwissen integriert werden und deshalb wenig vernetzt und damit zusammenhangslos bleiben.

Das übliche, in deutschen Klassenzimmern und Hörsälen dominierende Faktenwissen bleibt demnach „träge" – Lernbausteine aus separierten Wissenselementen, die im Gehirn der Schüler und Studierenden keine Verknüpfungen mit zuvor Gelerntem anregen. Träges Wissen bleibt auf den Kontext beschränkt, in dem es erworben wurde und kann nur in diesem Rahmen genutzt werden (z. B. für die Klassenarbeit).

Ein typisches Beispiel hierfür ist ein in der Schule erworbenes theoretisches Wissen, das in einem außerschulischen Kontext oftmals nicht angewandt wird (Renkl, 1996, 2004).

Die Gründe hierfür dürften in zwei Besonderheiten des Schulalltags zu suchen sein:

Zum einen stehen Anleitung und Instruktion im Vordergrund. Entsprechend bleiben die Schüler bei der Wissensvermittlung relativ passiv, da ausschließlich die Lehrenden den aktiven Part übernehmen.

So verwundert es nicht, dass die Lernenden nicht in der Lage sind Kenntnisse der theoretischen Lernsituation auf mögliche Anwendungsfelder zu transferieren, weil sie nicht wissen, wofür sie etwas lernen und wann und unter welchen Bedingungen das Gelernte sinnvoll anzuwenden ist (Gruber, Mandl & Renkl, 2000).

Zum zweiten ist die Wissensvermittlung an Schulen und Hochschulen oftmals zu wenig anwendungsbezogen, zu abstrakt und systematisiert.

Aktive und konstruktive Lernprozesse die Situationsgebundenheit von Lernen und Wissen werden nicht hinreichend berücksichtigt.

Die Folge ist ein mangelndes Verständnis des Gelernten: Die notwendige Vertiefung erfolgt nur in Ausnahmefällen. Weitere Konsequenzen wurden bereits angedeutet: Das Wissen kann in schul- oder universitätsanalogen Problemsituationen genutzt werden (z. B. Prüfungen), in komplexen, alltagsnahen Situationen ist seine Anwendung dagegen nicht möglich.

8.2. Träges Wissen im sozialen Kontext vermeiden

Erfahrungen des trägen Wissens lassen Zweifel an der Angemessenheit „traditioneller“ kognitivistisch geprägter Lehrmodelle aufkommen, die man bis heute unter anderem in Form von Frontalunterricht und einem autokratischen Führungsstil der Lehrerinnen und Lehrer vorfinden kann. Dem steht die lerntheoretische Erkenntnis gegenüber, dass Lernen und Lerninhalte keine Selbstzwecke darstellen, sondern Möglichkeiten zur Lösung vielfältiger Alltagsprobleme schaffen sollen (Weinert, 1989). Die Schnelllebigkeit und die raschen Veränderungen in allen Lebensbereichen erfordern heute doch in den seltensten Fällen die Vermittlung vom enzyklopädischen Wissen und eine möglichst genaue Reproduktion des früher einmal Gelernten. Das, was zählt, ist die Fähigkeit sich in dieser Informationsflut zurechtzufinden, und das bereits erworbene Wissen auf neue Situationen zu übertragen, bzw. Neues zu erlernen und dabei frühere Lern- und Problemlösungsstrategien zu verwenden. „Gefragt ist nämlich nicht nur Wissen, sondern auch Verstehen, nicht nur Behalten, sondern auch Anwenden des Gelernten, nicht nur die Entwicklung von Fertigkeiten, sondern auch von Fähigkeiten“ (Weinert: 1989, S. 689f.)

Wie kann nun träges Wissen vermieden werden? Wie kann neues Wissen sinnvoll mit praktisch bedeutsamen Kontexten und Handlungen verknüpft werden?

Sollen diese Fragen befriedigend beantwortet werden, führt kein Weg an der Förderung anwendungsbezogener theoretischer Wissensbestände vorbei. Es gilt Lernumgebungen zu entwickeln, die es Lernenden ermöglichen, Theorie und Anwendung zu verbinden, die Anwendungssituation aus einer eigenen (persönlich bedeutsamen) Perspektive zu betrachten und sie in die Lage versetzen, Probleme eigenständig zu erkennen und zu lösen (Kohler 1998).

Hier liegen zentrale Anknüpfungspunkte des kooperativen Lernens. Längst hat sich die Annahme bestätigt, dass wir in Kooperation mit Lernpartnern besser lernen und denken denn als Sololerner. Allgemeine Lern- und Denkfertigkeiten werden im Kleingruppenunterricht, in der Teamarbeit und in Diskursgemeinschaften oftmals wirksamer und nachhaltiger gefördert als beim Lernen in Einsamkeit.

Soziale Kontexte, wie sie Situationen des kooperativen Lernens darstellen, befördern nicht nur die verstehensgünstige Elaboration eigenen Wissens und die Dezentrierung eigener Standpunkte, sondern bieten auch eine soziale Plattform zur reziproken Modellierung von geistigen Methoden und Vorgehensweisen. Geübte Denker können ihre entwickelten Strategien und die diesen zugrunde liegenden geistigen Aktivitäten offen legen und weniger geübten Partnern damit Gelegenheit zur Nachahmung und Verinnerlichung bieten. Der Rahmen sozialer Gruppen sowie Lehr-Lerndialoge mit Lehrpersonen und Lernpartnern schaffen ein Gerüst („scaffold"), mit dessen Hilfe Methoden, Prozesse und Strategien erprobt werden, die vom Lernenden allein (noch) nicht vollzogen werden können.

Wie ein solches Gerüst aussehen kann, beschreiben beispielsweise sozio-kulturelle Theorien des kooperativen Lernens (siehe Abschnitt 6.1). Nach Vygotskys (1978) Theorie der Internalisierung und Personalisierung lernt das Kind durch Beobachtung und fortschreitende Verinnerlichung von zuerst auf der sozialen Bühne – zwischen Erwachsenen, zwischen Kindern und Erwachsenen oder zwischen Lernpartnern – vollzogenen intermentalen Dialogen und Austauschprozessen allmählich deren Formmerkmale (wie z. B. Denk-, Argumentations-, Begründungs- und Schlussfiguren) wahrzunehmen und in sein intramentales Verhalten zu integrieren. Einige Methoden des kooperativen Lernens etwa die reziproke Lehre (siehe Abschnitt 6.4.2) setzen diese Überlegungen in die Praxis um.

Welche Prozesse des kooperativen Lernens aus der Sicht der Instruktionspsychologie „träges" Wissen verhindern und vernetztes sowie anwendungsrelevantes Wissen fördern, soll nun genauer erläutert werden.

8.3. Träges Wissen in der Perspektive der Instruktionspsychologie vermeiden

In der Perspektive der Instruktionsforschung sind zur Vermeidung von trägem Wissen primär Authentizität und Situiertheit der Aufgabenstellung, ein sozialer Kontext für das Lernen und die Möglichkeit bzw. Notwendigkeit multiple Perspektiven und Kontexte einzunehmen, von Bedeutung (Arzberger & Brehm 1994). Authentizität und Situiertheit erfordern, dass möglichst reale Situationen in ihrer Komplexität widergespiegelt werden und Lernende in diesem Umfeld als Experten lernen und handeln können.

Der Lernende soll vielfältige und realitätsnahe Lernerfahrungen bekommen, die auch die unterschiedlichen Anwendungsbedingungen des Wissens umfassen. Dies beschleunigt den Transfer des Wissens auf für den Lerner relevante Probleme.

Wer Authentizität und Situiertheit unterstützen will, kann dies durch dialogisches, zunehmend selbstständig gestaltetes prozessorientiertes und reflexives Lernen erreichen. Dies führt nicht nur zum langfristigen Auf- und Ausbau der Lern- und Denkfähigkeiten der Schüler oder Studierenden, sondern auch zur Ausbildung eines positiven Selbstbildes und damit einer produktiven Beziehung zu sich selbst als lernendem Individuum.

Bis zu welchem Grad diese anspruchsvollen Ziele erreicht werden können, hängt in hohem Maße von der Gestaltung kooperativer Aufgaben ab.

8.4. Implikationen für kooperative Aufgaben

Neben der Förderung allgemeiner individueller und sozialer Kompetenzen wie Selbstvertrauen, Wertschätzung für andere, Verantwortung gegenüber der Gruppe, Teamfähigkeit oder Toleranz existieren an kooperative Aufgaben und deren Lösung drei zentrale Anforderungen. Lernen ist erfolgreich, wenn – aufbauend auf einer intensiven Interaktion der Gruppenmitglieder – kognitive Elaboration, die Herstellung multipler Perspektiven und die Konstruktion gemeinsamen Wissens stattfinden.

8.4.1. Kognitive Elaboration

Unter lernpsychologischer Perspektive ist die Möglichkeit zur kognitiven Elaboration in kooperativen Szenarien das zentrale Argument für die Wirksamkeit von kooperativen Lernformen – gerade was die Vermeidung von trägem Wissen angeht.

Elaborationsprozesse sollten dabei bi- bzw. multidirektional erfolgen, so dass alle Gruppenmitglieder beispielsweise von den Vorteilen des „Lernens durch Lehren" (Renkl 1997) oder des „Wechselseitigen Lehrens und Lernens" (Huber, Konrad & Wahl, 2001) profitieren. Grundsätzlich wird davon ausgegangen, dass neue Informationen erst durch kognitive Umstrukturierungs- oder Elaborationsprozesse mit den vorhandenen kognitiven Schemata verknüpft werden können. Neue Information wird begriffen, indem sie „passend" in die Schemata eingefügt wird. Elaboration bedeutet hierbei, Lösungen gründlich auszuarbeiten und umfassend und sprachlich exakt darzustellen, zu begründen und zu belegen.

Je besser eine neue Information elaboriert wird, desto eher wird sie in die vorhandenen Wissensstrukturen integriert. Verantwortlich für eine gelungene Elaboration sind geeignete Lernaktivitäten. Dabei können verschiedene Formen des Diskurses wichtig werden, etwa die transaktive Diskussion (z. B. Integration, Kritik, Klärung oder Richtigstellung) oder die Erklärung (z. B. die Präsentation des Lernstoffs aus eigener Sicht).

Webb fand in verschiedenen Studien, dass das Geben elaborierter Erklärungen ein guter Prädiktor für den Lernerfolg ist. Allerdings müssen bestimmte Voraussetzungen vorhanden sein, damit auch derjenige, der die Erklärung erhält, davon profitieren kann, z. B. muss er das Erklärte während der weiteren Kooperation selbst anwenden (Webb, 1991).

Damit nicht nur kompetente Personen von Austausch und Diskussion profitieren, muss eine Struktur geschaffen werden, die allen Mitgliedern – unabhängig vom Status in der Gruppe und der individuellen Kompetenz – Elaboration bzw. Explanation ermöglicht. Hauptansatzpunkt ist dabei die Gestaltung der Aufgabe. Gestaltet man sie beispielsweise als Gruppenpuzzle (siehe Abschnitt 6.3.1) oder Multiinterview, so sollten statusunabhängige explanative Prozesse gefördert werden.

8.4.2. Multiple Kontexte und Perspektiven

Für die Überwindung von trägem Wissen relevant sind ferner multiple Kontexte sowie multiple Perspektiven. Bei multiplen Perspektiven wird die Lernsituation so aufgebaut, dass dem Lernenden verschiedene Perspektiven auf den Lernstoff möglich sind. In Kooperation geschieht dies in der Regel schon dadurch, dass Lernende versuchen müssen, die oft abweichenden Sichtweisen der anderen Gruppenteilnehmer nachzuvollziehen. Dadurch können Alternativen identifiziert und bewertet werden. Das Lernziel geht dabei weit über den Erwerb von Faktenwissen hinaus.

Auch Expertenkniffe, Überzeugungen oder ethische Standards können auf diese Weise erworben werden.

Allerdings kann sich ein Individuum der Auseinandersetzung mit divergierenden Positionen auch entziehen. Beispielsweise können Gruppenteilnehmer etwa abweichende Meinungen ignorieren, so dass kognitive Umstrukturierungen oder eine Erweiterung der eigenen Denkweise nicht erforderlich sind. Die Beschäftigung mit multiplen Perspektiven sollte daher ebenfalls unmittelbar in der Aufgabenstellung verankert sein. Auch hier stellen Methoden wie Gruppenpuzzle oder Multiinterview effektive Möglichkeiten dar, multiple Perspektiven nicht nur zu ermöglichen, sondern als notwendig zur Aufgabenlösung zu präsentieren.

8.4.3. Konstruktion gemeinsamen Wissens

Ein weiterer Vorzug kooperativer Lernformen im Hinblick auf die Konstruktion nachhaltigen Wissens wird im Ansatz des situierten Lernens („situated cognition") propagiert. Lernen wird hier als aktiver, selbstgesteuerter, situierter und konstruktiver Prozess aufgefasst. Zudem wird Lernen primär als gemeinsame Ko-Konstruktion von Wissen (shared knowledge construction) betrachtet.

Ähnlich wie der Konstruktivismusbegriff ist der Terminus „situated cognition" allerdings nicht eindeutig definiert – auch hier haben wir es mit mehreren theoretischen Varianten zu tun, denen folgende Grundüberlegungen gemeinsam sind:

- Das Denken und Handeln eines Individuums lässt sich nur im Kontext verstehen.
- Lernen ist stets in konkrete Situationen eingebunden.
- Wissen wird durch das wahrnehmende Subjekt konstruiert.
- Wissen wird von den beteiligten Individuen im Rahmen sozialer Transaktionen gemeinsam konstruiert („geteiltes Wissen").

Für die (hoch)schulpraktische Anwendung von Ansätzen der „situierten Kognition" ist die Forderung nach Interdependenz von zentraler Bedeutung. Das heißt, kooperatives Lernen setzt Aufgaben voraus, die „auch tatsächlich gemeinsam (d.h. von mehreren Gruppenmitgliedern zusammen) bearbeitet werden können" (Reinmann-Rothmeier & Mandl, 2002). Die gemeinsame Bearbeitung der Aufgabe wird nicht nur als Option, sondern als zwingend notwendig erachtet.

Dass Kognition und Wissenserwerb sozial geteilte Aktivitäten sind, spiegelt sich in der Nutzung kooperativer Lernformen in besonderem Maße wieder. Zugleich bleibt festzuhalten, dass der soziale Kontext nur eine notwendige aber keine hinreichende Grundlage für die Konstruktion gemeinsamen Wissens ist. Intensive Interaktion und die Konstruktion gemeinsamen Wissens müssen speziell gefördert werden. In welcher Weise dies geschehen kann, wurde in Kapitel 6 anhand mehrerer kooperativer Lernformen erläutert und soll nun am Beispiel des Multiinterviews weiter vertieft werden.

8.5. Elaboration, Multiple Perspektiven und Wissenskonstruktion am Beispiel des Multiinterviews

Das Multi-Interview lässt sich als Weiterentwicklung des Partner- bzw. Gruppeninterviews (siehe Abschnitt 7.2) begreifen. Die theoretischen Grundlagen sind identisch. Neu ist der Gedanke, die am wechselseitigen Interview beteiligte Personen- und Perspektivenzahl deutlich zu erhöhen. Im Idealfall umfasst das Multiinterview die folgenden Phasen:

1. **Einführung:** Nach der Einführung in die Thematik (z. B. kooperatives Lernen) werden relevante Fragen zum Lernstoff formuliert
2. **Auswahl der Fragen:** Die Lernenden wählen eine Frage und beantworten sie möglichst elaboriert in Einzelarbeit.
3. **Kommunikation:** In der Kommunikationsphase tauschen sich die Teilnehmer/innen aus. Sie interviewen mehrere Lernpartner und notieren deren Antworten. In dieser Phase geht es darum, Argumente und Informationen zu sammeln, um ihre Frage aus unterschiedlichen Perspektiven beleuchten zu können.
4. **Organisation:** Anschließend treffen sich die Lernenden, die dieselbe Frage bearbeitet haben, zu einem Informationsaustausch. Hier werden die Antworten gesichtet und nach Themen geordnet. Multiple Perspektiven und Argumentationsweisen werden herausgearbeitet. Ein wesentlicher Aspekt ist hier außerdem die Konstruktion gemeinsamen Wissens in intensiver Interaktion durch die Gruppe.
5. **Reflexion:** Am Ende der Lernsequenz erfolgt eine Reflexion der Methode im Plenum.

Der phasenweise Ablauf des Multiinterviews (vgl. Clarke 1985, 1994, Huber, A. 2004) wird im Folgenden am Themenfeld „kooperatives Lernen fördern“ demonstriert (vgl. Tabelle 1 und 2). Tabelle 1 informiert zunächst über die Instruktion der Teilnehmer.

Tab. 8.1: Schriftliche Anweisung

Aufgabe: Multi-Interview
Versuchen Sie zunächst die unten stehende Frage für sich selbst zu beantworten. Gehen Sie dann im Raum umher und stellen diese Frage möglichst vielen Gesprächspartnern. Ergänzen Sie dabei in einem kurzen Austausch Ihre eigene Antwort. Treffen Sie sich anschließend mit den Kolleg/innen, die die gleiche Frage gestellt haben.

Tabelle 2 fasst die Fragen zusammen, die im Multiinterview von den Lernenden beantwortet werden sollen. Jeder Teilnehmer und jede Teilnehmerin ist angehalten, seine/ihre Frage mindestens fünf anderen Personen zu stellen.

Tab. 8.2: Fragen des Multiinterviews

1. Welche Rolle spielen Lernstrategien für den Erfolg des kooperativen Lernens. Wie kann man Schülern Lernstrategien nahe bringen?
2. Welche Rolle spielen Metakognitionen für den Erfolg des kooperativen Lernens. Wie kann man die Metakognitionen von Schülern aktivieren?
3. Kannst du psychologische oder pädagogische Theorien nennen, die sich in besonderem Maße um die Anregung / Förderung von kooperativem Lernen kümmern?
4. Unter welchen Bedingungen seitens der Schüler, Lehrer sowie der Lehrmethoden gelingt kooperatives Lernen im Unterricht besonders gut?
5. Sind dir Lehr-/ Lernmethoden bekannt, mit denen der Dialog zwischen den Teilnehmer/innen gefördert werden kann? Worauf kommt es dabei besonders an?
6. Wie kannst du dafür sorgen, dass die Schüler beim kooperativen Lernen multiple Perspektiven und Kontexte erleben?

Das Multiinterview aktualisiert die oben genannten Prozesse, die sich in besonderem Maße dazu eignen, träges Wissen zu vermeiden: es regt Interdependenzen der Teilnehmerinnen an, fördert Interaktion und kognitive Elaboration, berücksichtigt das Prinzip der multiplen Perspektiven und Kontexte sowie die Konstruktion gemeinsamen Wissens. Auf diese Weise – und dies war der Grundgedanke dieses Abschnittes –, kann träges Wissen in vielfältiger Weise vernetzt und anwendungsbezogen erworben werden.

9. Kooperatives Lernen evaluieren

Diese Kapitel widmet sich den folgenden Fragen:

1. Welche Chancen und Risiken bietet die Evaluierung von Lehr-Lernsequenzen?
2. Welche Verfahren der Evaluation werden unterschieden?
3. Wie werden diese Methoden in der Praxis genutzt?
4. Was ist bei der Auswertung der damit gewonnenen Informationen zu beachten?

9.1. Allgemeine Hinweise

Wann immer zwei oder mehr Menschen miteinander interagieren, geschieht dies nicht wertfrei. Lehrer beurteilen Schüler, Schüler bewerten Lehrer, beide beurteilen ihre Kollegen oder Klassenkameraden. Solche mehr oder weniger bewussten Bewertungen sind an der Tagesordnung und sie sind wichtig, weil sie im Rahmen sozialer Aushandlungsprozesse die Aufnahme neuer Informationen, die Bildung neuer Einsichten, Einstellungen und Verhaltensweisen anstoßen können.

Das Problem dabei ist: Wenn andere uns beurteilen, fühlen wir uns oftmals bedroht oder abgewertet (Jaques, 1994, S. 221). Wir empfinden die Wertung als Attacke auf unser Selbstbild oder auf unsere Selbstachtung. Die Konsequenz liegt auf der Hand: der subjektive Eindruck, von anderen beurteilt zu werden, zieht häufig abwehrende Reaktionen nach sich. Mit einem „defensiven" Klima muss man vor allem dann rechnen, wenn die vorherrschende Kommunikationsform durch Elemente der Macht, Kontrolle oder Überlegenheit geprägt wird (Gibb, 1961; zit nach Jaques, 1984, S. 221). Ganz andere Qualitäten weist eine offene und unterstützende Kommunikation auf: es dominieren unvoreingenommene Beschreibung, Problemorientierung, Spontaneität, Empathie und Gleichberechtigung. Aussagen wie „es scheint, dass du Schwierigkeiten mit Schülern hast, die in der Diskussion ihre eigene Meinung zum Ausdruck bringen" wirken weitaus eher unterstützend als die Mitteilung: „du bist nicht in der Lage, eine Diskussion kompetent zu leiten".

Wie diese einführenden Überlegungen nahelegen, hängt der Erfolg einer Evaluation – im Sinne einer systematischen Analyse von Gruppenprozessen – wesentlich davon ab, wieweit sie von den Beteiligten akzeptiert werden kann. Ein positives Beispiel einer Gruppenreflexion mag diese Einsicht weiter unterstreichen:

- Paul sagt, wie er sich fühlt.
- Paul beschreibt, was er beobachtet hat, was er in der Interaktion bewusst gesehen hat, was er an anderen Personen wahrgenommen hat.
- Die anderen beschreiben dann, was sie bei Paul beobachtet haben.
- Paul führt positive Aspekte seiner Aktivitäten an.
- Wenn Paul fertig ist, nennen andere Personen positive Erfahrungen.
- Paul nennt negative Aspekte seines Handelns, ist aber gehalten, diese in Problemfragen zu übersetzen: „Ich ließ A zu lange reden" wird zu „Wie kann ich verhindern, dass jemand zu viel Zeit für sich in Anspruch nimmt?"
- Andere Personen nennen negative Eindrücke und übersetzen sie ebenfalls in Problemfragen.
- Paul beschreibt abschließend wie er sich fühlt.

Der Vorzug dieses Vorgehens besteht darin, dass (Jaques, 1984, S. 223)

- es zunächst eine möglichst wertfreie Beschreibung der Ereignisse verlangt
- wenig bedrohlich auf Paul wirkt
- es ein hohes Maß an Bewusstheit aller an dem Prozess Beteiligten anregt
- Paul die vermuteten Kritikpunkte vor den anderen zum Ausdruck bringen kann
- eine konstruktive zukunftsweisende Sichtweise unterstützt wird.

Es bleibt festzuhalten, dass die Analyse und Bewertung des Gruppengeschehens vor allem dann zu Verbesserungen und neuen Perspektiven führt, wenn

1. sie Erfahrungen fördern, die sich durch ein Klima der Offenheit, Vertrautheit und Aufrichtigkeit auszeichnen;
2. sie als kooperativer Prozess organisiert ist, in dem Lehrende und Lernende ihre Erfahrungen artikulieren und bereit sind, daraus zu lernen;
3. die Verwendung der Ergebnisse klar und ein Missbrauch ausgeschlossen ist;
4. sie eher als Phase im Leben einer Gruppe und weniger als deren Abschluss realisiert wird, so dass alle Beteiligten Gelegenheiten zur Entwicklung und Veränderung erhalten (Jaques, 1984, S. 224).

Die Bedeutung und Effektivität einer Evaluation hängt von weiteren Fragen ab:

- Wer initiiert die Evaluation?
- Wer führt sie durch?
- Wer wertet sie aus?
- Was geschieht mit den Ergebnissen?

Generell gilt: je mehr die Evaluation als gewöhnlicher Prozess angesehen wird, von dem sich alle Beteiligten angesprochen fühlen und Verantwortung für die Ergebnisse übernehmen, desto größer erscheint die Möglichkeit, Veränderungen in die Wege zu leiten. Von einer fünfminutigen Betrachtung von Lernprozessen oder Gruppenaktivitäten sind daher größere Wirkungen auf alle Beteiligten zu erwarten als von jeder formalen und von außen aufgezwungenen Bewertung (Jaques, 1984, S. 223).

Im Folgenden wollen wir einige Evaluationsmethoden für kleine Gruppen näher beleuchten. Dabei ist zu betonen, dass die gewählten Techniken in den Kontext der Gruppe integriert und auf deren aktuellen Belange abgestimmt sein müssen. Vor jeder Evaluation müssen darum die folgenden Fragen bedacht werden:

- Welches Ziel wird verfolgt?
- Wofür soll sie verwendet werden?
- Wie aufrichtig können wir in der Guppe sein?

9.1.1. Beobachtung

Obwohl Beobachtungen von Gruppen durch externe Experten in vielen Fällen wenig valide und künstlich sind, können mehrere punktuelle Beobachtungen eine nützliche Basis für die Einschätzung einer Gruppe darstellen. Die Aquarium- oder Fishbowl-Technik ist für solche Anliegen sehr zu empfehlen. Wie bereits beschrieben (siehe Abschnitt 5.3.1.), arrangiert sich die Gruppe in zwei konzentrischen Kreisen, wobei die Personen des äußeren Kreises als Beobachter und Beurteiler agieren. Nach einer angemessenen Zeitspanne wechseln die Rollen und die außen sitzenden Personen erhalten die Möglichkeit, beobachtet zu werden. Das Verfahren eignet sich – aufgrund der erforderlichen kommunikativen Kompetenzen – vor allem für ältere Jugendliche oder Erwachsene. Ein konzentrierter Austausch wird unterstützt.

9.1.2. Tagebücher

Von Tagebuchaufzeichnungen können vor allem jene Gruppen profitieren, die sich über einen längeren Zeitraum hinweg regelmäßig treffen. Hier kann aufgeschrieben werden

- welche Informationen oder Prinzipien gelernt werden.
- welche persönlichen Fähigkeiten die Teilnehmer erwerben, z. B. diskutieren, Argumente austauschen oder einen Konsens erzielen.
- wie die Mitglieder ihre Gruppe insgesamt beurteilen.

Solche Informationen bilden die Basis für weitere Austausch- und Reflexionsprozesse in der Gruppe. Von einem Lerntagebuch können Lehrende und Lernende gleichermaßen Gewinn ziehen. Ein einfaches Tagebuch ist in der folgenden Abbildung 9.1 dargestellt.

Lerntagebuch

Name: **Datum:**

1. Wie ist es mir heute ergangen?
2. Was habe ich heute erfahren, gelernt? Welches war die wichtigste Erkenntnis für mich?
3. Was möchte ich noch klären, was ist mir unklar geblieben?
4. Was kann ich mit dem Gelernten für meinen (zukünftigen) Beruf anfangen?

Abb. 9.1: Lerntagebuch

9.1.3. Momentaufnahmen

Wie lässt sich innerhalb einer Unterrichtseinheit überprüfen, ob sich die Beteiligung am Lernprozess günstig entwickelt, so dass Entäuschungen ausgesprochen, Erwartungen geklärt und Planungen rechtzeitig geändert werden können?

Üblicherweise werden solche Anliegen mit Hilfe schriftlicher Umfragen beantwortet („Welche Aspekte des Themas mich besonders interessiert haben ...“; Konrad, 1999), aber es gibt auch andere Möglichkeiten.

Dem gleichen Ziel dient folgendes Verfahren, das im Rahmen der Themenzentrierten Interaktion als „Momentaufnahme“ praktiziert wird: Der Gruppenleiter oder Lehrer legt ein Buch (oder ein anderes aussagekräftiges Symbol) in die Mitte des Raumes. Es soll das Thema, wie es bis jetzt behandelt wurde verkörpern. Nun stellt sich jedes Gruppenmitglied so nah oder fern zum Buch, wie es seinem gegenwärtigen Interesse am Thema und/oder Gespräch entspricht (Grom, 1976, S. 128). Um die Auswertung nicht allzu zeitaufwändig zu gestalten, lässt der Leiter nur die extremen Positionen erläutern: Die zwei Entferntesten erklären, warum sie dem Gespräch (oder dem Inhalt) so wenig abgewinnen können, und die beiden Nächststehenden sagen, was sie interessiert. Davon ausgehend kann sich die Gruppe überlegen, ob sie etwas ändern oder in der geplanten Richtung weiterarbeiten will.

9.1.4. Rückblick

Zu Beginn jeder Gruppensitzung, werden 5–10 Minuten eingeräumt, in denen ein oder zwei Mitglieder einen Rückblick über das vergangene Gruppengeschehen geben. Dargestellt werden positive und negative Erfahrungen der letzten Gruppensitzung. Indem die Berichterstatter bereits während des vorausgehenden Treffens bestimmt werden, entsteht eine hilfreiche Kontinuität von einer Sitzung zur nächsten. Um eine dauerhafte Dokumentation zu gewährleisten, empfiehlt sich die schriftliche Protokollierung der verbalen Ausführungen.

9.1.5. Checklisten

Jede Gruppe besitzt die Freiheit ihre Kriterien und Systeme zur Evaluation der eigenen Leistung selbst festzulegen. Checklisten regen die Diskussion an und unterstützen eine sorgfältige Evaluation. Sie können von der Gruppe selbst oder von Außenstehenden, etwa im Rahmen einer Aquariums-Übung (siehe Abschnitt 5.3.1) genutzt werden (Jaques, 1984, S. 230).

9.1.5.1. Beispiel 1: Beobachtung einer Diskussion

Ziele

1. Was sind die Anliegen und Ziele der Diskussion? Was ist den Teilnehmern klar? Akzeptieren Sie die Inhalte und/oder Prozesse?
2. Ist die Lehr-Lernmethode diesen Zielen angemessen?

Rahmenbedingungen

1. Der Raum selbst – welche Assoziationen sind damit verbunden? Ermutigt er Intimität und entspanntes Arbeiten?
2. Sitzgelegenheiten – sind die Stühle komfortabel? (Empfehlung: Zeichnen Sie einen Plan des Arrangements. Zeichnen Sie leere Stühle ein, vermerken Sie Distanzen zwischen den Teilnehmern) Welche Bedeutung kommt einzelnen Gruppenmitgliedern zu?

Rolle des Lehrers/Leiters

1. Welche Rolle war dominant? – Förderer, Leiter, Instruktionsgeber etc.?
2. Was ist klar, akzeptiert, angemessen?
3. Welche Fragen werden gestellt? – offen, Fakten, persönliche Reaktionen, Kritik ...?
4. Welche Redezeit nimmt der Lehrer/Leiter für sich in Anspruch?
5. Welche Methoden werden verwendet, um die Gruppenmitglieder zu aktivieren? Wie werden Belohnung und Ermutigung eingesetzt?
6. Werden Teilnehmer von der Teilnahme ausgegrenzt? Warum und wie geschieht das?

Rolle der einzelnen Teilnehmer

1. Welche Aussagen sind zu einzelnen Teilnehmern – zu deren Verhalten und Charaktermerkmalen möglich? Welche beobachtbaren Effekte haben ihre Verhaltensweisen?
2. Welche Rolle übernehmen einzelne Teilnehmer? (Führer, Playboy, passiver Beobachter, Klärer, Konsenssucher, Konfliktmanager ...?) Sind diese Rollen vorübergehend oder dauerhaft? Werden diese Rollen bewusst übernommen oder kommen sie zufällig zustande?

Gruppendynamik

1. Wie lange und häufig sind die Beiträge einzelner Teilnehmer?
2. Welchen Status haben einzelne Mitglieder?
3. Ist die Gruppe harmonisch oder dominiert der Wettbewerb? Wie wird mit Konflikten umgegangen: Geleugnet? Vermieden? Ausdiskutiert?
4. Welche Emotionen oder Motive kommen zum Vorschein? Welches sind die Ziele der Gruppenmitglieder? Gehen Sie konform mit den Zielen des Leiters/Lehrers?
5. Tritt die Gruppe als eine Einheit auf? Gibt es Untergruppen? Welche Effekte werden durch Veränderungen oder dem Ausbleiben von Veränderungen hervorgerufen?
6. Welche Regeln dominieren in der Gruppe? Welches Verhalten wird als unangemessen angesehen? (Reihenfolge der Wortmeldungen usw.)

9.1.5.2. Beispiel 2: Bewertung der Gruppenfunktionen

Wie relevante Aspekte der Gruppenarbeit beurteilt werden können, zeigt Tabelle 9.1 (Jaques, 1984, S. 233).

Tab. 9.1: Beurteilung von Gruppenfunktionen

		Nie			Immer	
01	Die Gruppenmitglieder akzeptieren die spezifischen Ziele der Gruppe					
02	Die Gruppenmitglieder akzeptieren die Grundregeln der Gruppenaktivität					
03	Die Gruppe reagiert auf die Gefühle, die von Einzelnen geäußert werden					
04	Die Gruppe geht auf die Ideen Einzelner ein und zeigt Verständnis für individuelle Beiträge					
05	Alle Mitglieder sind integriert und nehmen an der Diskussion teil					
06	Die Atmosphäre in der Gruppe ist freundlich und offen. Kritische Äußerungen sind möglich					
07	Der Leiter regt die Diskussion an, bevor er eigene Ideen einbringt					
08	Der Leiter vernetzt einzelne Ideen miteinander					
09	Der Leiter zeigt sich bei der Lösungsfindung flexibel					
10	Die Gruppe bewertet den Fortschritt der Zielerreichung selbst					
11	Am Ende der Sitzung entscheidet die Gruppe über weitere Aufgaben und plant die Inhalte der folgenden Sitzung					

9.1.6. Do it yourself-Checklisten

Im Rahmen einer Schneeball-Sequenz (siehe Abschnitt 7.12.) werden die Teilnehmer gebeten, maximal drei Statements aufzuschreiben, die die Qualität des Lernens in der Gruppe betreffen. Die Kritierien werden sukzessive gesammelt und verfeinert, indem sie mit Kollegen oder Klassenkameraden diskutiert werden. Schließlich wird die Gruppe als Ganze gebeten, eine Liste von Statements zu formulieren. Diese werden in angemessener Weise visualisiert (z. B. Tafel oder Flipchart). Einer Aussage wird dann eine 3 oder 5 – Punkte Skala, die von „hohe Zustimmung“ bis „geringe Zustimmung“ reicht, zugewiesen. Jedes Mitglied markiert nun seine Ansicht mit Hilfe von Klebepunkten.

„Ich denke in dieser Gruppe wird viel Zeit verschwendet“

Geringe Zustimmung				Hohe Zustimmung
--	-	0	+	++

„ich denke in dieser Gruppe wird konzentriert gearbeitet“

Geringe Zustimmung				Hohe Zustimmung
--	-	0	+	++

Der Vorteil dieser Technik ist, dass jedes Gruppenmitglied teilnimmt und dass die Ergebnisse unmittelbar sichtbar gemacht werden. Die herausragendsten Ergebnisse dienen dann als Ausgangspunkt für weitere Diskussionen oder Entscheidungen.

9.1.7. Interviews

Interviews haben einen unschätzbaren Wert, sowohl was die möglichen mehr oder weniger bewussten Erfahrungen von Lehrenden und Lernenden anbelangt, als auch hinsichtlich der Art und Weise, in der sie den Beteiligten helfen, ihre Lernerfahrungen zu integrieren (Konrad, 1999). Interviews setzen Teilnehmer voraus, die in der Lage sind, sich sprachlich zu artikulieren und zu reflektieren. Ein Problem kann sicherlich darin bestehen, wer das Interview durchführt. Sofern eine offene und vertraute Beziehung zwischen Lehrenden und Lernenden besteht, können auch externe Interviewer diese Aufgabe übernehmen.

Wir wollen nun eine Auswahl möglicher Fragen vorstellen:

- Wie läuft die Gruppe für dich?
- Was hat dir am besten gefallen?

- Was hat dir am wenigsten gut gefallen?
- Was hast du, abgesehen von den Inhalten, in der Gruppe gelernt?
- Wie würdest du das Gruppenklima beschreiben?
- Was zeichnet diese Gruppe im Vergleich zu anderen Gruppen, die du kennst, aus?
- Wie könnte der Leiter/Lehrer die Gruppenarbeit weiter optimieren?
- Was würdest du sonst noch verbessern?

Fragen dieser Art reichen für gewöhnlich aus, um wichtige Informationen über Gruppenerfahrungen zu sammeln. Man erhält auf diese Weise ein umfassendes (aber natürlich subjektives) Bild über inhaltliche und methodische Besonderheiten des Gruppengeschehens.

9.1.8. Auswertung und Weiterverwendung der Informationen

Es ist relativ einfach im Rahmen einer Evaluation den Tutor oder Leiter zu beurteilen; weitaus schwieriger scheint es, die Gruppe als Ganze konstruktiv zu kritisieren.

In vielen Fällen wird sich der Leiter in besonderem Maße dafür verantwortlich fühlen, wenn die Dinge nicht so laufen, wie sie sollen. Vor dem Hintergrund der unbestrittenen sozialen Natur menschlicher Interaktionen, verbietet sich allerdings eine solch einseitige Sichtweise. Probleme und deren Lösung sind stets das Resultat komplexer Wechselbeziehungen und/oder sozialer Aushandlungsprozesse. Darauf bezogene Lern- und Selbsterfahrungen sind Gegenstand der Evaluation.

Eine Evaluation ist vor allem dann sinnvoll, wenn sie als kontinuierlicher Prozess angesehen wird, an dem alle Gruppenmitglieder beteiligt sind. So gesehen, können viele der in diesem Kapitel dargestellten Evaluationsmethoden auch in Verbindung mit Trainingsmaßnahmen genutzt werden.

Die Entscheidung über die Auswahl der einen oder anderen Methode hängt ab von den Präferenzen der konkreten Gruppe, der Art ihrer Interaktion und von möglicherweise vorhandenen Schwierigkeiten. So kann es zweckmäßig sein, dass die Gruppe selbst Instrumente entwickelt oder vorhandene modifiziert, die ihrer konkreten Situation angemessen sind. Welcher Ansatz auch immer genutzt wird, die Verantwortlichen müssen sich stets auch über mögliche Störgrößen im Klaren sein. Aus diesem Grund erscheint es sinnvoll, die Ergebnisse einer weiterführenden Gruppendiskussion zugänglich zu machen. So können Befunde widerlegt oder verstärkt und auf ihre praktischen Konsequenzen hin hinterfragt werden. Die Art und Weise, in der die Ergebnisse der Evaluation präsentiert werden, ist von größter Wichtigkeit. Auch darüber sollte in der Gruppe ein Konsens hergestellt werden (Jaques, 1984, S. 229).

10. Anstatt eines Rückblicks: Fragen und Antworten

Das abschließende Kapitel geht den folgenden Fragen nach:

1. Welchen Kritikpunkten und Problemen sieht sich kooperatives Lernen in der Praxis ausgesetzt?
2. In welcher Weise können Experten, die vorgebrachten Vorbehalte und Bedenken ausräumen?

An Stelle der üblichen Zusammenfassung der einzelnen Kapitel des Buches widmen wir uns abschließend einigen Kritikpunkten und Bedenken hinsichtlich des kooperativen Lernens. Zu jedem Einwand werden Auswege und Lösungen angeboten.

Ich verbringe die meiste Zeit meines Unterrichts mit Gruppenübungen. So aber komme ich niemals durch den Lehrplan. Wie kann ich meine Vorgaben trotzdem erfüllen?

Sie müssen nicht notwendigerweise so viel Zeit mit Gruppenunterricht verbringen, um erfolgreich zu sein. Nehmen Sie einfach einige Fragen, die sie üblicherweise mit der gesamten Klasse besprechen. Legen Sie diese einer kleinen Gruppe vor, anstatt in den sonst üblichen – zeitlich knapp bemessenen – Dialogen (weniger als 30 Sek.), eine Antwort zu suchen.

Eine oder zwei solcher Übungen, die etwa 5 Minuten für sich in Anspruch nehmen, können eine Klasse für die gesamte 45-minütige Lernsequenz motivieren und für die Lerninhalte sensibilisieren.

Zur Bedeutung des Lehrplans ist zu sagen: Die Einhaltung der dort genannten Vorgaben ist nicht gleichzusetzen mit erfolgreichem Unterricht. Worauf es ankommt, ist, wieviel von dem behandelten Material tatsächlich gelernt und verarbeitet wird. Dabei sollte man sich vergegenwärtigen: Kinder und Jugendliche (aber auch viele Erwachsene) lernen vorwiegend durch aktives Handeln nicht so sehr durch Beobachten und Zuhören.

Anstatt die gesamten Lerninhalte im Vorlesungsstil zu behandeln, ist es sinnvoller erklärende Texte, Diagramme oder detaillierte Arbeitsblätter vorzugeben und von den Schülern eigenständig bearbeiten zu lassen. Die Zeit, die üblicherweise zur Anfertigung von Tafelanschrieben verwendet wird, kann dann für Schüleraktivitäten freigehalten werden. Die Klasse wird lebendiger, die Schüler werden mehr lernen und Sie werden dennoch den Lehrplan erfüllen.

Wenn ich keinen Vortrag halte, verliere ich die Kontrolle über die Klasse. Was mache ich falsch?

Das ist eine Möglichkeit, die Sache zu sehen. Eine andere ist die, dass es positiv zu bewerten ist, wenn Schüler aktiv in den Unterricht involviert sind. Schüler diskutieren während einer Unterrichtsstunde mehrfach persönlich relevante Fragen und sie lösen Probleme. Insofern kann es ein bisschen dauern, ihre Aufmerksamkeit zu gewinnen. Zur Lösung solcher Probleme ist es hilfreich, die kooperativen Lernphasen zeitlich zu begrenzen und inhaltlich zu strukturieren.

Wenn ich Gruppen Hausaufgaben gebe, werden einige Schüler die anderen ausnutzen und Anerkennung für Leistungen erhalten, die sie nicht selbst erbracht haben. Wie kann ich das verhindern?

Das ist immer eine Gefahr. Viele Schüler streben für gewöhnlich danach, Freiräume zu sichern oder auszuweiten und sie werden Wege finden, dies zu erreichen, unabhängig davon, ob die Aufgaben individuell oder in Gruppen zu erledigen sind.

In der Tat ist es so, dass kooperatives Lernen die individuelle Verantwortung unterstützt und damit die Möglichkeit auf Kosten anderer zu arbeiten, begrenzt. Schülern, die selbst nicht aktiv an Problemlöseprozessen teilnehmen, wird im allgemeinen der Erfolg im individuellen Test versagt bleiben, vor allem dann, wenn die Aufgabenstellung sehr anspruchsvoll sind und die Prüfungen auf jene Fertigkeiten abheben, die Bestandteil der vorauslaufenden Aktivitäten sind. Wenn die Gruppenarbeiten nur einen Bruchteil der gesamten Kursleistung ausmacht (ca. 10–20%), können „Ausbeuter" gute Noten in Heimarbeiten erzielen und dennoch das gesamte Kursziel verfehlen.

Dennoch drängt sich die Frage auf, in welcher Weise die aktive Beteiligung aller Teammitglieder gewährleistet werden kann. Drei Verfahrensweisen bieten sich an:

1. Eine Möglichkeit besteht in der zufälligen Auwahl einzelner Schüler, die dann die Lösungen der gesamten Gruppe präsentieren sollen. Es empfiehlt sich jedem Gruppenmitglied jene Note zu geben, die auf der Leistung bzw. Präsentation des ausgewählten Schülers basiert. Die Technik ist besonders effektiv, wenn es der Lehrer/Leiter vermeidet, stets die besten Schüler auszuwählen, die dann allen anderen Gruppenmitgliedern ihre Lösungen erklären.

2. Ein zweiter Ansatz besteht darin, alle Gruppenmitglieder anonym bewerten zu lassen, wie aktiv alle anderen am Lerngeschehen teilgenommen haben (z. B. als relative Anteile an der gesamten Teamanstrengung). Aufgrund dieser Bewertungen werden „Ausbeuter" rasch ausfindig gemacht, weil es eher unwahrscheinlich ist, dass diesen Gruppenmitgliedern eine ausgeprägte Beteiligung am Lerngeschehen zuerkannt wird.
3. Schließlich kann das Problem auch durch rotierende Gruppenrollen (z. B. Beobachter, Diskussionsleiter) und stark strukturierte Formen kooperativen Lernens (z. B. Gruppenpuzzle) eingegrenzt weren (Cotell & Millis, 1993, S. 55).

Gruppen, die zusammen häusliche Aufgaben übernommen haben, verlassen sich auf eine oder zwei Personen, die dann die Probleme an ihrer Stelle lösen. Die anderen Teilnehmer werden dann Schwierigkeiten bekommen, wenn sie die Probleme selbst lösen sollen

Es handelt sich hier um ein häufig zu beobachtendes Problem. Eine effektive Möglichkeit das zu verhindern, besteht darin, das Problem jedem einzelnen Gruppenmitglied zu stellen und die Lösung individuell skizzieren oder ausarbeiten zu lassen. In der anschließenden Zusammenarbeit kann dann die vollständige Lösung ausgearbeitet werden.

Wenn die Teilnehmer mit dieser Strategie vertraut sind und sie mehrfach geübt haben, werden sie ihre Effektivtät erkennen und sie von selbst immer wieder verwenden. Es besteht zudem die Möglichkeit, individuelle Hausaufgaben zu vergeben, um den Schülern praktische Erfahrungen bei der Problemlösung zu vermitteln, die sie dann bei späteren Tests nutzen können.

Mein Problem mit Gruppen besteht darin, dass diese nicht gut zusammenarbeiten. Wie kann ich dafür sorgen, dass Gruppenarbeit auf Dauer funktioniert?

Dies geschieht häufig, wenn Gruppen in einem schulischen oder beruflichen Kontext zusammenarbeiten. Wenn Schüler sich über andere Gruppenmitglieder beschweren, weil diese zu dominant sind oder sich überhaupt nicht an der gemeinsamen Aufgabenbearbeitung beteiligen, müssen sie diese für das „tatsächlich Machbare" sensibilisieren. Es gilt Verständnis für diese Beschwerden zu zeigen, aber zugleich auch korrigierende Maßnahmen einzuleiten.

Wenn zuvor keine Team-Einschätzung des Gruppenprozesses erforderlich war, so kann diese nun eingeführt werden, etwa als Teilelement der übrigen Aufgabenstellungen. Manchmal werden es Schüler einfacher finden mit dem Lehrer – und nicht untereinander – Problemsituationen zu besprechen. Im Rahmen der Einschätzung dessen, was in der Gruppe nicht optimal gelaufen ist, werden die Schüler auch Vorschläge machen, was verbessert werden kann.

Die Aufgabe des Lehrers besteht in solchen Sitzungen darin, die Bewertungen und Rückmeldungen zu betreuen und in eine konstruktive Richtung zu lenken. Dessen ungeachtet kann es sinnvoll sein, einem Team zuzugestehen nicht-kooperative Mitglieder auszuschließen, nachdem sie eine oder zwei abschließende Warnungen erhalten haben. Auch einzelne Gruppenmitglieder, die stets die Hauptarbeit zu leisten haben, kann das Recht zugestanden werden, die Gruppe zu verlassen. Wie Erfahrungen aus der Praxis zeigen, werden beide Optionen relativ selten wahrgenommen.

Wenn ich versuche in einer meiner Klassen kooperativen Unterricht durchzuführen, lehnen sich viele Schüler dagegen auf. Sie wollen nicht kooperieren. Sie beschweren sich regelmäßig und geben am Ende des Kurses grauenhafte Rückmeldungen. Wie kann ich Schüler zum kooperativen Lernen motivieren?

Wie schon andere Autoren berichten, erleben viele Lehrer zunächst unerfreuliche Überraschungen angesichts des Verhaltens der Schüler. Anstatt sich eifrig in die Gruppenarbeit zu stürzen und unmittelbar die erwarteten Lernerfolge an den Tag zu legen (z. B. soziale Fertigkeiten entwickeln), sehen diese Schüler den kooperativen Unterricht als eine Art Spiel an, das der Lehrer mit ihnen spielen will. Einige werden mürrisch oder gar feindselig reagieren, wenn sie feststellen, dass sie hinsichtlich der Teilnahme keine Wahlmöglichkeiten haben.

Sie mögen sich darüber beschweren, dass sie ihre Aufgaben besser alleine erledigen können, oder sie wollen sich in ihren Aktivitäten nicht durch schwächere Schüler bremsen lassen. Werden sie mit Gruppenübungen konfrontiert, werden einige meckern. Sie können einwenden, dass ihnen ein „geregelter" Unterricht sowie eine angemessene Anleitung und Orientierung durch die Lehrperson zusteht.

Lehrer rechnen nicht mit negativen Reaktionen, wenn sie zum ersten Mal kooperative Lernformen einführen. Begegnen ihnen solche Reaktionen sind sie rasch entmutigt und neigen dazu den Ansatz aufzugeben, anstatt die Widerstände zu überwinden. Es genügt eben nicht, Lernende zu Gruppen zusammenzufassen und zu hoffen, dass sie sogleich die Vorteile der Zusammenarbeit erfahren. Sie müssen davon überzeugt werden, dass kooperatives Lernen nicht aus einer Laune heraus oder als ein pädagogisches Experiment durchgeführt wird; dazu müssen Lehrende zum Ausdruck bringen, dass es sich um einen gut überprüften

Ansatz handelt, der – wie wiederholt bestätigt wurde – im Interesse der Schüler durchgeführt wird.

Ehe Gruppenübungen erstmals eingeführt werden, ist es wichtig, die Schüler darauf hinzuweisen, dass zukünftig solche Übungen im Unterricht regelmäßig durchgeführt werden, um Handlungsorientierung und Eigenaktivität zu fördern.

Der Lehrer kann seine Argumente untermauern, wenn er die folgenden Beobachtungen mitteilt:

- Jeder hat schon die Erfahrung gemacht, dass er an einer gut durchdachten und frontal durchgeführten Unterrichtsstunde teilnimmt, und glaubt alles verstanden zu haben. Aber später, wenn die neuen Inhalte (etwa bei den Hausaufgaben) angewendet werden sollen, wird klar, dass die Lerninhalte noch längst nicht verstanden wurden. Wenn dagegen in kurzen Phasen des Unterrichts aktiv gelernt wird, leuchten die Sachverhalte eher ein, werden tiefer verstanden und können zu späteren Gelegenheiten auf relevante Problemstellungen übertragen werden.
- Auch sehr engagierte Schüler können frontalen Vermittlungsphasen nicht länger als 10–20 Minuten folgen, die meisten sogar eher weniger. Die Aufmerksamkeit beginnt nachzulassen oder wendet sich anderen Reizen zu, zunächst für kurze Zeitspannen, dann länger. Am Ende einer 45 minütigen Sitzung werden die Schüler wahrscheinlich weniger als 20 % des Inhaltes erinnern. Kurze Gruppenübungen während des Unterrichts verhindern, dass Langeweile aufkommt und steigern das Ausmaß, in dem die Lerninhalte aufgenommen und kognitiv verarbeitet werden.
- Lernenden, die sich darüber beschweren, dass sie durch langsamere Teammitglieder gebremst werden, kann man Folgendes entgegenhalten: Wenn man einen Lehrer fragt, wann er bestimmte komplexe Lerninhalte erstmals wirklich verstanden hat, wird die Antwort zumeist lauten: „Als ich sie anderen vermitteln sollte". Man stelle sich vor, eine Person versucht einer anderen etwas zu erklären und der Lernpartner nimmt es nicht auf oder versteht es nicht. Der Erklärende sieht sich nun gezwungen es noch einmal auf eine andere Weise zu erläutern oder sich ein Beispiel oder eine Analogie auszudenken. Der Lernpartner mag es danach immer noch nicht verstehen, der Erklärende wird es aber ganz gewiss tun.

Man kann davon ausgehen, dass Schüler, die reif genug sind, sich über ihre Klassenkameraden zu beschweren, auch reif genug sind diese Argumente anzuerkennen. Wir alle – ob Schüler, Studierende oder Lehrende – sind in hohem Maße darauf angewiesen mit anderen im Team zusammenzuarbeiten. Das Lernen in Gruppen oder Teams gilt als zentraler Bestandteil einer jeden berufllichen Ausbildung und avanciert in letzter Zeit zunehmend zu einer Schlüsselqualifikation für unterschiedliche Lebensbereiche.

Das vielleicht wichtigste Argument für kooperative Lernformen stellt das wachsende Leistungsniveau dar. Viele Forschungsarbeiten haben demonstriert, dass Lernende, die kooperativ arbeiten, bessere Leistungen erreichen als jene, die dasselbe Material individuell lernen. Befunde weisen darauf hin, dass die gemeinsame Konstruktion von Wissen – die häufig als Kokonstruktion von Wissen bezeichnet wird – einen der wichtigen Vorteile dieser Lernform darstellt: Die ausgehandelten gemeinsamen Interpretationen der Lernenden sind reichhaltiger, weil mehr Wissen berücksichtigt wird und verschiedene Perspektiven eingenommen werden. Die Artikulation des eigenen Wissens und das gemeinsame Argumentieren ist mit tiefen Verarbeitungsprozessen verbunden, die in engem Zusammenhang mit Verstehen und Lernen gesehen werden können.

Es gibt zahlreiche weitere Vorzüge des kooperativen Lernens, die Schülern erklärt werden können, z. B. alternative Methoden der Problemlösung kennen lernen, soziale und kommunikative Fertigkeiten verbessern, Selbstachtung erwerben usw.. Doch sollte man den Ansatz umgekehrt auch nicht durch eine lange Liste von möglichen Vorzügen überfordern. In jedem Fall erscheint es sinnvoll, die Lernenden selbst die möglichen Vorteile diskutieren zu lassen. Die oben genannten Argumente sollten ausreichen, die meisten Schüler vom Ansatz des kooperativen Lernens zu überzeugen bzw. sie wenigstens dafür zu interessieren. Nach einer gewissen Zeit ist damit zu rechnen, dass sie selbst positive Erfahrungen machen. Die aus Erfolgserlebnissen und positiven Erfahrungen resultierende Motivation wird dann die weitere Anwendung kooperativer Lernformen unterstützen.

Literaturverzeichnis

Adl-Amini, B. Schulze T. & Terhart E. (Hrsg). (1993). Unterrichtsmethode in Theorie und Forschung: Bilanz und Perspektiven. Weinheim; Beltz.

Aronson, E. (1984). Förderung von Schulleistung, Selbstwert und prosozialem Verhalten: Die Jigsaw.Methode. In G. L. Huber, S. Rotering-Steinberg & D. Wahl (Hrsg.), Kooperatives Lernen. Grundlagen eines Fernstudienprojekts zum „Lernen in Gruppen" bei Schülern, Lehrern, Aus- und Fortbildnern. Weinheim: Beltz.

Aronson, E., Blaney, N., Stephan, C., Sikes, J. & Snapp, M. (1978). The Jigsaw Classroom Beverly Hills, CA Sage.

Arzberger, H. & Brehm, K.-H. (Hrsg.) (1994): Computerunterstützte Lernumgebungen Planung, Gestaltung und Bewertung. Erlangen: Publicis-MCD.

Bereiter, C. (1990). Aspects of an educational learning theory. Review of Educational Research, 60, 603–624.

Boekaerts, M. (1999). Self-regulated learning: Where we are today. International Journal of Educational Research, 31, 445–475.

Brand-Gruwel, S., Aarnoutse, C. A. J. & Bos, K. P. Van den, (1998). Improving text comprehension in reading and listening settings Learning and Instruction 8, 63–81.

Bransford, J.D., Sherwood, R.D., Hasselbring, T.S., Kinzer, C.K. & Williams, S.M. (1990). Anchored Instructions: Why we need it and how technology can help. Unpublished paper

Clarke, J. (1985): Cooperative learning: the jigsaw strategy. Scarborough, ON: Values Education Project. Student and Community Services Dept.

Clarke, J. (1994): Pieces of the puzzle: The jigsaw method. In: Sharan, S. (Ed.): Handbook of cooperative learning methods. Westport, Conn.: Greenwood Press.

Cognition and Technology Group at Vanderbilt. (1993). Designing learning environments that suport thinking. In T. Duffy, J. Lowcky & D. Jonassen (Eds.), Deigning environments for constructive learning (pp. 9–36). New York: Springer.

Cohen, E. G. (1994). Restructuring the classroom: Conditions for productive small groups Review of Educational Research, 64, 1–35.

Collins, A., Brown, J. S. & Newman, S. E. (1989). Cognitive apprenticeship: Teaching the crafts of reading, writing, and mathemathics In L. B. Resnick (Ed.), Knowing, learning, and instruction (pp. 453–494) Hillsdale, N. J.: Erlbaum.

Cottel, Jr., Ph. G. & Millis, B. J. (1993). Cooperative learning structures in the instruction of accounting Issues in Accounting Education, 8 (1), 40–59.

Cranach von, M. & Bangerter, A. (2000). Wissen und Handeln in systemischer Perspektive: Ein komplexes Problem. In H. Mandl & J. Gerstenmaier (Hrsg.), Die Kluft zwischen Wissen und Handeln (S. 221–252). Göttingen: Hogrefe.

Dann, Diegritz & Rosenbusch (1999). Gruppenunterricht im Schulunterricht. Realität und Chancen. Erlangen: Universitätsbibliothek.

Dansereau, D. F. (1988). Cooperative learning strategies In C. E. Weinstein, E. T. Goetz & P. A. Alexander, Learning and study strategies: Issues in assessment, instruction, and evaluation (pp. 103–120) San Diego: Academic Press.

Deutsch, M. (1962). Cooperation and trust: Some theoretical notes.In M. R. Jones (Ed.), Nebraska symposium on motivation, (pp. 275–319). Lincoln, NE: University of Nebraska Press.

Deutsch, M. (1973). The resolution of conflict: Constructive and destructive processes, New Haven, CT: Yale University Press.

Dewey, J. (1970). Experience and education. New York: Collien.

Deutsch, M. (1962). Cooperation and trust: Some theoretical notes. In M. R. Jones (Ed.), Nebraska symposium on motivation (pp. 275–319). Lincoln, NE: University of Nebraska Press.

Deutsch, M. (1973). The resolution of conflict: Constructive and destructive processes. New Haven, CT: Yale University Press.

Dillenbourg, P., Baker, M., Blaye, A. & O'Malley, C. (1995). The evolution of research on collaborative learning. In E. Spada & P. Reimann (Eds.), Learning in human and machines: Towards an interdisciplinary learning science (pp. 189–211). Oxford: Elsevier.

Eccles, J. S., Wigfield, A. (1995). In the mind of the achiever: The structure of adolescents' academic achievement related beliefs and self-perceptions. Personality and Social Psychology Bulletin, 21, 215–225.

Eilenberg, A., Lewandrowski, Ch., Schwager, E., Mannebach, K. Pfohl, K. Mienert, M. & Heumüller, P. (1998). Kooperatives Lernen (Belegarbeit für das Seminar „Instruktionsspsychologie II") Berlin: Institut für Psychologie der Humboldt-Universität Berlin.

Feigenwinter, M. (1985). Gesprächserziehung konkret. Zürich: Benziger-Verlag.

Felder, R. M. & Brent, R. (1994). Cooperative learning in technical courses: Procedures, pitfalls, and payoffs ERIC Document Reproduction Service Report ED 377038.

Felder, R. M., Felder, G. N., Mauney, M., Hamrin, Jr., C. E. & Dietz, E. J. (1994). A longitudinal study of engineering student performance and retention: Gender differences in student performance and attitudes ERIC Document Reproduction Service Report ED 368 553.

Felder, R. M., Mohr, P. H., Dietz, E. J. & Baker Ward, L. (1994). A longitudinal study of engineering student performance and retention. II. Differences between students from rural and urban backgrounds J. Engr. Education, 83, 209–217.

Frey, K. (1993). Die Projektmethode. (5. Auflage). Weinheim: Beltz.

Friedrich, H. F. & Mandl, H. (1997). Analyse und Förderung selbstgesteuerten Lernens In F. E. Weinert & H. Mandl (Hrsg.) Enzyklopädie der Psychologie (Themenbereich D: Praxisgebiete, Ser. I, Pädagogische Psychologie; Bd. 4) (S. 237–293) Göttingen: Hogrefe.

Fritz, J. (1997). Selbsterfahrungsspiele für Jugendliche und Erwachsene. Mainz: Matthias Grünewald.

Gerlach, J. G. (1994). Is this collaboration? In K. Bothworth & S. J. Hamilton (Eds.), Collaborative learning: Underlining processes and effective techniques (New directions for teaching and learning, No. 59) (pp. 5–14). San Francisco: Jossey Bass.

Grom, B. (1976). Methoden für Religionsunterricht, Jugendarbeit und Erwachsenenbildung. Düsseldorf: Patmos.

Gruber, H., Mandl, H., & Renkl, A. (2000). Was lernen wir in Schule und Hochschule: Träges Wissen? In H. Mandl & J. Gerstenmaier K. (Hrsg.), Die Kluft zwischen Wissen und Handeln: Empirische und theoretische Lösungsansätze (S. 139–156). Göttingen: Hogrefe.

Gudjons, H. (1994). Handlungsorientiert lehren und lernen (5. Auflage). Bad Heilbrunn: Klinkhardt.

Gudjons, H. (1997). Didaktik zum Anfassen. Bad Heilbrunn. Klinkhardt.

Hage, K. (1984). Das Methodenrepertoire von Lehrern. Bad Heilbrunn: Klinkhardt.

Halbig, J. (2000). Kennenlernspiele für den Anfang, Praxis Spiel und Gruppe, 1, 3–6.

Hesse, H., Fischer, A. & Hoppe, R. (1992). Kommunikation und Kooperation im Unterricht. Baltmannsweiler: Schneider.

Holt, D. D., Chips, B. & Wallace, D. (1991). Cooperative learning in the secondary school: Maximizing language acquisition, academic achievement, and social development NCBE Program Information Guide Series, No. 12.

Huber, G. L. (1991). Konstruktive Kontroverse. Neue Perspektiven der Kooperation. . In E. Meyer & R. Winkel (Hrsg.), Unser Konzept. Lernen in Gruppen. (S. 244–259). Baltmannsweiler: Schneider.

Huber, G. L. (1991). Methoden des kooperativen Lernens. In E. Meyer & R. Winkel (Hrsg.), Unser Konzept. Lernen in Gruppen (S. 166–176). Baltmannsweiler: Schneider.

Huber, G. L. (1993). Europäische Perspektiven für kooperatives Lernen „ In G. L. Huber (Hrsg.), Neue Perspektiven der Kooperation Baltmannsweiler: Schneider.

Huber, A. (1999). Bedingungen effektiven Lernens in Kleingruppen unter besonderer Berücksichtigung der Rolle von Lernskripten. Schwangau: Verlag Ingeborg Huber.

Huber, A. A., Konrad, K. & Wahl, D. (2001). Lernen durch wechselseitiges Lehren. Pädagogisches Handeln, 5 (2), 33–46.

Huber, A. A. (2004). Kooperatives Lernen – kein Problem. Effektive Methoden der Partner- und Gruppenarbeit. Stuttgart: Klett.

Issing, L. J. (1994). Wissenserwerb mit bildlichen Analogien. In Weidenmann, B. (Hrsg), Wissenserwerb mit Bildern (149–176). Göttingen: Hogrefe.

Jaques, D. (1984). Learning in groups Dover: Croom Helm.

Johnson, D. W., Johnson, R. T. & Smith, K. A. (1991). Cooperative Learning: Increasing College Faculty Instructional Productivity ASHE-ERIC Higher Education Report (George Washington University).

Johnson, D. W. & Johnson, R. T. (1998) Cooperative learning and social interdependence theory, 1, 18. Internet: http:/www.clrc.com/pages/SIT.html

King, A. (1993). From sage on the stage to guide on the side. College Teaching 41, 30–35.

Knoll, J.(1995). Kurs- und Seminarmethoden: ein Trainingsbuch zur Gestaltung von Kursen und Seminaren (6. Auflage). Weinheim: Beltz.

Kohler, B., (1998). Problemorientierte Gestaltung von Lernumgebungen. Weinheim: Deutscher Studien Verlag.

Konrad, K. (1997). Lernen eigenständig reflektieren, überwachen und kontrollieren. Explorative Analyse handlungsleitender Kognitionen. Landau: Empirische Pädagogik.

Konrad, K. (1999). Die mündliche und schriftliche Befragung. Landau: Verlag Empirische Pädagogik.

Konrad, K. (2000). Selbstgesteuertes Lernen und das Lernen mit Texten Psychologie in Erziehung und Unterricht.

Konrad, K. & Traub, S. (1999). Selbstgesteuertes Lernen in Theorie und Praxis. München: Oldenbourg.

Konrad, K. & Wagner, A. (1999). Lernstrategien für Kinder. Baltmannsweiler: Schneider.

Lazarus, R. S., & Folkman, S. (1984). Stress, Appraisal, and Coping. New York: Springer Publishing Company.

Lindquist, T. M. & Abraham, R. J. 1996 Whitepeak corporation. A case analysis of a Jigsaw II application of cooperative learning. Accounting Education, 1 (2), 113 125.

Madden, N. A., Stevens, R. J. & Slavin, R. E. (1986). A Comprehensive Cooperative Learning Approach to Elementary Reading and Writing: Effects on Student Achievement. Report No. 2. Baltimore, MD: Center for Research on Elementary and Middle Schools, Johns Hopkins University, June 1986 (ED 297 262).

Madden, N. A., Slavin, R. E., Farnish, A. M., Livingston, M. A., Caldern, M., & Stevens, R. J. (1996). Reading Wings: Teachers manual. Baltimore: Johns Hopkins University, Center for Research on the Education of Students Placed at Risk.

Meyer, E. & Winkel, R. (1991). Unser Konzept: Lernen in Gruppen. Baltmannsweiler: Schneider.

Michael, A. L., Klee, T., Bransford, J. D. & Warren, S. F. (1993). The transition from theory to therapy: Test of two instructional methods. Applied Cognitive Psychology, 7, 139–153.

Nix, D. & Spiro, R. (Eds.), Cognition, education and multimedia: Exploring ideas in high technology (pp. 115–141). Hillsdale, N. J.: Erlbaum.

Nunan, D. & Lamb, C. (1996). The self-directed teacher. Managing the learning process Cambridge University Press.

O'Donnell, A. M. & O'Kelly, J. (1994). Learning from peers: Beyond the rethoric of positive results Educational Psychology Review, 6, 321–349.

Palincsar, A. S. & Brown, A: (1984) Reciprocal teaching of comprehension fostering and monitoring activities. Cognition and Instruction, 1, 117–175.

Peterßen, W. (1999). Methodenlexikon. München: Ehrenwirth.

Piaget, J. (1928) The language and thought of the child. New York: Harcourt.

Piaget, J. (1965). Les atudes sociologiques. Geneve: Droz.

Reinmann-Rothmeier, G., Mandl, H. (2002). Unterrichten und Lernumgebungen gestalten. In A. Krapp & B. Weidenmann (Hrsg.), Pädagogische Psychologie (3. Auflage) (S. 601–646). Weinheim: Beltz.

Renkl, A. & Mandl, H. (1995). Kooperatives Lernen: Die Frage nach dem Notwendigen und dem Ersetzbaren Unterrichtswissenschaft, 4, 292–300.

Renkl, A. (1996). Träges Wissen: Warum Erlerntes nicht genutzt wird. Psychologische Rundschau, 47, 78–92.

Renkl, A. (1997). Lernen durch Lehren: Zentrale Wirkmechanismen beim kooperativen Lernen. Wiesbaden: Deutscher Universitätsverlag.

Renkl, A. (2004). Fürs Leben lernen. Träges Wissen aus pädagogisch-psychologischer Sicht. Schulmagazin, 5–10 (4), 5–8.

Sharan, S. & Sharan, Y. (1976) Gruppenzentrierter Unterricht. Kleingruppe, Lernecke, Plan und Rollenspiel. Stuttgart: Klett.

Sharan, S., Hare, P., Webb, C. D. & Hertz-Lazarowitz, R. (Eds.), (1980). Cooperation in education. Provo, UT: Brigham Young University Press.

Shuell, Th. J. (1988). The role of the student in learning from instruction Contemporary Educational Psychology 13 276–295.

Shuell, T. J. (1996). The role of educational psychology in the preparation of teachers Educational Psychologist, 31, 5–14.

Simons, P. R.-J. (1992). Lernen, selbständig zu lernen – ein Rahmenmodell In H. Mandl & H. F. Friedrich (Hrsg.), Lern- und Denkstrategien. Analyse und Intervention (S. 251–264) Göttingen: Hogrefe.

Slavin, R. E: (1983) Cooperative learning. New York: Longman.

Slavin, R. E. (1993). Kooperatives Lernen und Leistung: Eine empirisch fundierte Theorie, In G.L. Huber (Hrsg.), Neue Perspektiven der Kooperation (S. 151–170), Baltmannsweiler: Schneider.

Slavin, R. E. (1989). Cooperative learning and student achievement, In R. E. Slavin (Ed.), School and classroom arganization (pp. 129–156), Hillsdale, NJ.: Erlbaum.

Slavin, R. E. (1994). Student teams-achievement divisions. In S. Sharan (Ed.), Handbook of cooperative learning methods (pp. 3–19). Westport, Conneticut: Greenwood Press.

Slavin, R. E. (1990). Cooperative Learning. Theory, Research and Practice. Boston: Allyn and Bacon.

Slavin, R. E. (1995) Cooperative learning: Theory, research, and practice (2. Aufl.). Englewood Cliffs, NJ: Prentice-Hall.

Slavin, R. E. 1993 Kooperatives Lernen und Leistung: Eine empirisch fundierte Theorie In G. L. Huber Neue Perspektiven der Kooperation (S. 151–170). Baltmannsweiler: Schneider.

Traub, S. (1997). Freiarbeit in der Realschule. Analyse eines Unterrichtsversuchs. Landau.

Traub, S. (2000) Schrittweise zur erfolgreichen Freiarbeit. Ein Arbeitsbuch für Lehrende und Studierende. Bad Heilbrunn: Klinkhardt.

Traub, S. (2004). Unterricht kooperativ gestalten. Bad Heilbrunn: Klinkhardt.

Vygotsky, L. S. (1962) Thought and Language. Cambridge, MA: MIT Press.

Vygotsky, L. S. (1978) Mind in Society: The Development of Higher Psychological Processes. Cambridge, MA: Harvard University Press.

Wahl, D. (1991). Handeln unter Druck. Weinheim: Deutscher Studienverlag.

Wahl, D.; Wölfing, W.; Rapp, G.; Heger, D. (1991). Erwachsenenbildung konkret. Mehrphasiges Dozententraining; eine neue Form erwachsenendidaktischer Ausbildung von Referenten und Dozenten, Weinheim: Beltz.

Watson, J. B. (1925). Behaviorism. New York: Norton.

Webb, N. M. (1989) Peer interaction and learning in small groups International Journal of Educational Research, 13, 21–39.

Webb, N. M. (1991) Task related verbal interaction and mathematics learning in small groups. Journal for Research in Mathematics Education, 22 (5), 366–389.

Webb, N. M. (1992) Testing a theoretical model of student interaction and learning in small groups In R. Hertz-Lazarowitz & N. Miller Interaction in cooperative groups. The theoretical anatomy of group learning (pp. 102–119). Cambridge: University Press.

Webb, N. M., Ender, P. & Lewis, S. (1986). Problem-Solving Strategies and Group Processes in Small Groups Learning Computer Programming. American Educational Research Journal, 23 (2), 243–261.

Weinert, F. E. (1984). Metakognition und Motivation als Determinaten der Lerneffektivität: Einführung und Überblick. In F. E. Weinert & R. H. Kluwe (Hrsg.), Metakognition, Motivation und Lernen (S. 9–21). Stuttgart: Kohlhammer.

Weinert, F. E (Hrsg.) (1989): Funk Kolleg Pädagogische Psychologie 2, Band 2, Frankfurt am Main: Fischer Verlag.

Weinert, F. (1996). Lerntheorien und Instruktionsmodelle (S. 1–48). Enzyklopädie der Psychologie (Themenbereich D: Praxisgebiete: Ser. 1, Pädagogische Psychologie; Bd. 2: Psychologie des Lernens und der Instruktion. Göttingen: Hogrefe.

Tabellenverzeichnis:

Abbildungsverzeichnis: